金星出版 ● 命理生活新智慧 ● 叮咚

VENUS PUBLISHING CO.

U0084300

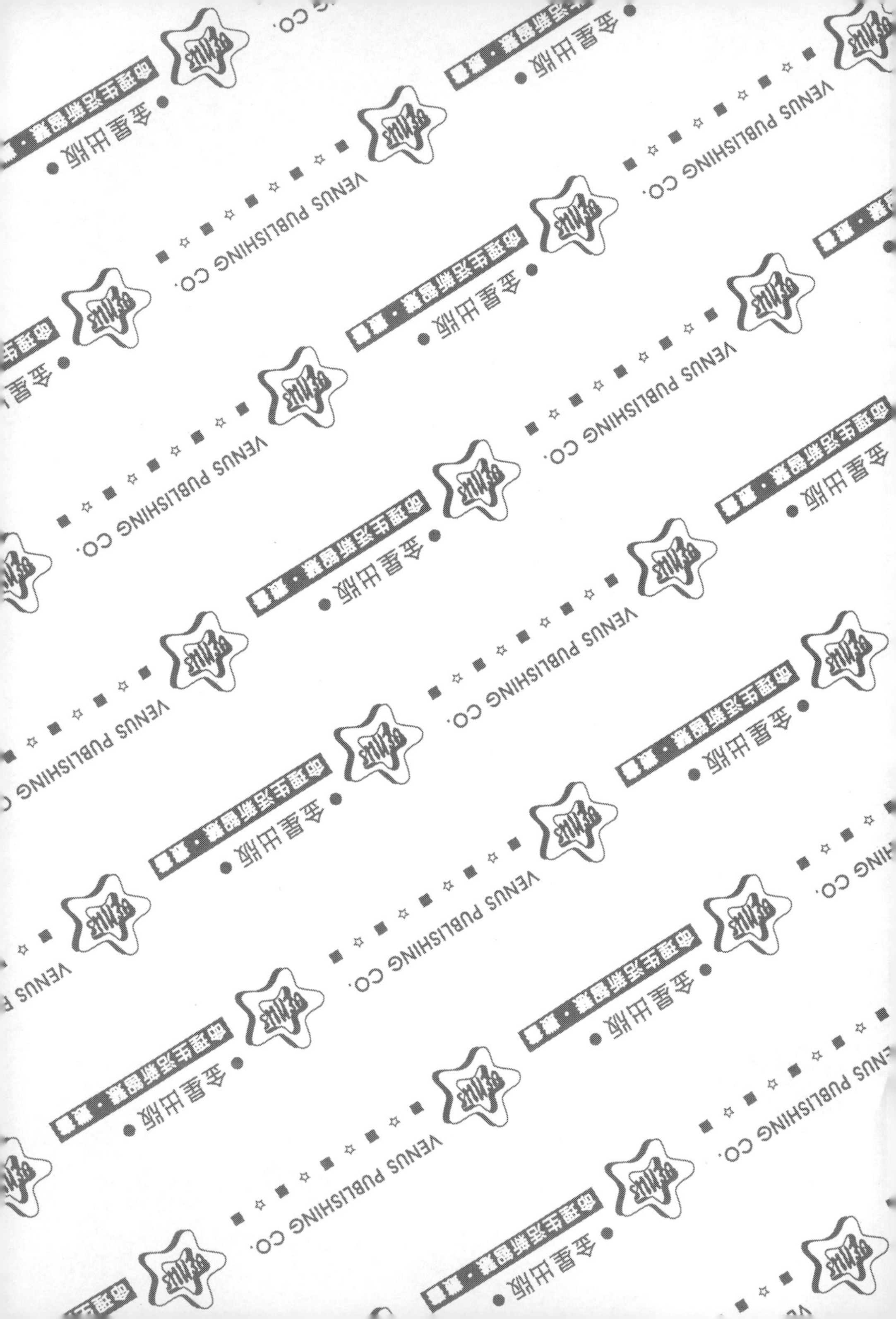

命理生活新智慧・叢書　90-1

《全新修訂版》

金星出版社 http://www.venusco555.com
E-mail: venusco555@163.com
venusco997@gmail.com
法 雲 居 士 http://www.fayin777.com
E-mail: fayin777@163.com
fatevenus@yahoo.com.tw

法雲居士⊙著

國家圖書館出版品預行編目資料

紫微斗數格局總論／法雲居士著， --
臺北市：金星出版：
紅螞蟻總經銷，
2013年12月 修訂一版； 冊 ；公分—
（命理生活新智慧叢書；90-1）

ISBN: 978-986-6441-56-1（平裝）

1.紫微斗數

293.11　　100017415

紫微斗數格局總論《修訂一版》

作　　者：法雲居士
發 行 人：袁光明
社　　長：袁光明
編　　輯：王璟琪
總 經 理：袁玉成
地　　址：台北市南京東路三段201號3樓
電　　話：886-2-23626655
傳　　真：886-23652425
郵政劃撥：18912942金星出版社帳戶
總 經 銷：紅螞蟻圖書有限公司
地　　址：台北市內湖區舊宗路二段121巷19號
電　　話：(02)27953656(代表號)
網　　址：http://www.venusco555.com
E-mail：venusco555@163.com
venusco997@gmail.com
法雲居士網址：http://www.fayin777.com
E-mail：fayin777@163.com
fatevenus@yahoo.com.tw

版　　次：2011年12月 修訂一版　2022年12月加印
登 記 證：行政院新聞局局版北市業字第653號
法律顧問：郭啟疆律師
定　　價：650元

行政院新聞局局版北字業字第 653 號
(本書遇有缺頁、破損倒裝請寄回更換)
版權所有・翻印必究
ISBN :978-986-6441-56-1 平裝）
投稿者請自留底稿
本社恕不退稿

＊本著作物經著作人授權發行，包括繁體字、簡體字。
凡本著作物任何圖片、文字及其他內容，均不得擅自重製、仿製或以其他方法加以侵害，否則一經查獲，必定追究到底，絕不寬貸。
（因掛號郵資漲價，凡郵購五冊以上，九折優惠。本社負擔掛號寄書郵資。單冊及二、三、四冊郵購，恕無折扣，敬請諒察！）

序

在紫微斗數的論命中，我們要學習論命精準，自然要先瞭解紫微斗數的理論結構。瞭解了該理論結構、自然學習起來就能呵成一氣、快速的、有組織、有系統的直搗黃龍，學有精進了。

紫微斗數的創造發明是有一些過程的。它是將專講天上星宿的五星學與平面的四柱八字學融合在一起而創造了有三度空間(主體的)的『紫微斗數』。

中國的命理學建造基礎一向是以『刑、剋、制、化、會、合、刑、沖』等八法來塑造人類命運的，雖然五星學畫的是圖形星盤，四柱八字形同方塊。紫微斗數用的是如無形命盤，但中國命理學基本內涵基礎是一致相同的。

紫微斗數的基本架構之結構大略分為三層。第一層是十二個基本命盤格式。第二層是星曜的分佈。(其中包括吉星、凶星，以及干系星、

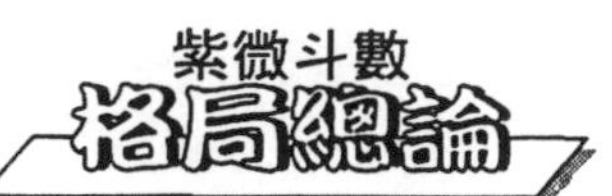

月系星、時系星、支系星、旬空、截空、五行長生十二神、流年將星等。）第三層便是以格局的創製來做『刑剋制化會合刑沖』。好的格局對命格與命運有提昇作用。壞的格局會刑剋生命，有傷剋、死亡的危險。如此，紫微斗數的基本架構便如磐石般的豎立了。論命也就更形簡單了。

因此，我們在觀看命理格局時，會發現它是和各個命盤格式的架構，以及星曜分佈的狀況，是同等重要的地位的。

紫微斗數的命理格局絕大多數來自五星學的格局，例如『日出扶桑』、『蟾宮折桂』、『君臣慶會』等為五星學中的格局名稱。目前我蒐集的紫微斗數命理格局有二百六十二個之多，有些格局會直接影響到人的性命存活，例如『廉殺羊』『路上埋屍』格、『武殺羊』、『因財持刀』格。有些能使人生層次增高，例如『陽梁昌祿』格會使人會讀書，能因參加國家考試而學歷高而致仕，做高等公職人員，進而做國家級的院長、部長、總統等職。有些格局會使人暴發財富，在某些固定的時間爆發，而使人持續累積而成大富。例如『武貪格』、『火貪格』、『鈴貪格』等。也有些格局會使人懦弱、成為人命運中的絆腳石。例如『刑印』格局，會使人吃虧受氣、懦弱、硬不起來。或是『刑囚夾印』格，會有打官司、入獄，或身體有傷殘現象。更有些『刑財』、『刑官』、『刑蔭』的格局，刑剋制化了人的財富、事業及貴人運。直接削磨雕琢了人生富貴層次的命運。

也另有一些格局會指示了你人生得財、享福的方向，例如『玉袖天香』格，無論男女皆能靠姿色享福、受人包養。

雖然，在這二百六十個命理格局中，有些格局的作用也並不明顯。例如『君臣慶會』、『府相朝垣』、『魁鉞夾命』、『輔弼夾帝』、『左右朝垣』、『日麗中天』等格局，常只是該格局之擁有者自己暗爽、快樂，並沒有真正感受該格局給他們帶來之利益而已。常常有來論命者，向我問及：他有這種貴格，為何並無主貴的狀況？

實際上，人之命格有貴格及好的格局成立，其條件非常多。很多人只看到自己命盤上有那幾顆星已組合成了格局，但卻不曾看見三合四方宮位上有煞星劫入刑剋。這是只知其一、不知其二的狀況。再者，我也要老實的說：在這些眾多格局中，也有一部份是錦上添花似的好看而無用格局存在，這是需要我們學習命理之人務必要分辨清楚的。不要盲目的迷失在自我得意之中，這樣就不能真正分析清楚命運了。

在這本書中，我會分析這些格局的真正有效使用度。也會點出錦上添花的無用格局出來，供給命理愛好者一起來討論。願與讀者共勉之！

法雲居士 謹識

命理生活叢書 90-1

目錄

紫微斗數
格局總論

紫微斗數
格局總論

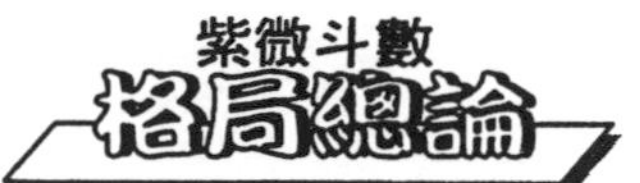

前言

用星曜來論命，中外都使然，都是用『生剋制化、會合刑沖』等八法來檢驗命格，而達到知命、論命的目的。像中國的論命型式中有紫微斗數和五星學直接看星曜吉凶來論命。八字學中，雖表面有四柱表象，但八字內含上千種星曜的組合，如天乙貴人、財馬、祿馬都是星曜的組合。

以外國的西洋星座論命，也是以星曜的『生剋制化、會合刑沖』來論命的。何謂『生剋制化、會合刑沖』呢？『生剋制化、會合刑沖』就是星曜的角度問題！如果星曜的角度好，又和某些吉星形成優良的吉度的話，就能對此人的命格產生好的、有幫助的影響，這就是『生』。通

常，以星和星之間的角度為60°度，成三合形式為最吉。以對沖的形式呈180°度為相剋，不吉。其他如呈30°度銳角也有刑剋。呈45°度為直角的，為四方宮位。呈十字型的位置，要看每一顆星的吉度如何才能定吉凶，凶星多的，以凶煞刑剋而論。

西洋星座也是以60°度為吉度，以180°度為對沖相剋，30°度等，也不吉，有刑剋。每種星曜的吉凶意義代表也很完備。其實西洋星座和紫微斗數很像。只是某些星曜名稱不大相同而已。

在命理學中，用星曜來做『生剋制化、會合刑沖』是非常直接而簡單的方法。但星曜非常多，上百、上千個，又會有各式各樣的組合方式，如吉星與吉星的組合，吉星與凶星的組合，或凶星與凶星的組合，每種都不一樣。並且還有同一顆吉星跟不同凶星的組合意義不同，這顆吉星和那顆吉星組合時所代表意義也不同，亦或是這顆凶星與那顆凶星組合又代表了某些災禍。於是，這時候就需要將相同類型組合的星曜放在一起，成為一種特殊的格局，這樣讓我們一方面好辨認，一方面也可記錄下來這是好格局(有利於我們生命的)，或是壞格局(不利於我們生命的)，才能好好加以利用或躲避之。

命理學中的『格局』，就是一種規則性的狀況。有這種狀況很確實的，就把它列為一個格局。但是因為有很多命理家太喜歡錦上添花，也太閒，因此會又多創造出很多好聽但名不符實的格局出來。因此，我們後代的命理學習者，必須有睿智來檢驗這些格局的真假，才能真正方便

我們用來論命。否則一味的順古、崇古，則命算不準了不說，也會得了『腐古症』。

另一方面，民初或近代也有一些論命者喜歡自己創造格局，因此也多了一些亂七八糟的、沒有意義的、不痛不癢的格局來騷擾我們後輩的學習者，這也是須要我們再三印證及反覆推敲，以免落於陷阱中，而成為浪費時間，學又不精的命理師。

總歸以上的問題，我把紫微斗數所使用之『格局』形式整理出來，大致有二百六十二個之多。可能在後續截稿時又會發現一些遺珠之恨再補上。

總而言之，『格局』也是對命格做『生剋制化、會合刑沖』作用的一種，它是將『格局』已制式化、規格化了，以使人們好應用。例如『巨火羊』為縊死、投水、跳樓之格局，因此在命盤上，三合宮位、對宮宮位等處有巨門、火星、擎羊的狀況，既擁有此格局，要小心上吊、縊死的問題。例如前藝人于楓即有此格局，藝人張國榮也有此格局。此格局很容易形成，是大家應小心的格局。近來大陸富士康工廠的十二跳之跳樓事件，這十二個人也該命盤中都有『巨火羊』或『巨鈴羊』格局吧！這是值得大家深思的！

在人的命格中，有吉的格局，如『陽梁昌祿』格、『武貪格』等，只要待勢而發，或稍加推力，就能擁有好運，直上雲霄。擁有富貴榮華。如果有凶的格局，要如何來應對及躲避呢？例如像前述『巨火羊』、『巨鈴羊』等的格局，要怎麼避呢？其實只有錯開時間點，使其不發生，或在其人的凶時(那三顆星所在宮位的代表時間)，有貴人陪伴，則未必會發生凶事。即早算出『大運、流年、流月』的流運出來察看，就能預先防範。

命格上很多吉與凶是無解的！像有『火貪格』、『鈴貪格』、『武貪格』的人，時間到了要發財是城牆都擋不住的。而『廉殺羊』、『廉殺陀』的『路上埋屍』格，要看宮位所代表的時間，『辰、戌』、『丑、未』時，勿坐交通工具，勿在外行走，在家睡覺也要小心，以防有車子闖到你家來壓死你，因此選擇住宅要選不在汽車衝得過來的地方。

自己會算命，但不能為命理格局所嚇倒！有一位仁兄，知道自己有

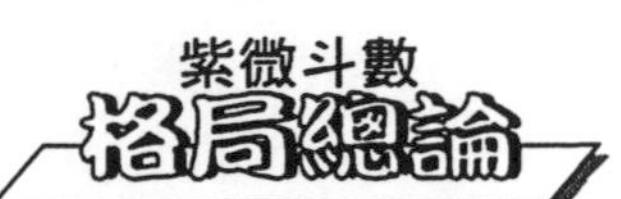

『廉殺羊』格局時，天天打電話來騷擾我，要我給一個一勞永逸的去除此格局的辦法。再三向他強調，只要遵守我前面所說的，在那個特定格局的時間辰時、戌時、或丑時、未時勿外出、勿坐車，或進入房屋中、咖啡店中，等時間過了再走。這樣就能平安度過了。但他仍是每天皮皮剉，如此就只能看命運的安排了！

此本『紫微斗數格局總論』是命理學上盡人事的部份，把格局狀況都告訴你了！但聽天命的部份仍要讀者自己體會呀！希望大家能瞭解這一點！

目前我是以各個星曜所帶有的格局，以及主星星曜所排列的順序來編排格局先後出場次序的，如此能方便讀者的學習與瞭解、記憶，記得住這個格局是由那些星曜組合而成的。如此便能有效應用這些格局了。

希望大家會喜歡這種：不是以吉凶、黑白二分法的方式來談論『格局』。

紫微斗數
格局總論

紫微命理學苑

法雲居士 親自教授

● 紫微命理專修班
・初期班：12周小班制
・中級班：12周小班制
・高級班：12周小班制

● 紫微命理職業班

台北市忠孝西路一段50號14樓之12
電　話：(02)2894-0292
傳　真：(02)2894-2014

(報名簡章待索)

法雲居士

◎紫微論命
◎八字喜忌
◎代尋偏財運時間

賜教處：台北市忠孝西路一段50號14樓之12
電話：886-2-2563-0620
886-2-2894-0292
傳真：886-2-2894-2014

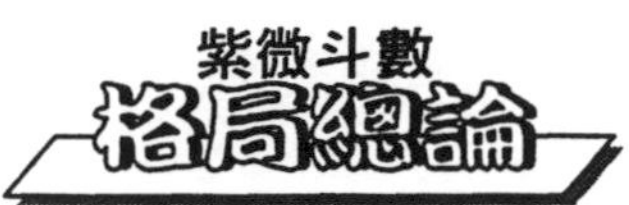

第一章　屬於紫微星的格局

由於此書中之格局甚多，有二百六十個之多，有些格局其實並無多大意義，有錦上添花之嫌，尤其此類格局以紫微星所屬的格局為最甚。這恐怕是古人想要以紫微星為最尊、為帝座、不得不附會之故。有些也以後人添加解釋，又愈添愈亂，而導致不明。不過，我們還是能在這些格局詳加檢視之後，能得到去蕪存菁，及金科玉律般的命理格局來供我們分析應用，及批定命理層次、警惕災禍發生時目的。

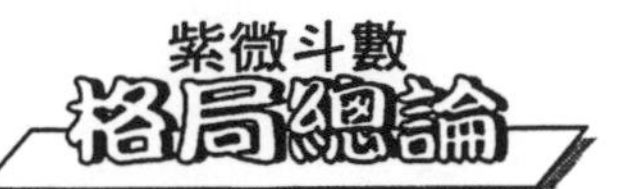

君臣慶會

『君臣慶會』格出自《太微賦》，整句是『君臣慶會材擅經邦』。意指紫微為君，有輔助的星曜在一起同宮或相夾、相遇，則有經理國家國事之大材。

在原先『紫微斗數全書』中之『太微賦註解』中對此句有解釋：

君臣慶會才善經邦。假如紫微守命，得天相、昌、曲，天府得天同、天梁相助，紫微得夾，為君臣慶會，逢之無不富貴。但有金星與刑忌四星同度謂之奴欺主，臣蔽君，反為禍亂，須要推詳，如安祿山之命是也。

解釋中談到合此格局的條件有二。一是紫微守命，得天相、昌曲而稱之『君臣慶會』。二是天府與天同、天梁來相夾紫微，為『君臣慶會』。

但是，在《紫微斗數》一書中之『諸星問答論』中：『希夷先生曰：紫微為帝座，在諸宮能降福消災，解諸星之惡，能制火鈴為善，能降七殺為權，若得府、相、左、右、昌、曲吉集無有不貴，不然亦主巨富。縱有四殺沖破亦作中局。若遇破軍在辰、戌、丑、未，主為臣不忠，為子不孝之論。』

由此可知第一個條件有問題。紫微守命，得天相，必為紫相同宮坐命，再加昌曲，但紫相同宮必在辰宮或戌宮，則文昌、文曲無法同在辰宮或戌宮。一定是一個在辰，一個在戌。這是子時或午時生的人，會有此現象。但是『諸星問答論』的隔一句便有：『(紫微)若遇破軍在辰、戌、丑、未，主為臣不忠，為子不孝之論。』

※ **紫相坐命者，父母宮為天梁陷落**，父母照顧他不好，他也與父母緣不深。故有為子不孝之論。

※ **紫微在辰、戌宮，必為紫相坐命**，遇破軍在遷移宮，善於打拼，很少在家，除非有右弼同宮，才會喜待家中。紫相坐命者，因坐命墓宮，常有有志未伸，受束縛之感，情緒不穩定，對上司叛逆性強，與上司不合，好批評上司，常有爭執，故主為臣不忠。

※ **紫微在丑、未宮為紫破坐命**，其人人生常不安定，對四周環境常不滿意，也與人合不來，是上司及下屬皆合不來，故也為臣不忠。其人父母宮為『空宮，有同梁相照』，倒也不一定會不孝。父母若對其好，父母也有能力的話，其人也是會孝順的。父母若能力差，或父母宮又有煞星，則有不孝之狀況了。

因此，在第一個條件中，紫相坐命，再加昌曲為『君臣慶會』格局者被否定掉了。

第二個條件也有問題。天府得天同、天梁之助，紫微得夾，為『君臣慶會』此句。

天府若要靠天同、天梁相夾紫微，其實很難。我們查看十二個命盤格式及研究最初的排盤佈星，都可知道，天同與紫微相隔六位，這是固定的。天梁與紫微的關係是紫微在辰、戌宮為『紫相』時，天梁居陷，在父母宮，而相鄰，此時天府和武曲在財帛宮，也無法相夾紫微星。紫微在巳、亥宮為『紫殺』時，兄弟宮有『天機、天梁』而相鄰，此時天府在對宮，但天同仍隔六位，無法相夾紫微星。因此這些解釋皆為無用多餘之解釋。

真正能夠成『君臣慶會』之格局如下：

首先我們要探討的：紫微帝座，何者為『臣』？

『諸星問答論』中：『**玉蟾先生曰：紫微乃中天星，主為眾星之樞紐。**……以左輔、右弼為相，以天相、昌、曲為從，以魁鉞為傳令，以日、月為分司，以祿馬為掌爵之司，以天府為帑藏之主，身命逢之不勝其吉。』

由此我們得知：舉凡左輔、右弼、天相、昌、曲、魁、鉞及日、月、祿存、天府，皆為紫微星之臣屬。

『君臣慶會』之意，自當是紫微星和眾星都聚集在一起，一起歡會慶祝之意。但是由於命盤格式不同，以及排盤佈星之關係。因此，紫微和左右、昌曲、魁鉞、天府，較能『君臣慶會』的。

正確的格局應該是如此：

(1) **紫府在寅宮**(『紫微在寅』命盤格式)，農曆九月或十一月生，能有一個左輔或右弼與紫府同宮，另一個右弼、左輔在子宮無用。而申時生有文昌在寅(居陷)，文曲在子宮。辛年生，天鉞會臨寅，但辛年生有文昌化忌在寅亦不佳。天魁不臨寅宮。(例一)

※ 此格局中，有文昌在寅宮居陷，或文曲在寅宮居陷，皆會降低紫府命格的層次。況且有左輔或右弼入紫府所在之命宮，更會使人享福，無所作為，故有此格者，並未見其有鉅富或有大成就者。因此此格不成立。

3.紫微在寅 (9月、申時生)

(例一)

巨門 旺 巳	廉貞 天相 平 廟 午	天梁 旺 未	七殺 廟 申
貪狼 廟 辰			天同 平 酉
太陰 陷 卯			武曲 廟 戌
命宮 紫微 天府 右弼 文昌 (左輔) 平 廟 寅 (十一月生)	兄弟宮 天機 陷 丑	夫妻宮 破軍 左輔 文曲 (右弼) 廟 子 (十一月生)	太陽 陷 亥

9.紫微在申 (3月、寅時生)

(例二)

太陽 旺 巳	夫妻宮 破軍 左輔 文曲 (右弼) 廟 (五月生) 午	天機 陷 未	命宮 紫微 天府 右弼 文昌 (左輔) 旺 得 (五月生) 申
武曲 廟 辰			太陰 旺 酉
天同 平 卯			貪狼 廟 戌
七殺 廟 寅	天梁 旺 丑	廉貞 天相 平 廟 子	巨門 旺 亥

(2) **紫府在申宮(『紫微在申』命盤格式)**，農曆三月、五月生，能有一個左輔或右弼在申宮與紫府同宮，另一個左輔、右弼在夫妻宮(午宮)。而寅時生有文昌在申宮、文曲在午宮，或是辰時生，有文曲在申宮、文昌在午宮的人，乙年、己年生人，有天鉞在申宮出現。天魁不臨申宮。而且文昌在申宮居旺。(例二)

評註：因此嚴格的說起來，乙年或己年生人，命格是紫府坐命，命宮有一個左輔或右弼，再有一個文昌或一個文曲，再加天鉞在命宮的人，即可成為『君臣慶會』格。但此格中因有左輔或右弼在命宮，易享福而無大志，只生活平順而已，故也無大富貴可言。

※ 左輔、右弼二星相夾紫微星比與紫微星同宮好。但左右相夾紫微星，必是相夾紫破，此又不成格局，故認真的說起來，『君臣慶會』格是沒有什麼大意義的。

2. 輔弼夾帝

『輔弼夾帝』之格局，在前一個格局分析中，已經非常清楚了。左輔、右弼要夾紫微星，只有在四個狀況。

① 三月生人，有左輔在午宮，又有右弼在申宮，來相夾未宮的『紫微、

破軍』。(例一)

② 五月生人，有右弼在午宮，左輔在申宮，來相夾未宮的『紫微、破軍』。(例二)

③ 九月生人，有左輔在子宮，右弼在寅宮，來相夾丑宮的『紫微、破軍』。(例三)

④ 十一月生人，有右弼在子宮，左輔在寅宮，來相夾丑宮的『紫微、破軍』。(例四)

※ 因為左輔、右弼為月系星，以生日之月份來定。並且其他的時間如正月及七月，左輔、右弼在辰、戌對宮。二月及六月，二星在巳、酉三合宮位。四月及十月，二星同宮。四月在未宮同宮，十月在丑宮同宮。八月及十二月，左右二星在卯亥三合宮位。這些狀況皆無法相夾紫微星。

『輔弼夾帝』格之形式

(例一)

8.紫微在未(3月生人)

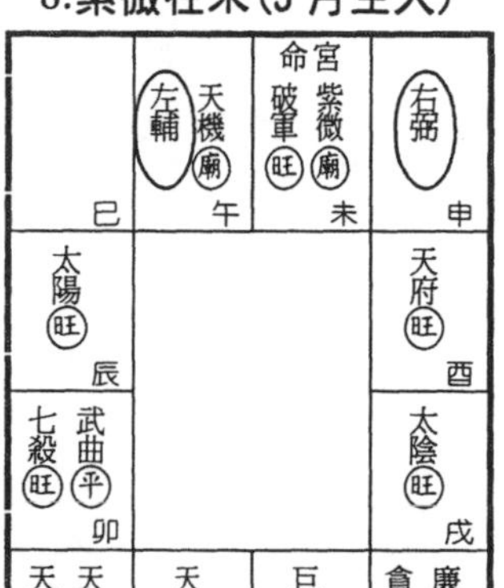

巳	天機(廟) 左輔 午	命宮 紫微(廟) 破軍(旺) 未	右弼 申
太陽(旺) 辰			天府(旺) 酉
武曲(平) 七殺(旺) 卯			太陰(旺) 戌
天同(平) 天梁(廟) 寅	天相(廟) 丑	巨門(旺) 子	廉貞(陷) 貪狼(陷) 亥

(例二)

8.紫微在未(5月生人)

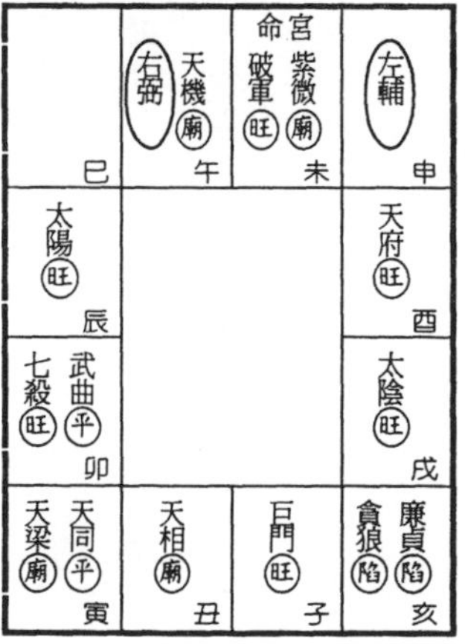

巳	天機(廟) 右弼 午	命宮 紫微(廟) 破軍(旺) 未	左輔 申
太陽(旺) 辰			天府(旺) 酉
武曲(平) 七殺(旺) 卯			太陰(旺) 戌
天同(平) 天梁(廟) 寅	天相(廟) 丑	巨門(旺) 子	廉貞(陷) 貪狼(陷) 亥

(例三)

2.紫微在丑(9月生人)

廉貞(陷) 貪狼(陷) 巳	巨門(旺) 午	天相(得) 未	天同(旺) 天梁(陷) 申
太陰(陷) 辰			武曲(平) 七殺(旺) 酉
天府(得) 卯			太陽(陷) 戌
父母宮 右弼 寅	命宮 紫微(廟) 破軍(旺) 丑	兄弟宮 天機(廟) 左輔 子	亥

(例四)

2.紫微在丑(11月生人)

廉貞(陷) 貪狼(陷) 巳	巨門(旺) 午	天相(得) 未	天同(旺) 天梁(陷) 申
太陰(陷) 辰			武曲(平) 七殺(旺) 酉
天府(得) 卯			太陽(陷) 戌
父母宮 左輔 寅	命宮 紫微(廟) 破軍(旺) 丑	兄弟宮 天機(廟) 右弼 子	亥

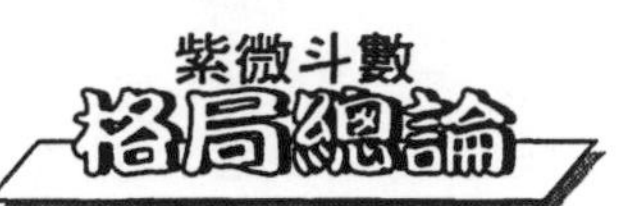

評註：『輔弼夾帝』既然夾的是『紫微、破軍』，但希夷先生又說：紫微遇破軍在辰、戌、丑、未，主為臣不忠，為子不孝之論。那這個『輔弼夾帝』之貴格意義又是否存在呢？

※　另一方面我們再看這相夾之意義。左右相夾，則是在前一宮或後一宮有左輔、右弼。例如命宮有左右相夾，則是父母宮及兄弟宮有左輔、右弼。在實際命理中，父母宮有左輔、右弼，代表其人為他人帶大，與父母並不親。兄弟宮有左輔、右弼，也少有可能會有兄弟之助益，但多半被兄弟牽累，或為兄弟付出較多。因此，此『輔弼夾帝』之格局亦為『夢幻格局』，未必能存在的。

3. 紫府同宮

『紫府同宮』之格局出自『斗數骨髓賦』。整句是：『紫府同宮、終身福厚。』注釋是：如寅、申二宮安命，值紫微、天府同宮，三方有左、右、魁、鉞拱照，必主富貴，終身福厚，甲生人化吉極美。

評註：在寅、申宮坐命的『紫府』命格，三方有左、右、魁、鉞拱照。其命宮的三方即財帛宮和官祿宮。其人的財帛宮為武曲，再加一左輔或右弼，官祿宮為廉相，再加另一左輔、右弼。這要注意，財帛宮有左輔固然好，表示有平輩貴人幫忙生財。但其官祿宮必有『廉相、右弼』，表示，工作很保守，又做的是笨的、擦屁股、幫忙做粗活打理善後的工作，這種狀況可能工作層級不高。因此錢是有得賺，

『紫府同宮』格之形式

3.紫微在寅

(例一)

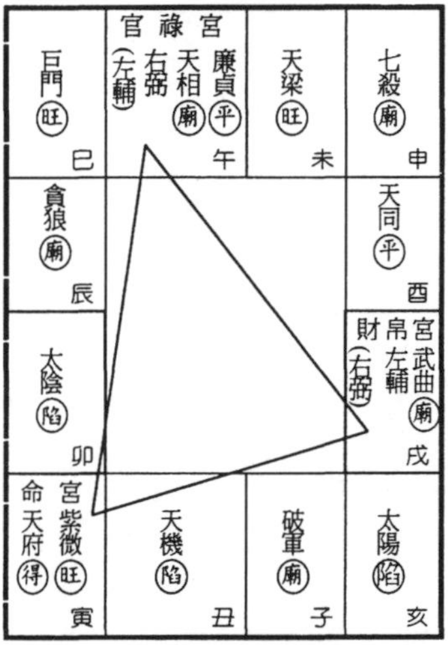

巨門(旺) 巳	官祿宮 廉貞(平) 天相(廟) 右弼 (左輔) 午	天梁(旺) 未	七殺(廟) 申
貪狼(廟) 辰			天同(平) 酉
太陰(陷) 卯			財帛宮 武曲(廟) 左輔 (右弼) 戌
命宮 紫微(旺) 天府(得) 寅	天機(陷) 丑	破軍(廟) 子	太陽(陷) 亥

9.紫微在申

(例二)

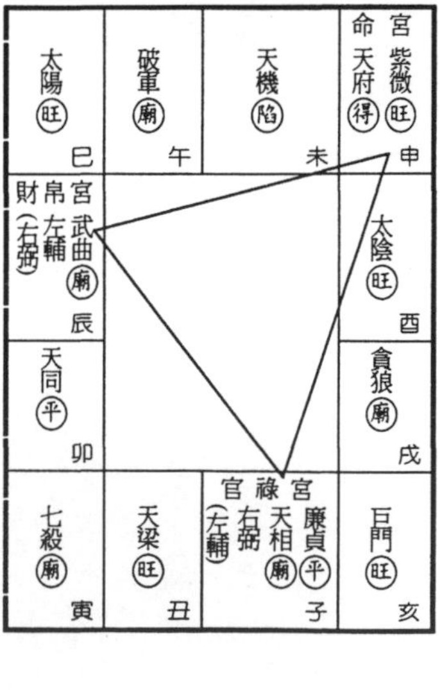

太陽(旺) 巳	破軍(廟) 午	天機(陷) 未	命宮 紫微(旺) 天府(得) 申
財帛宮 武曲(廟) 左輔 (右弼) 辰			太陰(旺) 酉
天同(平) 卯			貪狼(廟) 戌
七殺(廟) 寅	天梁(旺) 丑	官祿宮 廉貞(平) 天相(廟) 右弼 (左輔) 子	巨門(旺) 亥

但未必是高尚的職業(例一)。**如果是財帛宮有『武曲、右弼』**，其人會在錢財上保守、內向，賺錢及花錢都放不開。其官祿宮必是『廉相、左輔』，表示更切實加倍的做處理善後的工作，而得財都不多了(例二)。

另外，註解中指出甲年生人化吉極美。指的是甲年生人有祿存與紫府同宮坐命。祿存是保守、小氣的星，雖是祿星，但只有衣食之祿。其命格且為羊陀所夾。父母宮有『太陰、擎羊』，兄弟宮有『天機陷落、陀羅』，一生與家人不和，甚怕受欺凌，何來『化吉極美』之事？況且甲年生人，又有太陽化忌在子女宮，會無子或與子不合，此為六親無靠之命格，會直接影響到其人的福氣問題。

不過，以紫府坐命者的性格看，其人較自私，重視自己個人的物質享受及享福，單以其個人享福來論，此句『終身福厚』也名符其實了。

※ 天魁、天鉞二星，雖為吉星，在八字中代表天乙貴人，玉堂貴人。但在紫微斗數中力道不強。並且在斗數中天魁不臨寅、辰、巳、未、申、酉、戌等宮。天鉞不臨子、丑、卯、辰、午、申、戌、亥等宮。因此天魁、天鉞對人增貴之意義實質不大，也可能無用了。

金輿扶御輦

『金輿扶御輦』之格局，出自『重補斗數彀率』之中。全句是：『帝坐命庫則曰金輿扶御輦。』指若紫微坐命，又有吉星來相應合的，稱之。

評註：此格局無多大意義。帝坐命庫，即是紫微坐命者。所有的紫微坐命者皆有外表莊重，自命高貴。也能受人尊重。但說到必當大權之職，便不一定了。通常紫微坐命者愛享福，有中等層級的公職已是不錯的成就了，很少有當大權者。除非有特別的格局才行。另一方面，紫微坐命者較少有『陽梁昌祿』格，故對學歷上也不會向上追求，其父母宮亦不佳，無上司、長輩提攜。這也是其人無法真掌大權之職的原因。

5. 金輿捧櫛

『金輿捧櫛』之格局，出自『太微賦』之中。全句是：『帝坐金車則曰金輿捧櫛』。是指命宮為紫微在酉宮的人(紫貪坐命者)，多半是吃公家飯，為公職奔走忙碌的人。

評註：『金車』指的是酉宮，金輿是金車。捧櫛，櫛是梳髮器具。捧櫛意指奔走辦事非常辛苦。故此句『金輿捧櫛』實際為古代替皇家辦事很辛苦、很光榮之意。也為做高官之意。故是為好的格局。

6. 極居卯酉

『極居卯酉』之格局，出自『斗數骨髓賦』。全句是：『極居卯酉多為脫俗僧人。』

『極』是指紫微為北極星，故稱之。紫微在卯、酉宮必為紫貪坐命者，再有空劫，及化忌等煞星，主為僧道，清高自持。或是命宮為空宮、遷移宮為紫貪加劫空者。亦或是紫貪坐命，有空劫在遷移宮者，但更要看父母宮、夫妻宮、子女宮有煞星方論。

7. 桃花犯主

『桃花犯主』之格局，出於『太微賦』。全句是『桃花犯主為至淫』。

評註：此格局為『紫微、貪狼』坐於酉宮(子、午、卯、酉為桃花敗地)。再加沐浴、咸池等桃花星，稱之。此格局入命宮，其人會面貌、體態、美麗，異性緣特強，而影響其人之成就一生為桃花所害。故為惡格。

女人逢此格，飄蕩落風塵之中，若再有擎羊、火、鈴同宮，則為鼠竊偷盜之輩。

8. 奴欺主

『奴欺主』之格局，指紫微與擎羊同宮。

評註：帝座受到剋害，變懦弱無能，而趨吉避凶的力量變小或無。如在命宮，主其人奸詐假善，多積惡不良。

此格局最以紫微在午宮之『紫微、擎羊』之格局為最為經典之『奴欺主』格局。

紫微帝座，在諸宮能降幅消災，解諸星之惡，能制火鈴為善，能降七殺為權。但獨不能降服羊、陀，且深受其剋害。而為懦弱無能，一事無成，奸詐、假善之人。『奴欺主』如在財、官之位，錢財、事業即受到剋害、

鉗制。且會因懦弱吃虧，無法有成就，如在身宮、福德宮，主其人易為人婢僕，無法有好的工作。

『奴欺主』格局之形式

7.紫微在午

天機(平) 巳	紫微(廟) 擎羊 午	未	破軍(得) 申
七殺(廟) 辰			酉
太陽(廟) 天梁(廟) 卯			廉貞(平) 天府(廟) 戌
武曲(得) 天相(廟) 寅	天同(陷) 巨門(陷) 丑	貪狼(旺) 子	太陰(廟) 亥

9. 帝遇凶徒

『帝遇凶徒』之格局，出自『太微賦』。全句是『帝遇凶徒雖獲吉而無道』。

評註：『帝遇凶徒』指紫微星與凶星同宮。紫微星既然能解諸星之惡，能制火鈴為善，能降七殺為權，可見殺、破、狼等星在此還不為極凶之凶星。因此此凶徒主要指的是擎羊、陀羅，由以擎羊星刑剋最重。

『帝遇凶徒雖獲吉而無道』，是指紫微與擎羊同宮時，雖事情也能得到紫微降福消災的轉圜餘地。但其人會陰險狡詐，多行不義之事，此為無道也。因此，就算最能趨吉避凶的紫微星，對於擎羊之剋害也不能倖免，天下真是一物降一物呢！

凶徒指羊、陀。紫微遇擎羊，為『奴欺主』格局。雖然遭到兇災、血光的機會變少，紫微使之獲吉，但其人變陰險狡詐，是而無道。因此雖吉，仍有不吉。

紫微遇擎羊的狀況不只在午宮有『紫微、擎羊』的格局。例如在子宮的『紫微化權、擎羊』。在卯、酉宮的『紫貪、擎羊』，還有在辰、戌宮的『紫相、擎羊』，亦或是在丑、未宮的『紫破、擎羊』皆是『帝遇凶徒』，其人有陰險狡詐、懦弱無道之現象，但不一定有大的傷災出現。算是獲吉。

紫微加陀羅，例如：在巳、亥宮『紫殺加陀羅』，或辰、戌宮『紫相加陀羅』亦或是在寅、申宮『紫府加陀羅』，亦或是在丑、未宮『紫破加陀羅』，也是『帝遇凶徒』，其人也會小傷災有一點，大傷災變少，但會較笨，又陰險，愛自作聰明，反覆無常，是而無道。

※ **紫微不怕火、鈴、七殺、破軍，能降服他們，但怕羊、陀來剋，也怕劫、空使之趨吉避凶及降福的能力成空**。故不論『紫微加空、劫』、『紫府加空、劫』、『紫貪加空、劫』、『紫相加空、劫』、『紫殺加空、劫』、『紫破加空、劫』，其命格皆為『帝遇凶徒』，有接近宗教，易成為宗教界之領袖之命運。

10. 君子在野

『君子在野』之格局，出自斗數全書。『諸星問答論』之『問紫微所主為何？』之中。**全句是『(指紫微星)更與諸殺同宮或諸吉合照，君子在野，小人在位，主人奸詐假善，平生惡積。』**

在『斗數全書』中之『十二宮諸星失陷貧賤論』中『定貧賤局』中亦有『君子在野』之格局，斗數全書中之附註：『謂四殺守身、命而言，臨陷地是也。』

評註：實際由原句『君子在野、小人在位』。即可知『君子在野』是君子不在正位上，而有小人當道。此乃指紫微星失權、失位，有擎羊星主政而有的格局。因此『斗數全書中之附註，以四殺(羊、陀、火、鈴)守身命而言。因紫微能制火、鈴為福。故四殺中只有羊陀為小人了。通常我們是將紫微與羊、陀同宮入命者，稱為『君子在野』。

擎羊與紫微同宮的狀況有：①在丑、未宮之『紫破、擎羊』。②在子、午宮之『紫微、擎羊』。③在卯、酉宮之『紫貪、擎羊』。④在辰、戌宮之『紫相、擎羊』。

陀羅與紫微同宮的狀況有：①在丑、未宮的『紫破、陀羅』。②在寅、申宮的『紫府、陀羅』。③在辰、戌宮的『紫相、陀羅』。④在巳、亥宮的『紫殺、陀羅』。

以上的狀況皆可稱為『君子在野』。因為紫微受羊陀之刑剋、施福趨吉有限，更可能倒向羊陀，一起凌虐，有奸詐假善、積惡不良之作為。若羊陀又居陷，擎羊在子、午、卯、酉等宮居陷，陀羅在寅、申、巳、亥等宮居陷肆虐更凶，刑剋紫微更凶，也致福更少，這是也會刑剋到財福的，故斗數中也將此格局列為『定貧賤局』中，表示無法致富，格局不高了。

法雲居士⊙著

桃花運是一種吉運，能幫助你愛情、事業兩得意，人際關係一把罩！

桃花星太多，也會有煩惱。

桃花與煞星形成『桃花劫』與『桃花煞』，這種情形會讓很多人都在劫難逃。

掌握好的桃花運，能令您一生都一帆風順，好運連連。

趨吉避兇，預知桃花劫難，是處於治安敗壞的年代中，現代男女最重要的課題！

第二章　屬於天機星的格局

屬於天機星的格局，其實並不多，在紫微斗數幾篇重要的歌賦中都較少談及此星。只有在『諸星問答』中，有專門解釋天機為兄弟主。為南斗善星，化氣為善。佐帝令以行事，解諸凶之逆，定數於人命之中。』

另外，在《紫微斗數全書》中之『論諸星同位垣各同所宜，分別富貴貧賤夭壽』中，有評及天機星有關的幾種格局。這些解釋同時也在法雲居士所著之『紫微斗數全書詳析《批命篇》』中第149頁起出現，讀者可參考之。天機星重要的格局，大致只有『機月同梁格』、『機梁善談兵』格、『基梁僧道』，以及機巨的『破盪格』。其他如『天機巳宮酉逢好飲離宗奸狡重』、『天機加惡殺同宮狗偷鼠竊』之類的，應該只是論命內容資料而已，並不算能成為格局的。**能成為格局的，一定要有一個共通性，及多數性，有相類似的完整、經歷，才能形成格局。**否則單是斗數全書中的一句話，是不能成為格局的。

11. 機月同梁格

『機月同梁格』出自《紫微斗數全書》中『談星要論』篇之『論諸星同位垣各同所宜，分別富貴貧賤夭壽』章節。全句是：『機月同梁作吏人』。

『機月同梁格』意指：命格是天機、太陰、天同、天梁的人，容易做在公家上班的人員。現今已引申為：有此『機月同梁』格的人，會做薪水族。因為公務員也是薪水族之一。大公司上班，為人僱用，也是薪水族的模式。

再則，**現今『機月同梁』格在斗數中之作用已大幅延伸。現在的『機月同梁』格之作用有三：(一)、十二個命盤格式中各有其特殊的『機月同梁』格的模式。**其實，只要『機月同梁』四顆星進入人之命、財、官、夫、遷、福等宮，其人就屬於『機月同梁』格命運之人。一生以家庭為重，薪水族的工作，僅是溫飽之工具。命格是『機月同梁』格的人，大多性格溫和、耐操、服從性高，不想多擔當責任、愛玩、喜歡跟家人黏在一起。在工作事業上企圖心不高。㈡**、某些紫、廉、武、殺、破、狼命格的人**，若衝力不足，也會落入『機月同梁』格的人生模式之中，一生做一個薪水族渡日。

㈢、現今，『機月同梁』格已是論命中，人生主要之格局及架構之一。在每個人的命盤中都成為主幹結構，缺其不行。『機月同梁』格已成為天天上班，固定在經營事業之重要格局之一。如果一個人的『機月同梁』格不佳，有煞星侵入或同宮，則其人能做大事業的機率則降低，是會做不成的。

因此『機月同梁』格又是在論命中，成為能檢驗人生成就是否能增高的必要格局之一了。『機月同梁』格在每個命盤格式中出現位置所連成之圖形都不一樣。也各代表其特殊意義。請看法雲居士所著《『機月同梁格』會主宰你的命運』一書，已出版》。

十二個命盤格式『機月同梁』格之形式

1.紫微在子

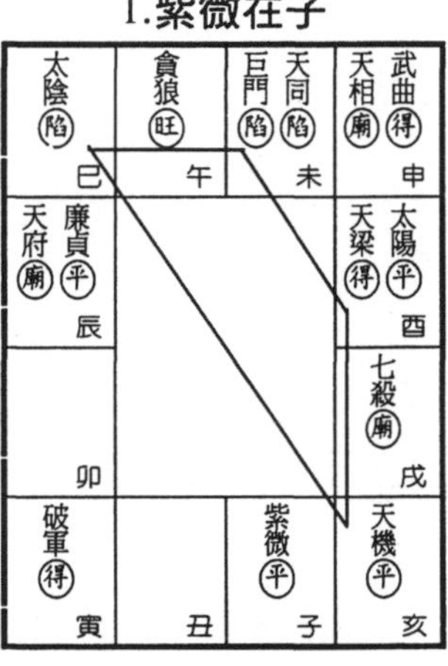

太陰 陷 巳
貪狼 旺 午
天同 陷 巨門 陷 未
武曲 得 天相 廟 申
廉貞 平 天府 廟 辰
太陽 平 天梁 得 酉
卯
七殺 廟 戌
破軍 得 寅
丑
紫微 平 子
天機 平 亥

2.紫微在丑

廉貞(陷) 貪狼(陷) 巳	巨門(旺) 午	天相(得) 未	天同(旺) 天梁(陷) 申
太陰(陷) 辰			武曲(平) 七殺(旺) 酉
天府(得) 卯			太陽(陷) 戌
寅	紫微(廟) 破軍(旺) 丑	天機(廟) 子	亥

3.紫微在寅

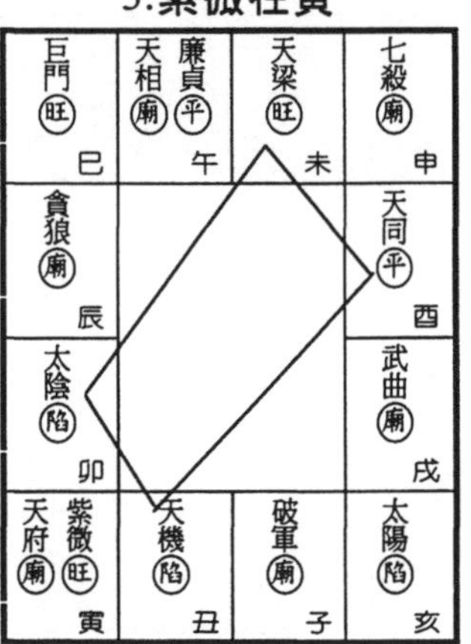

4.紫微在卯

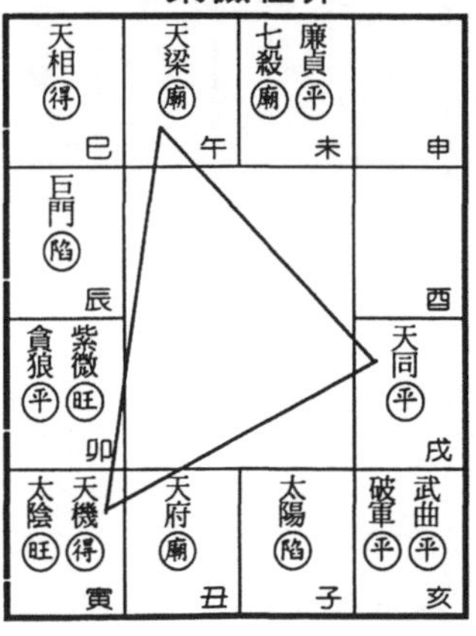

十二個命盤格式『機月同梁』格之形式

5.紫微在辰

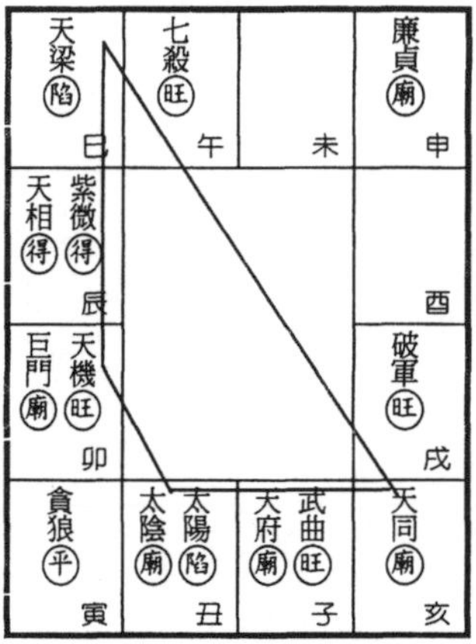

天梁(陷) 巳	七殺(旺) 午	未	廉貞(廟) 申
紫微(得) 天相(得) 辰			酉
天機(旺) 巨門(廟) 卯			破軍(旺) 戌
貪狼(平) 寅	太陽(陷) 太陰(廟) 丑	武曲(旺) 天府(廟) 子	天同(廟) 亥

6.紫微在巳

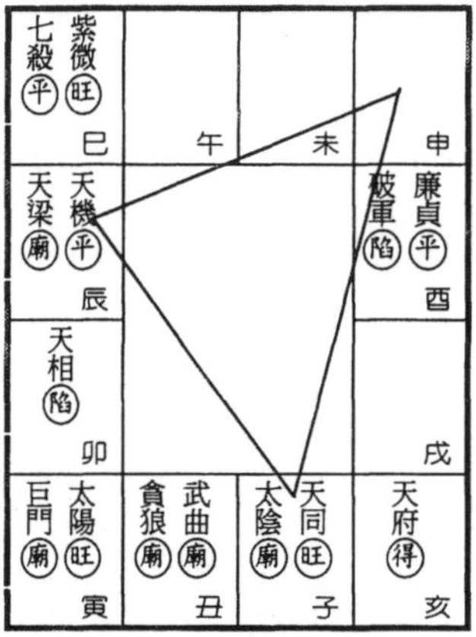

紫微(旺) 七殺(平) 巳	午	未	申
天機(平) 天梁(廟) 辰			廉貞(平) 破軍(陷) 酉
天相(陷) 卯			戌
太陽(旺) 巨門(廟) 寅	武曲(廟) 貪狼(廟) 丑	天同(旺) 太陰(廟) 子	天府(得) 亥

7.紫微在午

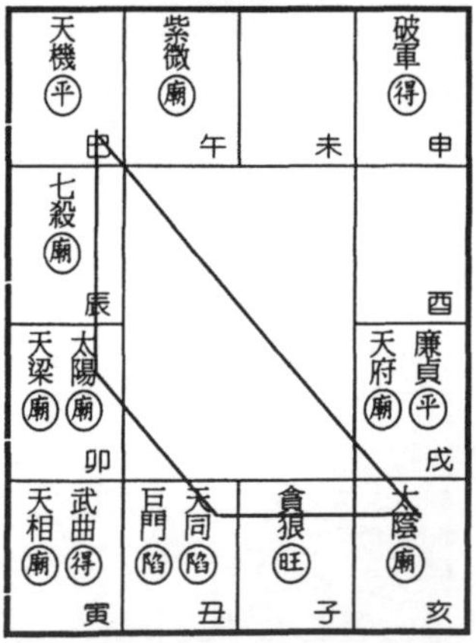

天機(平) 巳	紫微(廟) 午	未	破軍(得) 申
七殺(廟) 辰			酉
太陽(廟) 天梁(廟) 卯			廉貞(平) 天府(廟) 戌
武曲(得) 天相(廟) 寅	天同(陷) 巨門(陷) 丑	貪狼(旺) 子	太陰(廟) 亥

8.紫微在未

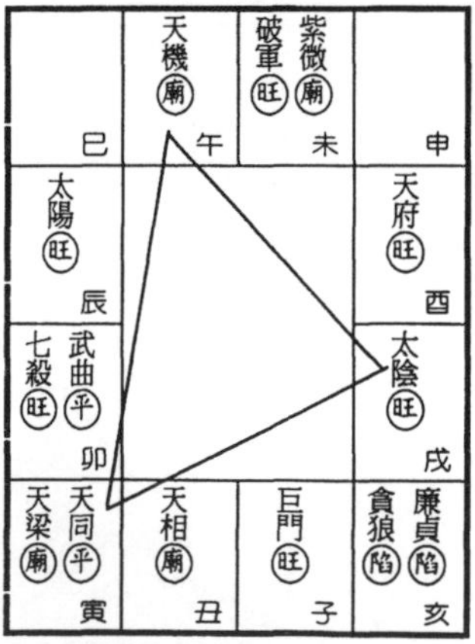

巳	天機(廟) 午	紫微(廟) 破軍(旺) 未	申
太陽(旺) 辰			天府(旺) 酉
武曲(平) 七殺(旺) 卯			太陰(旺) 戌
天同(平) 天梁(廟) 寅	天相(廟) 丑	巨門(旺) 子	廉貞(陷) 貪狼(陷) 亥

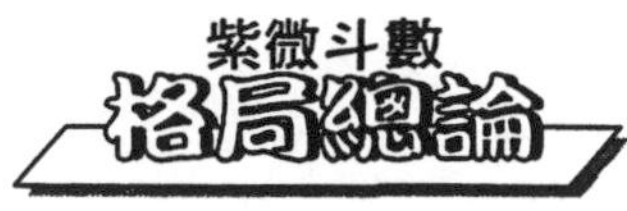

十二個命盤格式『機月同梁』格之形式

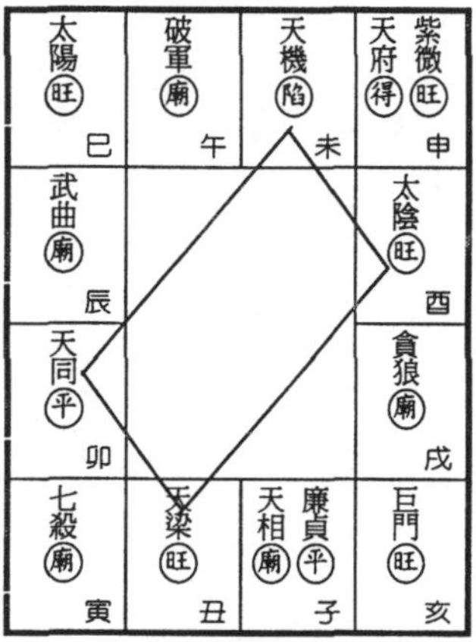

10.紫微在酉

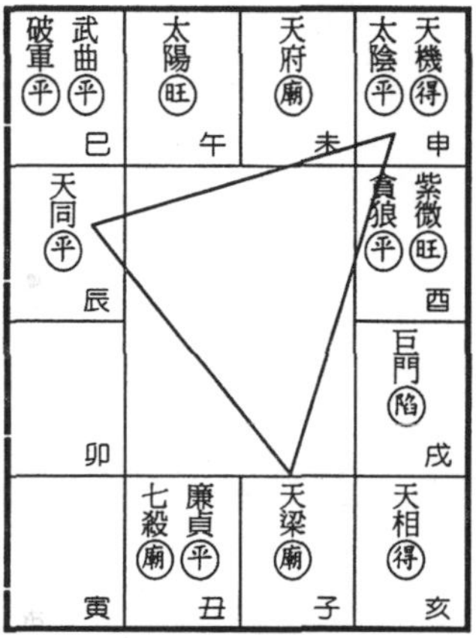

巳	午	未	申
武曲(平) 破軍(平) 巳	太陽(旺) 午	天府(廟) 未	天機(得) 太陰(平) 申
天同(平) 辰			紫微(旺) 貪狼(平) 酉
卯			巨門(陷) 戌
寅	廉貞(平) 七殺(廟) 丑	天梁(廟) 子	天相(得) 亥

9.紫微在申

巳	午	未	申
太陽(旺) 巳	破軍(廟) 午	天機(陷) 未	紫微(旺) 天府(得) 申
武曲(廟) 辰			太陰(旺) 酉
天同(平) 卯			貪狼(廟) 戌
七殺(廟) 寅	天梁(旺) 丑	廉貞(平) 天相(廟) 子	巨門(旺) 亥

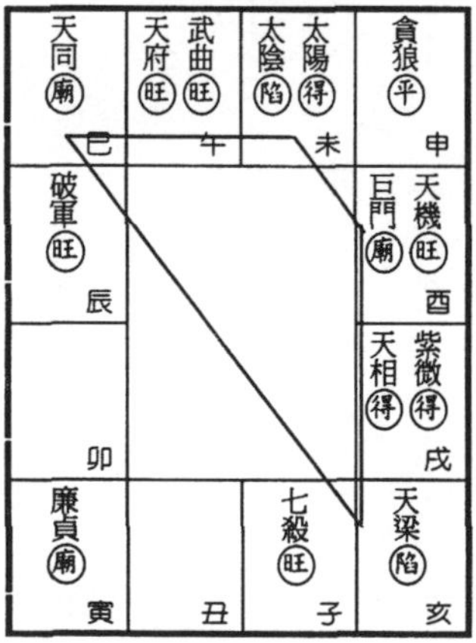

12.紫微在亥

巳	午	未	申
天府(得) 巳	天同(陷) 太陰(平) 午	武曲(廟) 貪狼(廟) 未	太陽(得) 巨門(廟) 申
辰			天相(陷) 酉
廉貞(平) 破軍(陷) 卯			天機(平) 天梁(廟) 戌
寅	丑	子	紫微(旺) 七殺(平) 亥

11.紫微在戌

巳	午	未	申
天同(廟) 巳	武曲(旺) 天府(旺) 午	太陽(得) 太陰(陷) 未	貪狼(平) 申
破軍(旺) 辰			天機(旺) 巨門(廟) 酉
卯			紫微(得) 天相(得) 戌
廉貞(廟) 寅	丑	七殺(旺) 子	天梁(陷) 亥

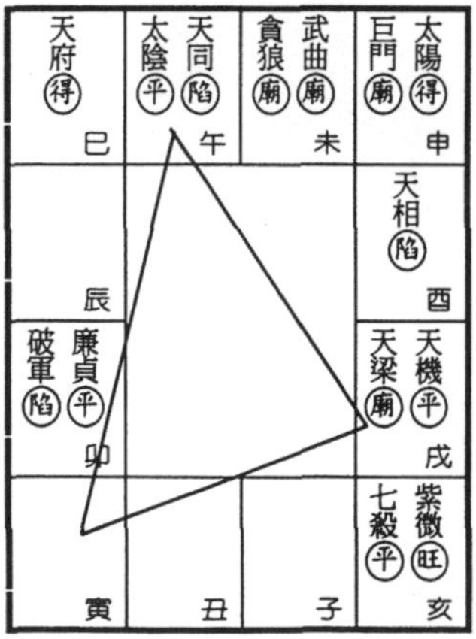

12. 破盪格

『破盪格』出自《紫微斗數全書》中之『女命骨髓賦』。在『談星要論』中談到，『巨門』章篇也有提到。全句是：『巨宿天機為破盪』。

『破盪格』即是指：有『天機居旺、巨門居廟』坐命卯、酉宮的命格。

指此命格容易離祖破家，有動盪之人生。而且要先破後成。其中以坐命卯宮者，成就會較高。在名人中，有先總統 蔣介石先生與名作家張愛玲女士皆為命坐卯宮的『破盪格』之擁有者。

先總統 蔣公少年離家，在外闖盪；後東征西討，一生不安定。作家張愛玲女士，自幼父母不合，離異，其人二十三歲成名，但逢二次大戰之戰亂，後遷移美國，一生也不安定。

在卯宮的『破盪格』比在酉宮的『破盪格』強勢有力，其人成就高。主要是因為卯宮五行屬木，天機星也屬木，天機較旺，較聰明。巨門雖在卯宮居廟。巨門五行屬水，水會被木宮吸去，形同洩氣。故巨門在卯宮不強，代表是非雖有，但較少。故能有成就。

在酉宮的『破盪格』，因天機屬木，酉宮屬金，金木相剋，故其人沒那麼聰明。再則酉宮金生巨門水，金水相生，是非、糾紛增多，不吉。故酉宮坐命之『破盪格』不如卯宮之成就好了。

『破盪格』之形式

5.紫微在辰

天梁(陷) 巳	七殺(旺) 午	未	廉貞(廟) 申
紫微(得) 天相(得) 辰			酉
天機(旺) 巨門(廟) 卯			破軍(旺) 戌
貪狼(平) 寅	太陽(陷) 太陰(廟) 丑	武曲(旺) 天府(廟) 子	天同(廟) 亥

11.紫微在戌

天同(廟) 巳	武曲(旺) 天府(旺) 午	太陽(得) 太陰(陷) 未	貪狼(平) 申
破軍(旺) 辰			天機(旺) 巨門(廟) 酉
卯			紫微(得) 天相(得) 戌
廉貞(廟) 寅	丑	七殺(旺) 子	天梁(陷) 亥

13. 機梁善談兵

『機梁善談兵』格出自《紫微斗數全書》中之『論諸星同位垣各同所宜，分別富貴貧賤夭壽』。全句為：『機梁會合善談兵，居戌亦為美論。』

『機梁善談兵』格，主要是指機梁坐命者，喜歡替人出主意，出計謀、獻策。相傳指諸葛亮孔明為機梁坐命的人，羽扇綸衣。因此，大家都認為『機梁善談兵』是真確的了。

但是，『機梁坐命』者雖愛說話、愛替人出主意，但關鍵點是出了主意卻不愛負責任，常常又出的是餿主意，自然一看苗頭不對，狀況不妙，即溜走了。這和三國志中諸葛先生之為蜀國『鞠躬盡瘁，死而後已。』之形象，實在差太多了。因此，諸葛亮到底是否是機梁坐命的人首先是疑問。

不過，日本前首相小泉純一朗的確是機梁坐命戌宮之人，也證明機梁坐命者也能主貴多謀，不過在用到此句格局時，真實代表其人喜歡聊天，好出主意而已，並無太大之意義。

『機梁善談兵』格之形式

6.紫微在巳

紫微(旺) 七殺(平) 巳	午	未	申
命宮 天機(平) 天梁(廟) 辰			廉貞(平) 破軍(陷) 酉
天相(陷) 卯			戌
太陽(旺) 巨門(廟) 寅	武曲(廟) 貪狼(廟) 丑	天同(旺) 太陰(廟) 子	天府(得) 亥

12.紫微在亥

天府(得) 巳	天同(陷) 太陰(平) 午	武曲(廟) 貪狼(廟) 未	太陽(得) 巨門(廟) 申
辰			天相(陷) 酉
廉貞(平) 破軍(陷) 卯			命宮 天機(平) 天梁(廟) 戌
寅	丑	子	紫微(旺) 七殺(平) 亥

法雲居士⊙著

在人一生當中，『時間』是個十分關鍵的重點機緣。每一件事情，常因『時間』的十字標、接合點不同而有不同吉凶的轉變。

當年『草船借箭』的事跡，是因為有『孔明會借東風』的智慧而形成的。在今時、今日現代科技的社會裡，會借東風的智慧已經獲得剖析，你我都可成為能掌握玄機的智者。

法雲居士再次利用紫微命理，為您解開每種時間上的玄機之妙。『好運跟你跑』的全新增訂版，就是這麼一本為您展開人生全新一頁，掌握人生中每一種好運關鍵時刻的一本書。

第三章　屬於太陽星的格局

太陽為中天主星。司官祿主，主權貴，男子以為父星，女子以為夫星。太陽不論是在人之命運中，或是在主貴的運程中，或是在人生之六親關係中都佔有極重大之地位。故太陽星之格局特別多。特別以吉祥之格局特別多，不吉的格局只有一兩個而已。

太陽在天體中是照明大地之主要星體，無太陽星，地球將一片黑暗了，故其格局也多半以太陽星曜移動之宮位而有所變化而命名。例如：太陽在卯為『日出扶桑』。在辰、巳稱為『升殿』，太陽居午稱之『日麗中天』。太陽在申、酉，稱之『日落西山』。太陽在戌、亥，稱為『日月反背』。此皆為人生架構之格局也，對人生有重大之影響了。

⑭ 金燦光輝

『金燦光輝』格，出自《紫微斗數全書》中之『太微賦註解』之『定富局』中。特指太陽單坐命宮，又命坐午宮的命格。太陽在午宮，就像太陽在午時照射一般，是日正當中之燥烈四射，無法可擋。此也形容人之前途大好。但需有『陽梁昌祿』格完美格局，有高學歷及步步高陞之事業，及完美之人格，才能真正算『金燦光輝』格。

至今只有格局名稱，還無見到有任何『太陽坐命午宮者』有此輝煌之功業，可稱得上『金燦光輝』格的人。只是徒具格局形式了。

此格局和『日麗中天』格相同，都是以太陽居午宮單守之命格稱之。

15. 陽梁昌祿

『陽梁昌祿』格是由多句賦詞所輾轉而成的。首先，出現於『大微賦』中，有『太陽會文昌於官祿，皇殿朝班，富貴全美。』後由後人所增補之『重補斗數轂率』中出現：『太陽會文昌於官祿金殿傳臚。』經過長期的演變。時至今日，**『陽梁昌祿』在十二個命盤格式中都能出現**，有些是正格完美的，也有折射型的，但只要都能把握好『陽梁昌祿』之時間，便能具有高學歷，以及主貴，做高級國家公務員、官員的機會。就算某些格局不算完整的人，也能利用『陽梁昌祿』的時間來讀書，增加自己的人生層次，升職或考國家檢定考試，而高人一等。**現今已證實：『陽梁昌祿』格是某些事業成功知名，且學經歷完整，能主導國家、社會某些重要建設議題，擔當大任者，所必備之命理格局。**

同時，經過命理學者長期發現，具有『陽梁昌祿』格的人，在學習能力上較輕鬆掌握知識、理解力高、學習意願高，能自動自發的學習，並發現問題，而找出答案。因此智商也會高，再加上，容易接受父母師長、長輩之指導，一生之成就較高。這是許多名人成功的法則。

『陽梁昌祿』格者主要是以太陽這顆中天主星，加上天梁蔭星，以及文昌星這顆『時系星』，以及(化祿或祿存)的由年干因素的『干系星』所組成的，因出生時間標的所形成之貴格格局。

世界上的人約有四成的人數能形成『陽梁昌祿』格，可見其能擁有『陽梁昌祿』格的人不能說不高了。但是卻只有二成或一成半左右的人是真正具有完美的『陽梁昌祿』格的人。這就是說全球有六十億人口的話，就有九億的人能具有『陽梁昌祿』，能具有高學歷，及優等的工作職位。在這九億人中，有些是大、小國家的總統、參議員。有些是各級學校的教師。有些是各國跨國企業的大老闆及企業營謀規劃者。還有些是正在讀書的學

生或學者。所以啦！也可直接的說，也就是九億具有『陽梁昌祿』格的人口在控制及管理其他五十億人口的命脈。

因此，你看！『陽梁昌祿』格是不是從主貴到掌權都高人一等的使人主權貴的格局呢？

（法雲居士所著《使你升官發財的『陽梁昌祿』格》一書對『陽梁昌祿』格有深刻的剖析）

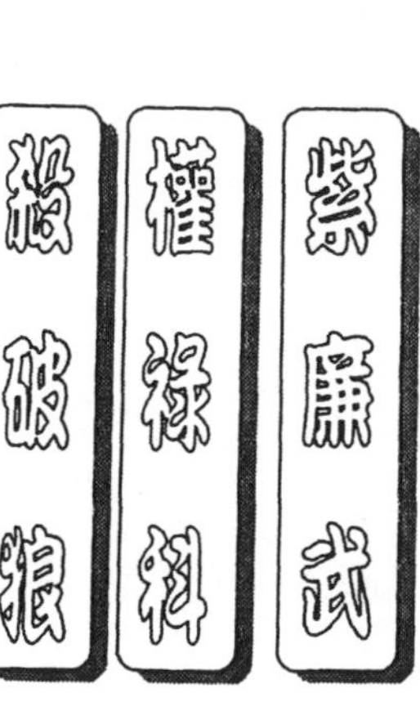

16. 皇殿朝班

『皇殿朝班』格出自於『太微賦』。全句是：『太陽會文昌於官祿皇殿朝班』。

此指官祿宮有太陽居旺、文昌居旺，就合於『皇殿朝班』格。表示有傳臚第一名，能考上國家高級公務員，能有名列朝班之貴。由此看來，除掉太陽陷落的命盤格式，以及文昌會落陷的宮位，也只有太陰坐命亥宮的人，其官祿宮在卯宮有『太陽居廟、天梁居廟、再加文昌』最為合格（此也為馬英九總統命格）。其他如官祿宮在寅宮（陽巨），或在太陽午宮獨坐，皆為文昌居陷（文昌在寅、午、戌宮居陷）。因此都無法入格。

『皇殿朝班』格之形式

7.紫微在午

天機(平) 巳	紫微(廟) 午	財帛宮 未	破軍(得) 申
七殺(廟) 辰			酉
官祿宮 太陽(廟) 天梁(廟) 文昌 卯			廉貞(平) 天府(廟) 戌
武曲(得) 天相(廟) 寅	天同(陷) 巨門(陷) 丑	貪狼(旺) 子	命宮 太陰(廟) 亥

17. 日出扶桑

『日出扶桑』格，出自《紫微斗數全書》中『定富貴貧賤十等論』中『定貴局』。扶桑指的是東方。卯宮是正東，**故此格局專指的是太陽坐命卯宮的命格**。太陽在卯，定有天梁同宮，故是太陽、天梁雙雙居廟並坐。象徵日出的光輝燦爛。這也是一種主貴的象徵。

『日出扶桑』格之形式

7.紫微在午

天機(平) 巳	紫微(廟) 午	官祿宮 未	破軍(得) 申
七殺(廟) 辰			酉
命宮 太陽(廟) 天梁(廟) 卯			廉貞(平) 天府(廟) 戌
武曲(得) 天相(廟) 寅	天同(陷) 巨門(陷) 丑	貪狼(旺) 子	財帛宮 太陰(廟) 亥

18. 日照雷門

『日照雷門』格，出自『斗數骨髓賦』。全句是：『日照雷門，富貴榮華』。在『論諸星同位垣各同所宜，分別富貴貧賤夭壽』中論『太陽星』部份也再次出現。全句是：『日照雷門，于辰卯地，晝生富貴聲揚。』

『日照雷門』格中，雷門指的是震方，亦指東方。也代表卯、辰之地。『日照雷門』格，主要仍是指太陽坐命卯宮者，其實是指『太陽居廟、天梁居廟坐命卯宮者，在解釋中亦指有太陽單星坐命辰宮者居旺皆稱為『日照雷門』。**但一般專指『陽梁坐命卯宮』者為『日照雷門』**。其實太陽在寅、卯為初升。至辰、巳為升殿。太陽初升突破黑暗之光芒萬丈。其亮度為居廟，但至辰宮已居旺，光度已略遜，居旺而已。故『日照雷門』專指『陽梁居卯宮』為較正確。但也須六吉星照守，及再加『陽梁昌祿』格。

『日照雷門』格之形式

7.紫微在午

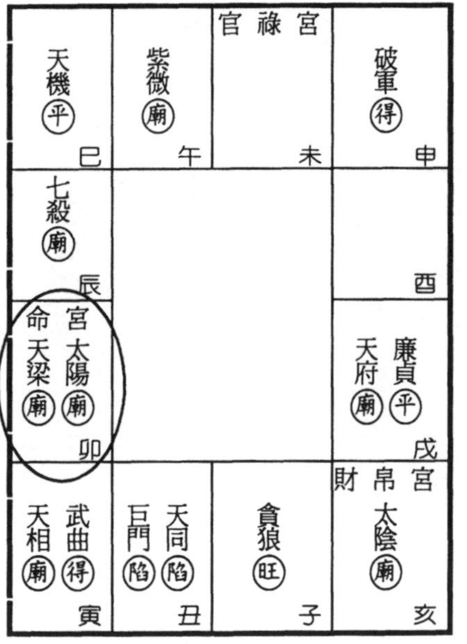

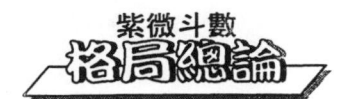

19. 日麗中天

『日麗中天』格，出自『**太微賦**』。全文是：『太陽居午謂之日麗中天，有專權之位、敵國之富。』

『日麗中天』格，專指太陽坐命午宮的命格。但仍須有『陽梁昌祿』格及財、官等位皆佳才主有富貴。庚年生有太陽化祿在午宮居旺的人，或辛年生，有太陽化權在午宮居旺的人，有較強的事業運，也會性格堅強急躁，很強勢的工作。也容易掌權，得到財富。

『日麗中天』格之形式

10.紫微在酉

巳	午	未	申
武曲(平) 破軍(平) 巳	命宮 太陽(旺) 午	天府(廟) 未	天機(得) 太陰(平) 申
天同(平) 辰			紫微(旺) 貪狼(平) 酉
卯			巨門(陷) 戌
寅	廉貞(平) 七殺(廟) 丑	天梁(廟) 子	天相(得) 亥

20. 日月照壁

『日月照壁』格出自《紫微斗數全書》中之『定富貴貧賤十等論』之『定富局』。

『日月照壁』格專指太陽、太陰同臨田宅宮的格式。『太陽、太陰』同宮，會在丑宮或未宮出現。**在丑宮**，太陽居陷，太陰居廟。故田宅房地產會不少，但也會漸漸賣掉一些。**在未宮**的太陽居得地之位，太陰居陷。是故，房地產會較少。其狀況是初時多而最後少或無。日月同臨田宅宮，其實都有起伏現象，不穩定現象。而且有此田宅的人正是破軍坐命辰、戌宮的人。破軍坐命的人都有耗敗家產的問題，喜歡創業，人生不穩定，故有此田宅宮也很合理。但『日月照壁』只空有其名，無實質之財富。

※『太陽、太陰』在田宅宮同宮，**太陽代表能接收的祖產。太陰為田宅主**，表示命中能賺取的田地與房地產。故在丑宮，『太陽居陷、太陰居廟』在田宅宮時，代表祖產少或無，靠自己賺的房地產多。在未宮，『太陽得地之位、太陰居陷』，表示祖產略有一點、不多，自己沒賺到什麼房地產，以後房地產也會愈來愈少。

21. 日月並明

『日月並明』格局出自『斗數骨髓賦』。全句是：『日月並明佐九重於堯殿』。

在《紫微斗數全書》中小字的解釋指：『如安命丑宮，日在巳，月在酉，來朝照，為並明。辛乙生人合格，如丙生人主貴，丁生人主富，加四

煞、空、劫、忌平常。』(此為後人之解釋)

其實上述之後人添加之解釋太為狹隘。**『日月並明』之格局，是指在命盤中之太陽星、太陰星(月)都在旺位而稱之。**

『日月並明』之格局在『紫微在巳』、『紫微在午』、『紫微在未』、『紫微在申』等四個命盤格式都有。這代表這四個命盤格式的人，都有比別人多兩個好的大運。也代表其人生之光明度比其他命盤格式的人高，更代表他們的人生起跑點比別人前面。如果再加上有『陽梁昌祿』格，能有高學歷、做高級公務員為政府官員。佐九重於堯殿，成為高人一等的經歷，這是輕而易舉的事。

『日月並明』格之形式

7.紫微在午

天機(平) 巳	紫微(廟) 午	未	破軍(得) 申
七殺(廟) 辰			酉
太陽(廟) 天梁(廟) 卯			廉貞(平) 天府(廟) 戌
武曲(得) 天相(廟) 寅	天同(陷) 巨門(陷) 丑	貪狼(旺) 子	太陰(廟) 亥

6.紫微在巳

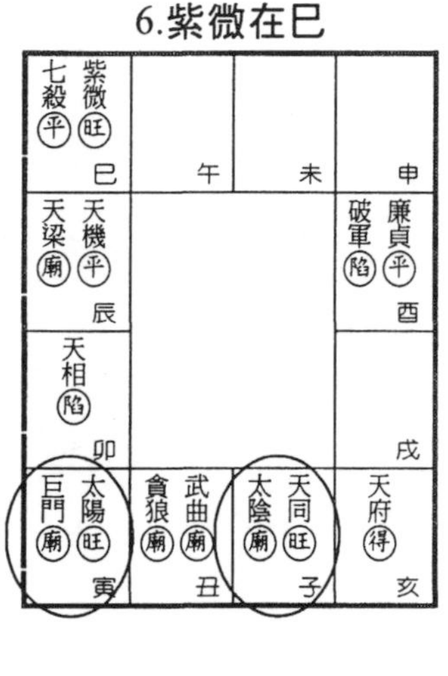

紫微(旺) 七殺(平) 巳
午
未
申
天機(平) 天梁(廟) 辰
廉貞(平) 破軍(陷) 酉
天相(陷) 卯
戌
太陽(旺) 巨門(廟) 寅
武曲(廟) 貪狼(廟) 丑
天同(旺) 太陰(廟) 子
天府(得) 亥

9.紫微在申

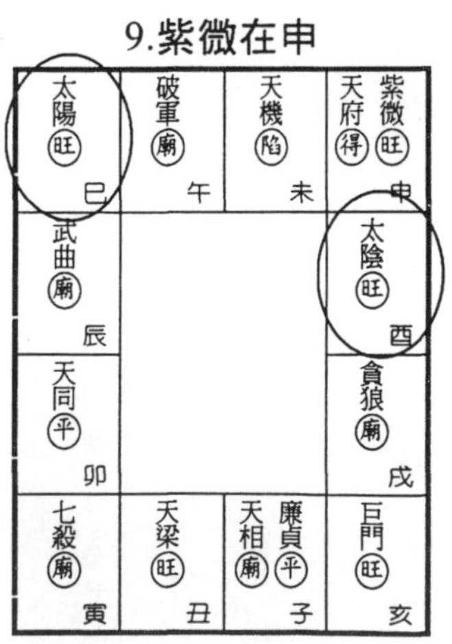

太陽(旺) 巳
破軍(廟) 午
天機(陷) 未
紫微(旺) 天府(得) 申
武曲(廟) 辰
太陰(旺) 酉
天同(平) 卯
貪狼(廟) 戌
七殺(廟) 寅
天梁(旺) 丑
廉貞(平) 天相(廟) 子
巨門(旺) 亥

8.紫微在未

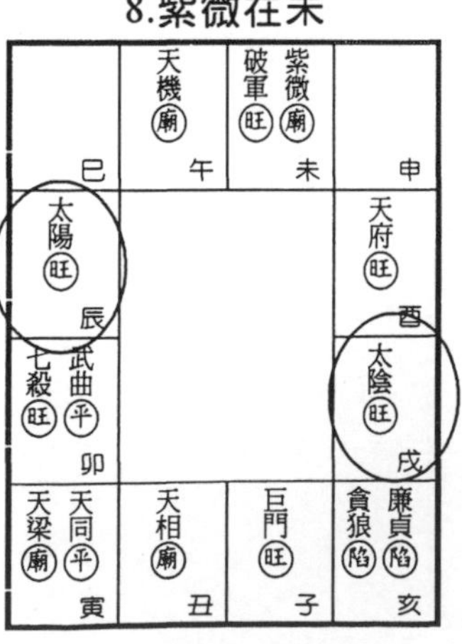

㉒ 日月同臨

『日月同臨』格，出自『斗數骨髓賦』。全句是：『日月同臨，官居侯伯。』

『日月同臨』是指太陽、太陰同坐命宮的命格。在『紫微在辰』命盤格式中，是在丑宮，為『太陽居陷、太陰居廟』入座。在未宮，為『太陽居得地之位、太陰居陷』入座。這兩種命格，會因太陽的旺陷，而有工作、事業運的好壞高低分別。也會因太陰的廟陷，而有薪水財產的多寡之分。例如命坐丑宮的人，會重積蓄，為薪水族，較富足，較不重事業的職位高低。命坐在未宮的人，會重視名譽與職位高低，而錢財少。是故，在丑宮的『日月同臨』格局是主富的格局。在未宮的『日月同臨』格局是主貴的格局。有此分別。

日月坐命的人，其財帛宮為空宮，官祿宮為天梁陷落。一般大多不重視職位上之名稱、高低位階也多半不爭取。但命格中如果有太陽化權，或太陰化權時，其人才會較積極於名利。因此，『日月同臨，官居侯伯。』此句可能要看實際狀況而定了。

『日月同臨』之形式

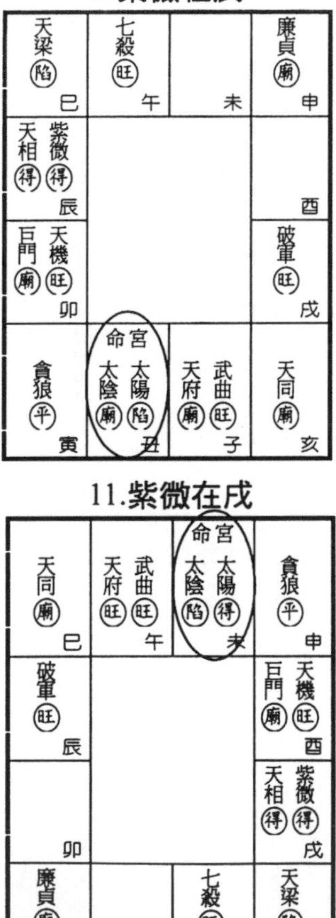

5.紫微在辰
天梁 陷 巳
七殺 旺 午
未
廉貞 廟 申
紫微 得 天相 得 辰
酉
天機 旺 巨門 廟 卯
破軍 旺 戌
貪狼 平 寅
命宮 太陽 陷 太陰 廟 丑
武曲 旺 天府 廟 子
天同 廟 亥
11.紫微在戌
天同 廟 巳
武曲 旺 天府 旺 午
命宮 太陽 得 太陰 陷 未
貪狼 平 申
破軍 旺 辰
天機 旺 巨門 廟 酉
卯
紫微 得 天相 得 戌
廉貞 廟 寅
丑
七殺 旺 子
天梁 陷 亥

23. 日月守命

『日月守命』之格局出自《紫微斗數全書》中之『論諸星同位垣各同所宜，分別富貴貧賤夭壽』中之『太陰星』之部份。全句是：『日月守命不如照合並明』。『太微賦』亦云：『日月守不如照合，蔭福聚不怕凶危。』

『日月守命』就是『太陽、太陰坐命』，一種在丑宮，一種在未宮，如前一格局相同。

『日月守命』，即『日月坐命』，必有一日或一月為陷落不明的，是故日月守命不如照合並明。命盤中要以『日月皆明』為人生大好前程，故有此說。

24. 日月夾財

『日月夾財』格出自《紫微斗數全書》中之『十二宮諸星富貴貧賤論』之『定富論』。又於『重補斗數彀率』中，有『財印夾命，日月夾財，其富何疑。』之句。

『日月夾財』是指有太陽、太陰相夾武曲星，或有太陽、太陰相夾財帛宮，財帛宮中又為財星者稱之。

例如『紫微在巳』命盤格式中，太陽在寅居旺，太陰在子居廟，相夾在丑宮的『武曲、貪狼』是也。另外在未宮的『武貪』，為申宮的太陽只居得地之位，太陰在午居平陷之位，此種日月相夾則不合格，因為太窮了，相夾也無用。

如果丑宮的『武貪』又為財帛宮，則『日月夾財』格成立，這是『紫微、七殺』坐命的人，會有的財帛宮，財運是非常好的，又有『武貪格』偏財運格，能發富。在丑、未年皆有大財可進。

『日月夾財』之形式

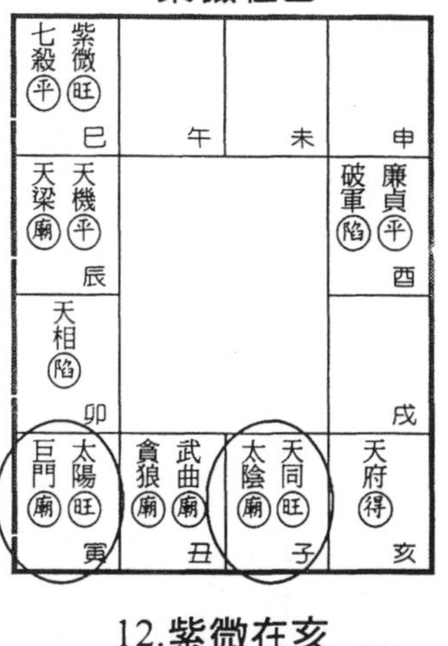

6.紫微在巳
此合格
紫微旺 七殺平 巳
午
未
申
天機平 天梁廟 辰
廉貞平 破軍陷 酉
天相陷 卯
戌
太陽旺 巨門廟 寅
武曲廟 貪狼廟 丑
天同旺 太陰廟 子
天府得 亥
12.紫微在亥
此不合格
天府得 巳
天同陷 太陰平 午
武曲廟 貪狼廟 未
太陽得 巨門廟 申
辰
天相陷 酉
廉貞平 破軍陷 卯
天機平 天梁廟 戌
寅
丑
子
紫微旺 七殺平 亥

25. 日月夾命

『日月夾命』格局出自《紫微斗數全書》中之『定富貴貧賤十等論』之『定貴局』。

合於『日月夾命』之格局者，也只有『武曲、貪狼』坐命丑宮或未宮的命格，前有『太陽、巨門』，後有『天同、太陰』相夾。但以『武貪』坐命丑宮的人，是日月皆旺廟的，其人之貴較強，富也較多。未宮的武貪命格，因相夾的日(太陽)居得地之位，月(太陰)居平陷之位，富貴皆低。『日月夾命』格局之形式，請參考前一格局。

26. 日月反背

『日月反背』格局出自『斗數骨髓賦』。全句是：『日月最嫌反背乃為失輝』。

『日月反背』之格局其實就是在命盤中之太陽居陷無光，太陰也居陷無光之格局。『日月反背』之格局會在『紫微在子』(例一)、『紫微在丑』(例二)、『紫微在寅』(例三)這三個命盤格式會出現。其他有一旺一陷的不算。上述這三個命盤格式的人，(1)、比別人多兩個不好、較凶的大運。(2)、會比別人在人生光明度方面較晦暗，不容易往上爬，較辛苦。(3)、代表其人的人生起跑點比別人後面，起步會較慢。如果有『陽梁昌祿』格的人，尚可靠讀書增高學歷來補足和別人的差異。不讀書的人，或沒有『陽梁昌祿』格的人，易落入社會金字塔的底端。

『日月反背』格之形式

(例三) 2.紫微在丑

巳 廉貞(陷) 貪狼(陷)	午 巨門(旺)	未 天相(得)	申 天同(旺) 天梁(陷)
辰 太陰(陷)			酉 武曲(平) 七殺(旺)
卯 天府(得)			戌 太陽(陷)
寅 破軍(旺)	丑 紫微(廟)	子 天機(廟)	亥

(例一) 1.紫微在子

巳 太陰(陷)	午 貪狼(旺)	未 巨門(陷) 天同(陷)	申 武曲(廟) 天相(得)
辰 廉貞(平) 天府(廟)			酉 太陽(平) 天梁(得)
卯			戌 七殺(廟)
寅 破軍(得)	丑	子 紫微(平)	亥 天機(平)

(例二) 3.紫微在寅

巳 巨門(旺)	午 廉貞(平) 天相(廟)	未 天梁(旺)	申 七殺(廟)
辰 貪狼(廟)			酉 天同(平)
卯 太陰(陷)			戌 武曲(廟)
寅 天府(廟) 紫微(廟)	丑 天機(陷)	子 破軍(廟)	亥 太陽(陷)

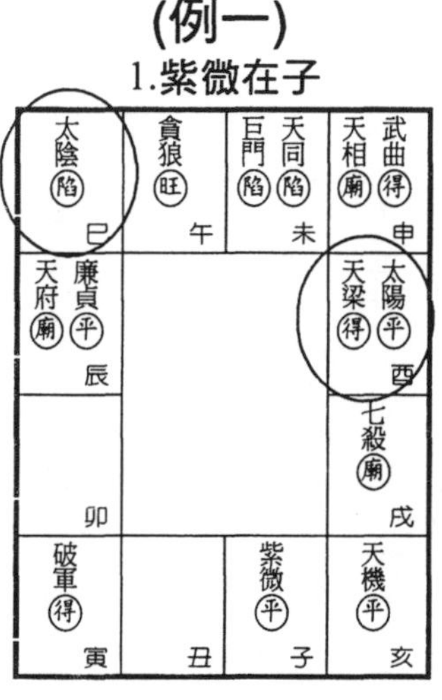

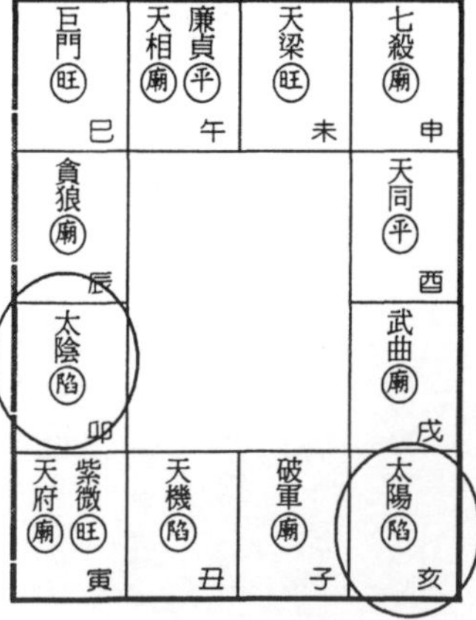

27. 金殿傳臚

『金殿傳臚』之格局出自《紫微斗數全書》中之『重補斗數彀率』。全句是：『太陽會文昌於官祿金殿傳臚。』

『金殿傳臚』格局，其實就是『陽梁昌祿』格。此格局並不只限於在官祿宮出現。只要在命盤上，十二個宮位，在三合、四方對照以及折射，皆能形成。有此格局者有考試運。但要『陽、梁、昌、祿星等四顆星皆居廟旺，則有參加國家考試能考上榜首之際遇，故稱之『金殿傳臚』，這是古代考中狀元之格局，異常主貴。（請參考⑮『陽梁昌祿』格之解說。）

28. 日月藏輝

『日月藏輝』出自『定富貴貧賤十等論』中之『定貧賤局』。『日月藏輝』格即是『日月反背』格。指命盤中之太陽及太陰星皆在陷位。凡有此格局皆不富，太陽居陷易父早亡，太陽又代表工作、事業，居陷，皆不順，人生較晦暗。太陰居陷，母亦早亡。太陰代表薪水與田宅，故居陷時不富，易窮困。故『日月藏輝』在貧賤局中。

29. 日落西山

『日落西山』格局出自于『論諸星同位垣各同所宜，分別富貴貧賤夭壽』之『太陽星』部份。全句是：『日落未申在命位為人先勤後懶。』

『日落西山』之格局，申宮、酉宮為五行屬金之宮位，代表西方。此格主要是指命宮在申宮或酉宮的人的命宮，稱之。因太陽已西下，亮光不再燦爛。也代表人生有頹廢象徵。故會先勤後懶。

命宮在申宮者為『太陽、巨門』坐命申宮者。(例一)太陽居得地之位，巨門居廟。此為『日落西山』之格局。青年時代還發奮勤勞，中年以後怠惰。太陽在酉宮時為『太陽、天梁』同坐命宮，(例二)。太陽居平、天梁居得地之位。這是真正之『日落西山』，太陽已無什麼亮光了。天梁蔭星也只在得地之位。陽梁在酉不僅是『日落西山』之格局。亦為『飄蓬之客』

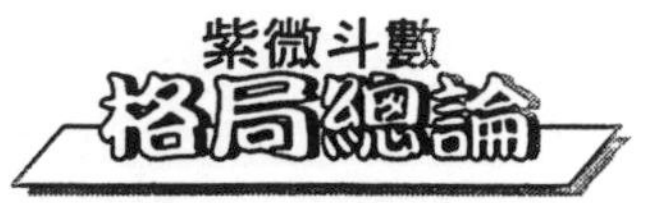

之格局。意指陽梁在酉宮坐命者，一生容易不得志，又有怠惰現象，容易東飄西蕩，生活不安定，也不富裕。

『日落西山』格之形式

（例一）

12.紫微在亥

天府(得) 巳	天同(陷) 太陰(平) 午	武曲(廟) 貪狼(廟) 未	命宮 太陽(得) 巨門(廟) 申
辰			天相(陷) 酉
廉貞(平) 破軍(陷) 卯			天機(平) 天梁(廟) 戌
寅	丑	子	紫微(旺) 七殺(平) 亥

（例二）

1.紫微在子

太陰(陷) 巳	貪狼(旺) 午	天同(陷) 巨門(陷) 未	武曲(得) 天相(廟) 申
廉貞(平) 天府(廟) 辰			命宮 太陽(平) 天梁(得) 酉
卯			七殺(廟) 戌
破軍(得) 寅	丑	紫微(平) 子	天機(平) 亥

30. 丹墀桂墀

『丹墀桂墀』之格局出自『斗數骨髓賦』。全句是：『丹墀桂墀早遂青雲之志。』

『丹墀桂墀』格中，丹墀指的是日(太陽)居於卯、辰、巳等宮。桂墀指的是月(太陰)居酉、戌、亥等宮，有命宮、身宮落於此六宮者，稱之。因為太陽在卯宮、辰宮、巳宮者居廟、居旺。太陰在酉宮、戌宮、亥宮居旺或廟，全都在旺位。坐命於此者，再有化權、化祿、化科的加持、增強，三合、四方宮位少有煞星沖剋，即能有少年出名得志之際遇。其中最顯眼的就是太陽居辰宮坐命及太陰居戌宮坐命的人，容易少年得志、出名。

雖然有這個格局，但仍需有組成『陽梁昌祿』格之貴格在這六個命格中的人，才能真正算是『丹墀桂墀』之格局。單是以坐命在這六個宮位，是不足以成立貴格的。

『丹墀桂墀』格之形式

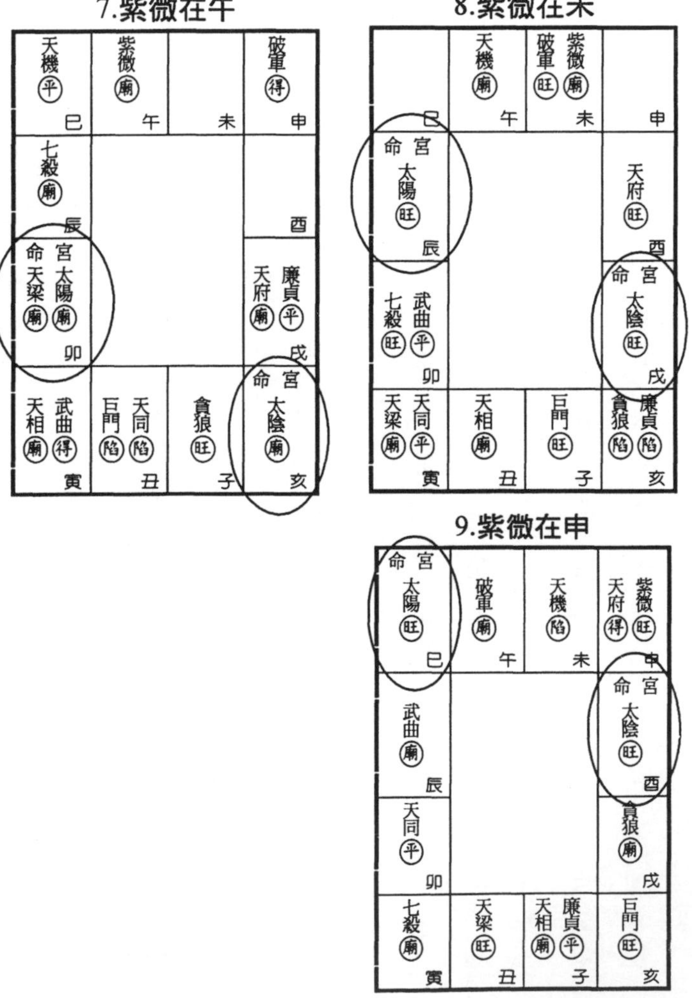
7.紫微在午
天機 平 巳
紫微 廟 午
未
破軍 得 申
七殺 廟 辰
酉
命宮 天梁 廟 太陽 廟 卯
廉貞 平 天府 廟 戌
天相 廟 武曲 得 寅
巨門 陷 天同 陷 丑
貪狼 旺 子
命宮 太陰 廟 亥
8.紫微在未
巳
天機 廟 午
破軍 旺 紫微 廟 未
申
命宮 太陽 旺 辰
天府 旺 酉
七殺 旺 武曲 平 卯
命宮 太陰 旺 戌
天梁 廟 天同 平 寅
天相 廟 丑
巨門 旺 子
貪狼 陷 廉貞 陷 亥
9.紫微在申
命宮 太陽 旺 巳
破軍 廟 午
天機 陷 未
天府 得 紫微 旺 申
武曲 廟 辰
命宮 太陰 旺 酉
天同 平 卯
貪狼 廟 戌
七殺 廟 寅
天梁 旺 丑
天相 廟 廉貞 平 子
巨門 旺 亥

31. 夾日夾月

『夾日夾月』格出自『斗數骨髓賦』。全句是『夾月夾日誰能遇，夾昌曲主貴兮。』

『夾日夾月』格，主要是指有太陽、太陰在命宮前後相夾而成之格局。須不逢羊陀、空劫為佳。此格其實與前面第25格之『日月夾命』相同。在所有的十二個命盤格式中，能有日月相夾的又有日月居旺的，只有『武貪坐命丑宮』的命格了。亦有一說有昌曲相夾也主貴。其實不然，申時生的人，文昌在寅居陷和文曲在子居旺相夾丑宮。因文昌居陷的關係，對人之幫忙其實不大。雖也能形成『陽梁昌祿』格，會以怪異的方式，來達成主貴的模式。

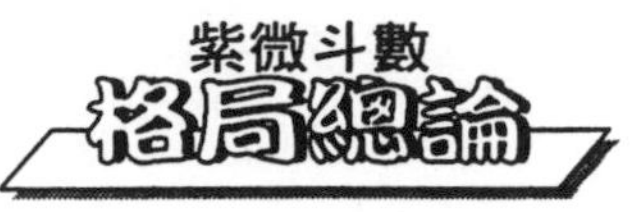

㉜ 日月羊陀

『日月羊陀』格局出自『論諸星同位垣各同所宜，分別富貴貧賤夭壽』之『太陰星』部份。全句是：『日月羊陀多剋親』。

『日月羊陀』格是指命宮有『太陽、太陰、擎羊』或是『太陽、太陰、陀羅』坐命者，多與雙親相剋。會父母不全，或是父母離異，家庭不健全。

第四章　屬於武曲星的格局

武曲星在斗數中有兩個身份。一個是財帛主，主財。一個是性剛果決的大將軍。因此在司財的時候，便以財星身份擁有一些格局。例如：『武貪格』、『發財遠郡』等格局。財星最怕受制及入陷，怕受傷害。如果和七殺、破軍、擎羊、陀羅、化忌、劫空同宮，皆是『刑財』格局，主窮及『因財被劫』、孤剋等。

武曲在做大將軍時，能出將入相，有『武貪格』、『火貪格』時定主貴。例如前國防部長郝柏村先生就是武曲化祿坐命辰宮，有貪狼化權在對宮相照的人。其人也是將官出身，以武人做文職的國防部長，達到人生最高境界。又例如：日本籍的棒球球員松板大輔也是武曲化權坐命辰宮的人。當時洋基隊將他由另一球隊買來即是以五千六百多萬美金。武曲坐命者的價值都很高。但要無刑煞才行。

紫微斗數
格局總論

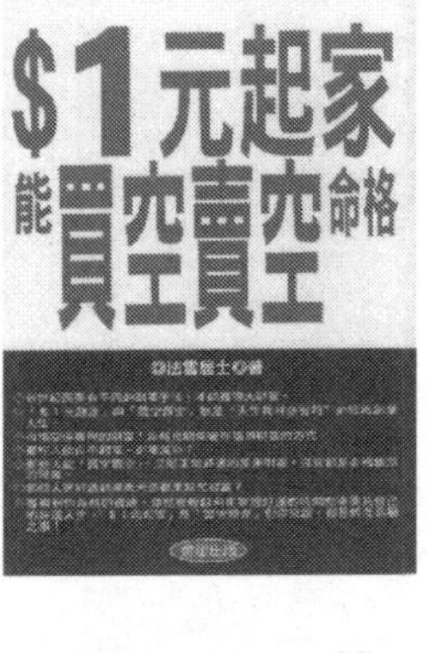

法雲居士⊙著

景氣不好、亂世，就是創業的好時機！

創業也會根據你的命格型態，
有不同的創業方式及行業別，
能不能夠以『$1元起家』，
輕鬆的創業，或做『買空賣空』
的行業，其實早已命中註定了！

任何人都可以運用自己的運氣
來尋找財富，
掌握時間點就能促成發富的績效。

新時代創業家是一面玩、
又一面做生意賺錢的快活族！

33. 武貪格

『武貪格』是暴發運中最重要的格局。而且它是由命盤格式中自然形成的。因此『武貪格』的力量最大。暴發事業上的旺運最強。**『武貪格』也只有在『紫微在寅』、『紫微在巳』、『紫微在申』四個命盤格式中才有**。別的八個命盤格式如果還享有暴發格(偏財運格)，只有能形成『火貪格』、『鈴貪格』而已，是無法形成『武貪格』的。

『武貪格』的優點是能在事業上每隔七年有一次暴發運。而能使事業擴大，人生地位上升。像人生具有彈力的墊腳石一樣，一彈就很高。現今很多名人，大企業主，有功勳財力的人，大多具有此『武貪格』。例如鴻海企業的郭台銘、長榮集團的張榮發先生、比爾蓋茲、巴菲特、郝柏村、維京集團主席布蘭森，甚至邁可・傑克森，以及許許多多出名，又事業大好，大富大貴的人，都具有此『武貪格』，也可見上述四個命盤格式是具有比常人更容易成大功、立大業，能及早達到富貴條件的命盤格式了。

『武貪格』皆是在辰戌年(龍年、狗年)或丑、未年(牛年、羊年)爆發。

它的爆發力往往比『火貪格』、『鈴貪格』的威力大，而且較持久一點。但也不會超過三年以上。因為爆發後第三年一定會遇到破軍或天相陷落的壞運而消耗掉。但如果你的『殺、破、狼』格局很好，破軍也無煞星侵擾，則也許你會破耗沒那麼嚴重，等熬到下一個爆發時間(龍年或狗年)，又接連著爆發好運，則你的富貴是指日可待富可敵國的。例如比爾蓋茲和張榮發先生和布蘭森、松阪大輔、王健民，他們都是這樣的人。因此人生的成就富貴可連接下去，累積起來。但如果『殺、破、狼』格局不佳，有羊、陀、劫空、化忌同宮，則表示打拼力量不足，消耗刑剋力量較大，也會很快的將爆發運所得之錢財、聲名，很快的像洩了氣的氣球一般消耗掉了。

『武貪格』能使人成大富翁，也能使武職軍警業立大功。例如郝柏村先生就是命、遷二宮形成『武貪格』。蔣宋美齡女士就是『武貪坐命』丑宮的人，本命就是暴發格，因此能參與政事、立大業。同時也成為人生取貫的格局。

『武貪格』之形式

3.紫微在寅

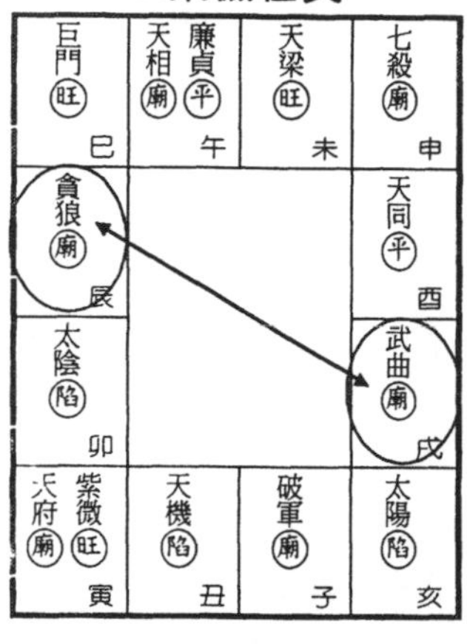

9.紫微在申

太陽(旺) 巳	破軍(廟) 午	天機(陷) 未	紫微(旺) 天府(得) 申
武曲(廟) 辰			太陰(旺) 酉
天同(平) 卯			貪狼(廟) 戌
七殺(廟) 寅	天梁(旺) 丑	廉貞(平) 天相(廟) 子	巨門(旺) 亥

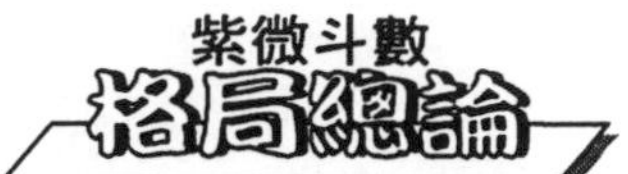

『武貪格』之形式

6.紫微在巳

紫微(旺) 七殺(平) 巳	午	未	申
天機(平) 天梁(廟) 辰			廉貞(平) 破軍(陷) 酉
天相(陷) 卯			戌
太陽(旺) 巨門(廟) 寅	武曲(廟) 貪狼(廟) 丑	天同(旺) 太陰(廟) 子	天府(得) 亥

12.紫微在亥

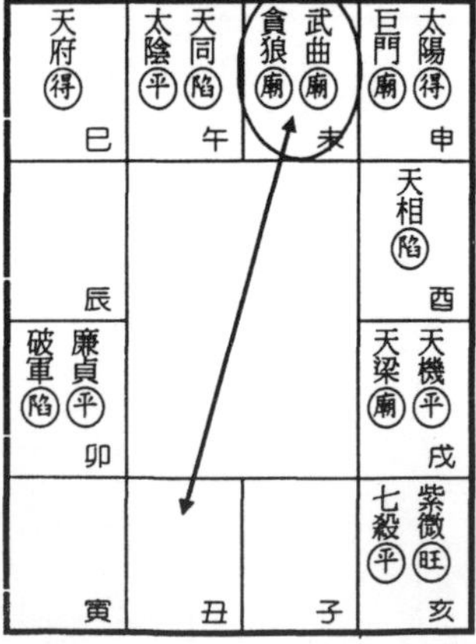

兼文武格

『兼文武』格出自『論諸星同位垣各同所宜，分別富貴貧賤夭壽』之『文昌星』之部份。全句是：『文昌武曲於身命文武兼備。』又『文昌、武曲為人多學多能。』

這裡要指出的是：文昌、武曲必須同宮於辰宮才行合格。文昌在戌宮居陷會使人較粗俗、不文雅，自然無文質，不能舞文弄墨了。再加上戌宮的武曲，被火墓宮刑剋，財也不多，如此只能形成粗俗、無學識的武人，是無法『文武兼備』的。

另一種『武曲、文昌』同宮的形式是：『武曲、貪狼、文昌、文曲』坐於丑、未宮，文昌及文曲在丑宮居廟，在未宮居平，因此以丑宮為好。但有『文昌、文曲』同並坐時，為桃花格局，雖文武兼備，但貪戀桃花，也未必能成大業。其他如『武曲、七殺』加文昌在卯、酉宮，如『武曲、破軍』加文昌在巳、亥宮會形成窮的格局，皆無法真正的文武兼備，為不合格。真正合格者，只有『武曲、文昌』坐於辰宮為身宮、命宮者才是。

『兼文武』格之形式

9.紫微在申

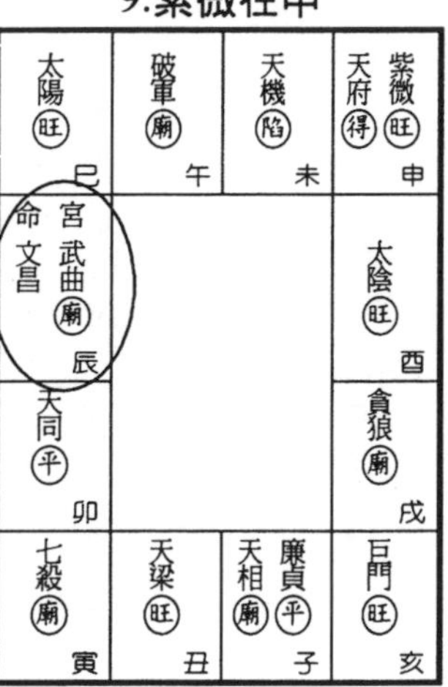

太陽 旺 巳
破軍 廟 午
天機 陷 未
紫微 旺 天府 得 申
命宮 武曲 廟 文昌 辰
太陰 旺 酉
天同 平 卯
貪狼 廟 戌
七殺 廟 寅
天梁 旺 丑
廉貞 平 天相 廟 子
巨門 旺 亥

35. 發財遠郡

『發財遠郡』格出自：『諸星問答論』。全句是：『武曲北斗第六星：……與祿馬交馳發財於遠郡。』

『發財遠郡』格局是指稱武曲坐命者(指辰、戌宮坐命者)必會至外鄉打拼成功，發財還鄉。這是要命格中有祿(化祿)帶馬，就能發財遠鄉。

但是祿馬不臨四墓地，馬只在寅、申、巳、亥四宮為四馬地。則如何『祿馬交馳』呢？其實還是要看本命八字中有無帶祿馬之命格才能定。但一般只要帶化祿即能算是此格了。這其中，有郝柏村先生是武曲化祿坐命辰宮的人，離開他的祖籍江蘇到台灣來，又有主貴之地位，算得上是『發財遠郡』之格局了。

『發財遠郡』格之形式

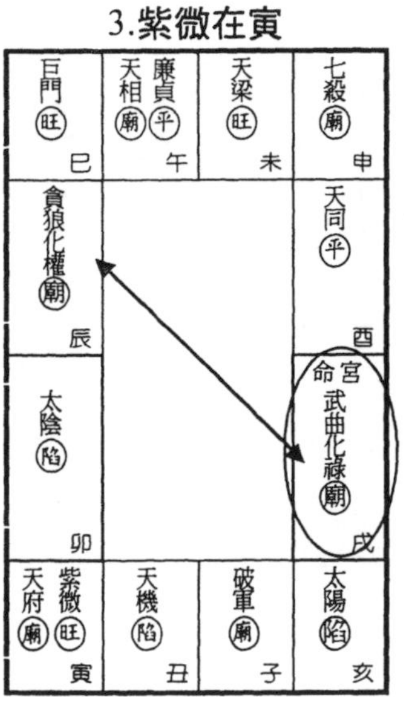

9.紫微在申

太陽 旺 巳	破軍 廟 午	天機 陷 未	天府 得 紫微 旺 申
命宮 武曲化祿 廟 辰			太陰 旺 酉
天同 平 卯			貪狼化權 廟 戌
七殺 廟 寅	天梁 旺 丑	天相 廟 廉貞 平 子	巨門 旺 亥

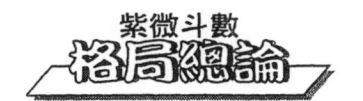

36. 威名赫奕

『威名赫奕』之格局出自於『斗數骨髓賦』。全句是：『武曲廟垣威名赫奕』。

『威名赫奕』格，指武曲在辰、戌、丑、未宮坐命，以辰、戌宮最強，為上格，丑、未宮為次格。要有化權、化祿才算。能創造大功業，成就大時代的輝煌成績。**『威名赫奕』以軍職為重**，文職次之。例如郝柏村先生是武曲化祿坐命辰宮的人，以軍職成就大事業，可堪稱『威名赫奕』。又如蔣宋美齡女士，是武貪坐命丑宮的人，參與二次大戰為中國奔走效力，建立中國空軍，也可堪稱『威名赫奕』的格局了。

37. 武曲守垣

『武曲守垣』之格局出自『定富貴貧賤十等論』之『定貴局』。『武曲守垣』專指武曲在卯宮坐命的命格。其餘皆不是。

武曲在卯宮坐命，必有七殺同宮，為『武曲、七殺』的命格。也為『因財被劫』的格式。若無羊、化忌、劫空同宮或相照，可以主貴。但其人一生較辛苦，財較少，唯有努力達成主貴現象後，能衣食無慮。現任中央警察大學校長侯友宜先生即是此格局之人。名嘴周玉蔻小姐也是此命格的人。

『武曲守垣』格局之形式

8.紫微在未

巳	天機(廟) 午	紫微(廟) 破軍(旺) 未	申
太陽(旺) 辰			天府(旺) 酉
命宮 武曲(平) 七殺(旺) 卯			太陰(旺) 戌
天同(平) 天梁(廟) 寅	天相(廟) 丑	巨門(旺) 子	廉貞(陷) 貪狼(陷) 亥

因財持刀

『因財持刀』格局出自『論諸星同位垣各同所宜，分別富貴貧賤夭壽』中之『武曲星』之部份。全句是：『武曲劫殺會擎羊因財持刀』。

『因財持刀』格局專指『武曲、七殺、擎羊』同宮在卯、酉宮之格局。此『因財持刀』之格局，可在命、財、官、夫、遷、福、兄、疾、田、父、子、僕等十二宮出現。但主要是甲年生及庚年生人，命盤格式為『紫微在未』及『紫微在丑』兩個命盤格式的人會遇到的。流年、流月走到，其人會因窮而與人發生金錢糾紛，拿刀與人拼命，或因錢財問題被人殺死。

『因財持刀』的格局在命宮，其人狡詐、邪惡、身體有刑傷、不孕。及窮困。在財帛宮，賺錢困難，留不住錢財，一生困苦。在官祿宮，易為軍警業，因公殉職或傷殘，但無撫卹。也易窮、工作中斷。在六親宮，與

家人不和，因財持刀、互砍。在田宅宮，家中多打架鬧事，夫妻不和。在福德宮，天生窮、無福、早夭。在遷移宮，在外易死，有車禍、刀、槍傷災，為人嫉恨、相殺而亡。

『因財持刀』之惡格，多在卯、酉年(兔、雞年)發生刑剋傷害之狀況，時間也在卯時及酉時兩個時間，但小心，可躲過。

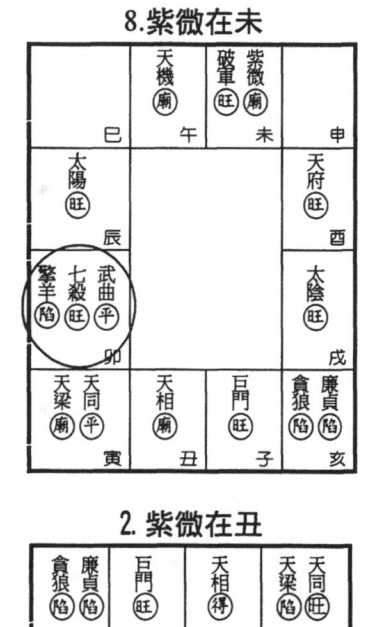

『因財持刀』格之形式

8.紫微在未

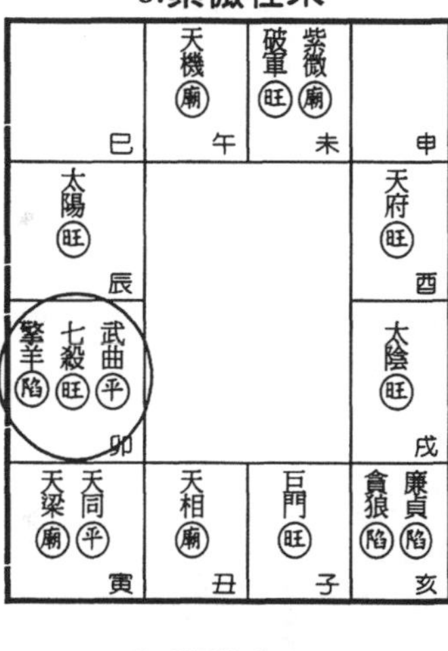

天機(廟) 午
紫微(廟) 破軍(旺) 未
巳
申
太陽(旺) 辰
天府(旺) 酉
武曲(平) 七殺(旺) 擎羊(陷) 卯
太陰(旺) 戌
天同(平) 天梁(廟) 寅
天相(廟) 丑
巨門(旺) 子
廉貞(陷) 貪狼(陷) 亥

2. 紫微在丑

巳 廉貞(陷) 貪狼(陷)	午 巨門(旺)	未 天相(得)	申 天同(旺) 天梁(陷)
辰 太陰(陷)			酉 武曲(平) 七殺(旺) 擎羊(陷)
卯 天府(得)			戌 太陽(陷)
寅	丑 紫微(廟) 破軍(旺)	子 天機(廟)	亥

39. 木壓雷驚

『木壓雷驚』之格局出自『論諸星同位垣各同所宜，分別富貴貧賤夭壽』之『武曲星』之部份。全句是：『武曲破貞於卯地木壓雷驚』。

『木壓雷驚』格主要是指『武曲、七殺坐命卯宮』（例一）及『廉貞、破軍坐命卯宮』（例二）的命格。因卯宮為震宮，故稱雷驚。又因此兩個命格是較凶險，刑剋較重之命格，故稱『木壓雷驚』格。『武殺』、『廉破』兩個命格皆屬於因財被劫，也易窮，易有傷災。流年逢到要小心破耗（包括身體及錢財的破耗）。

『木壓雷驚』格之形式

8.紫微在未 (例一)

12.紫微在亥 (例二)

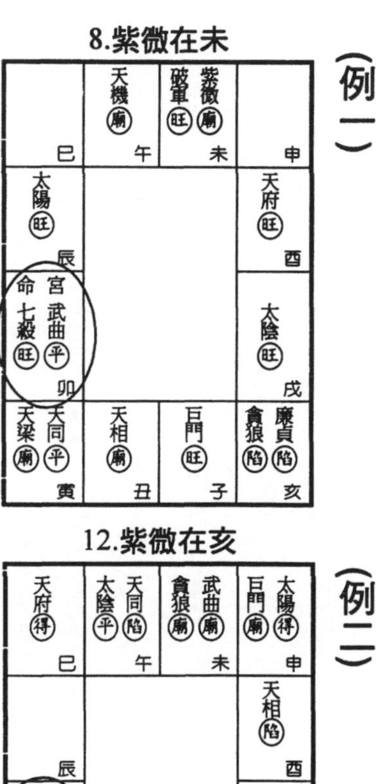

40. 巧藝無窮

『巧藝無窮』之格局出自『論諸星同位垣各同所宜，分別富貴貧賤夭壽』之『武曲星』之部份。全句是：『武曲相遇昌曲逢，聰明巧藝無窮。』

『巧藝無窮』格主要是指武曲與文昌、文曲同宮之命格。

此格局中文昌、文曲必須居旺、廟，其人才能靈活，具有巧藝。文昌、文曲居陷時，其人會粗俗、笨拙，無巧藝可言。因此在戌宮的『武曲、文昌陷落』便不合格。

另一種：『武曲、貪狼、文昌、文曲』同在丑宮或未宮的格局也可堪稱『巧藝無窮』。國畫大師 張大千先生的命格中就有『武曲化祿、貪狼化權、文昌、文曲、鈴星、擎羊』坐於未宮，正符合此格局，有無窮之巧藝，故能當一代畫師。

『巧藝無窮』格之形式

6. 紫微在巳

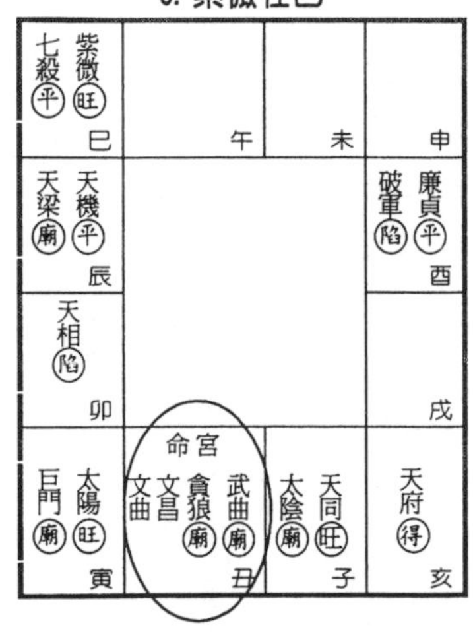

9.紫微在申

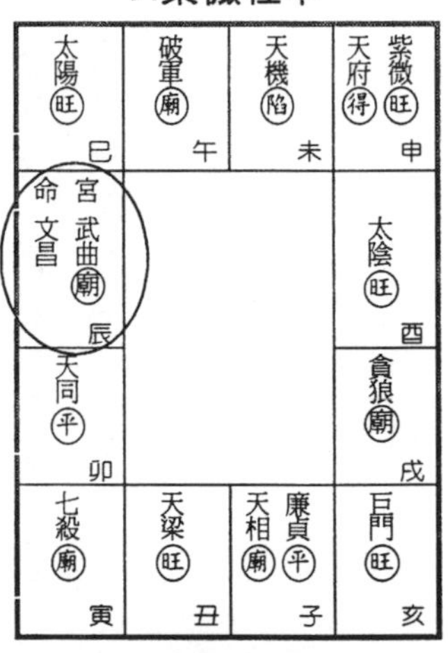

12.紫微在亥

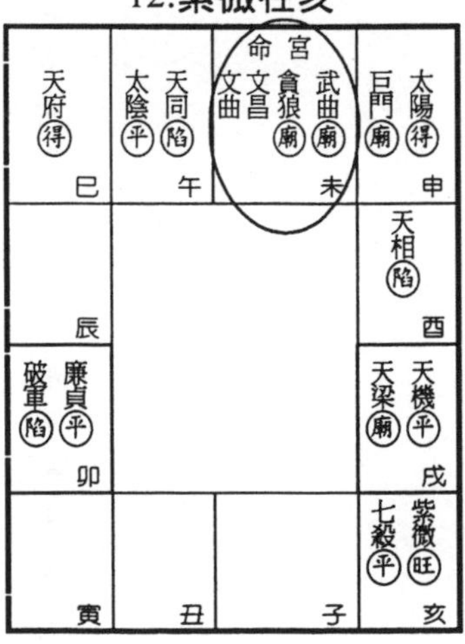

武曲閑宮

『武曲閑宮』之格局出自『斗數骨髓賦』。全句是：『武曲閑宮多手藝，貪狼陷地作屠人。』

『武曲閑宮』之格局，指武曲居平陷之位時的狀況。武曲無居陷，只有到居平，是與破軍或七殺同宮。『武曲、破軍』坐命之人，因財星被破軍所刑，故財不多，易破耗，其人多以手藝安身。『武曲、七殺』坐命者也一樣是『因財被劫』，須有手藝才得以活命。

42. 財居財位

『財居財位』之格局出自『太微賦』。全句是：『財居財位遇者富奢。』

『**財居財位**』**之格局**意指有財星在財帛宮中，自然錢財用度上富裕，能擁有此命格者，亦要財星居旺才行。財星包括武曲、天府、祿存、太陰等，都需居旺在財帛宮，其人一生會富足。但不一定會奢侈。例如財帛宮有武曲居廟的人，是紫府坐命的人，他們喜自己享受，一般對人十分小氣。也不一定會做富奢的舉動出來。

財蔭遷移

『財蔭遷移』格局出自於『斗數骨髓賦』全句是：『財蔭坐於遷移，必巨商高賈。』

『財蔭遷移』格局是指有財星武曲或蔭星天梁在遷移宮的人，必然是大商人。有武曲星在遷移宮時，必須是武曲居廟旺，比較合格的命格有貪狼坐命辰、戌宮，遷移宮有武曲居廟的人。另一種是七殺坐命子、午宮，對宮遷移宮有『武曲、天府』。此命格有宏碁電腦的創辦人，施振榮先生是七殺坐命子宮的人，符合巨商高賈之資格。貪狼坐命辰宮者有英國維京集團的總裁布蘭森先生，也合此巨商高賈之資格。

天梁居於遷移宮的人，則必為『機月同梁』格命格的人，較少會自己做生意。因此這句『財蔭遷移』，應該是有財祿福蔭於遷移宮的命格，必為巨商高賈。故是專指財星在遷移宮而已。

『財蔭遷移』格之形式

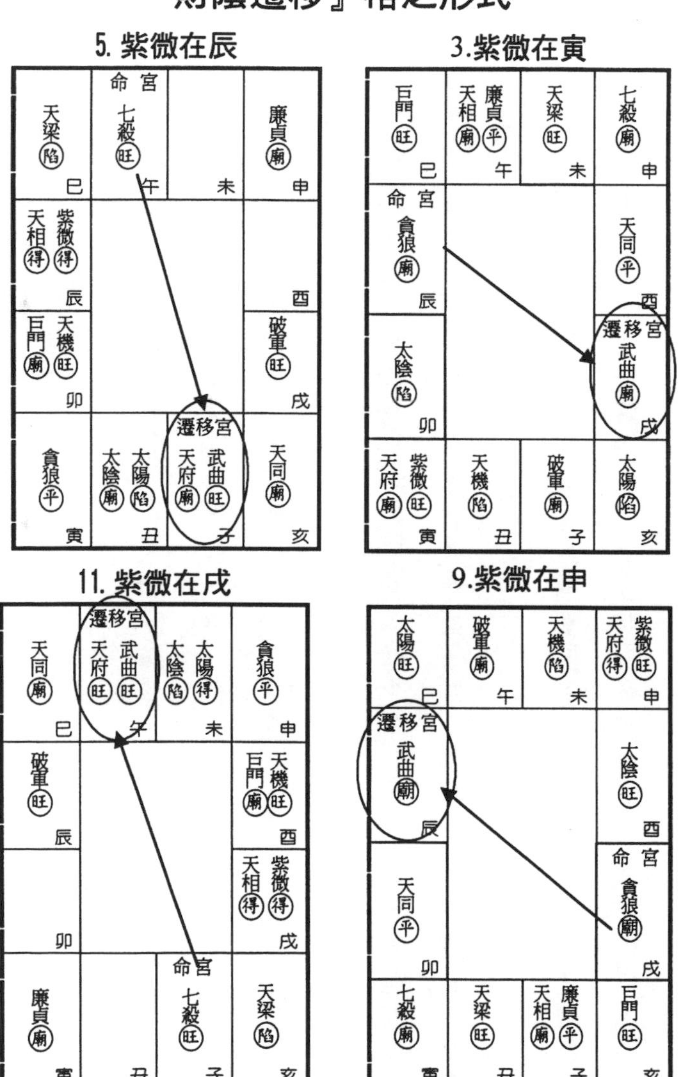
5. 紫微在辰
巳 天梁 陷
午 命宮 七殺 旺
未
申 廉貞 廟
辰 紫微 得 天相 得
酉
卯 天機 旺 巨門 廟
戌 破軍 旺
寅 貪狼 平
丑 太陽 陷 太陰 廟
子 遷移宮 武曲 旺 天府 廟
亥 天同 廟
3.紫微在寅
巳 巨門 旺
午 廉貞 平 天相 廟
未 天梁 旺
申 七殺 廟
辰 命宮 貪狼 廟
酉 天同 平
卯 太陰 陷
戌 遷移宮 武曲 廟
寅 紫微 旺 天府 廟
丑 天機 陷
子 破軍 廟
亥 太陽 陷
11. 紫微在戌
巳 天同 廟
午 遷移宮 武曲 旺 天府 旺
未 太陽 得 太陰 陷
申 貪狼 平
辰 破軍 旺
酉 天機 旺 巨門 廟
卯
戌 紫微 得 天相 得
寅 廉貞 廟
丑
子 命宮 七殺 旺
亥 天梁 陷
9.紫微在申
巳 太陽 旺
午 破軍 廟
未 天機 陷
申 紫微 旺 天府 得
辰 遷移宮 武曲 廟
酉 太陰 旺
卯 天同 平
戌 命宮 貪狼 廟
寅 七殺 廟
丑 天梁 旺
子 廉貞 平 天相 廟
亥 巨門 旺

刑財格局

『刑財格局』都是專指武曲財星天府財庫星、太陰財星等和擎羊刑星同宮的格局。所有的財星都最怕羊、陀、火、鈴、劫空、化忌來刑剋。但其中以『武曲、擎羊』最凶。不但會使賺錢少、窮困，也會耗財，沒有成就，以及有車禍、鐵器之傷災。

武曲、天府、太陰等財星和陀羅同宮，也會窮困，及錢財拖拖拉拉的慢進，或進不了財。亦會有破耗，以及錢財不順、拮据的狀況發生。更會有傷災問題或眼目不好。

武曲、天府、太陰等財星和火星或鈴星同宮，代表錢財偶而才突然有一點，但很快會花光了。耗財多，會為愛時髦或虛榮心而耗費錢財。這也是一種刑財格局。

武曲、天府、太陰等財星和天空、地劫同宮時，倘若只有一個天空，或一個地劫時，代表常常會想不到要賺錢，而讓賺錢機會跑掉。如果有財星和『天空、地劫』一起同宮時，表示財真的已空空了。刑財刑得很徹底了。

武曲、天府、太陰等財星和化忌同宮時的刑財格局，就要看主要財星是否居旺？居旺時帶化忌，會只是古怪，有是非，雖耗財而刑財，但仍有剩餘。如果所跟隨的主星居陷時，表示是非嚴重，根本也無財，會問題十分嚴重。

財印夾命

『財印夾命』格局出自『重補斗數彀率』。全句是『財印夾命、日月夾財、其富何疑。』

『財印夾命』之格局，是指有財星武曲和印星天相相夾命宮的格局。

合於此格者有(1)、『紫微在丑』命盤格式中，武殺在酉宮，天相居未宮得地相夾申宮的『天同、天梁』坐命。(例一)。(2)、『紫微在未』命盤格式中有武殺在卯宮，天相居廟在丑宮相夾寅宮的『天同、天梁』坐命。(例二)。(3)、『紫微在巳』命盤格式中有武貪在丑宮，天相陷落在卯宮，相夾寅宮的『太陽、巨門』坐命。(例三)。(4)、『紫微在亥』命盤格式中，有『武貪在未宮，有天相陷落在酉宮，相夾申宮的『太陽、巨門』坐命者。(例四)。

由上述四個命盤看來，命格都不強，都不可能主富。再加權、祿、科於三方也是一格。『同梁坐命』者的財庫(田宅宮)是空宮，有廉貪相照，是家無衡產的人，又與房地產無緣。縱然有祿存進入空宮，也會是只有溫飽而已的人。『陽巨』坐命的人，財、官二位皆為空宮，田宅宮(財庫)是紫微、七殺。財庫有殺星，也是一直不富裕，但有紫微可平衡一下而已。如此一來，『財印夾命』格局只成空洞之格局了。

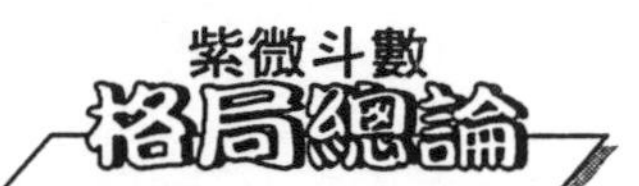

『財印夾命』格之形式

(例一)

2. 紫微在丑

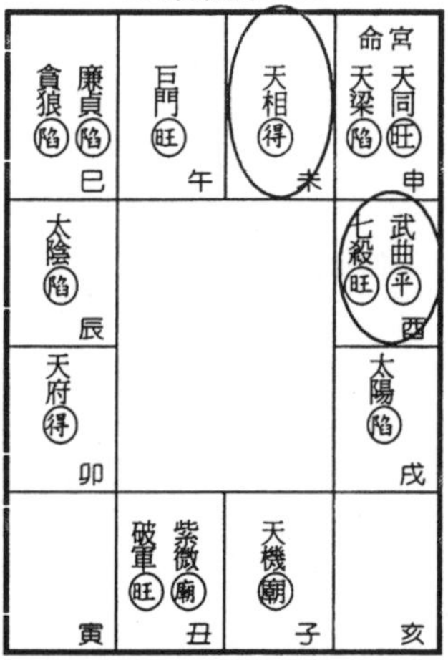

廉貞(陷) 貪狼(陷) 巳	巨門(旺) 午	天相(得) 未	命宮 天同(旺) 天梁(陷) 申
太陰(陷) 辰			武曲(平) 七殺(旺) 酉
天府(得) 卯			太陽(陷) 戌
寅	紫微(廟) 破軍(旺) 丑	天機(廟) 子	亥

(例二)

8. 紫微在未

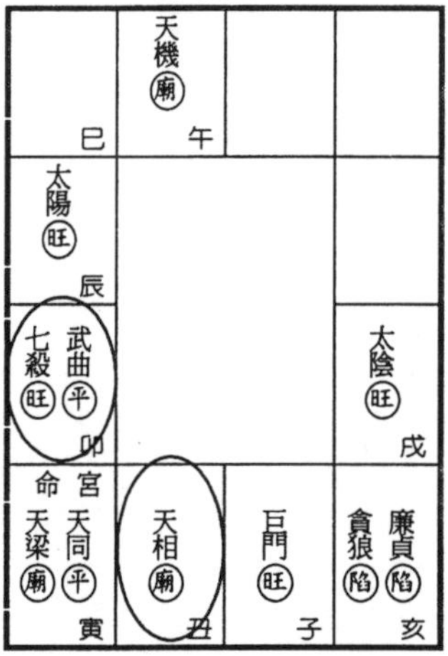

巳	天機(廟) 午	未	申
太陽(旺) 辰			酉
武曲(平) 七殺(旺) 卯			太陰(旺) 戌
命宮 天同(平) 天梁(廟) 寅	天相(廟) 丑	巨門(旺) 子	廉貞(陷) 貪狼(陷) 亥

(例三)

6. 紫微在巳

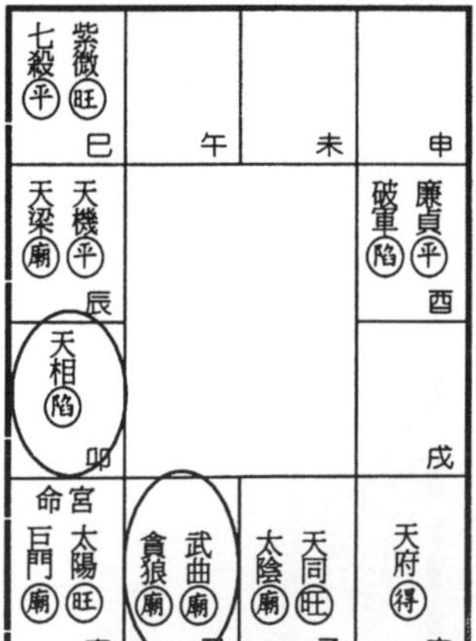

紫微(旺) 七殺(平) 巳	午	未	申
天機(平) 天梁(廟) 辰			廉貞(平) 破軍(陷) 酉
天相(陷) 卯			戌
命宮 太陽(旺) 巨門(廟) 寅	武曲(廟) 貪狼(廟) 丑	天同(旺) 太陰(廟) 子	天府(得) 亥

(例四)

12. 紫微在亥

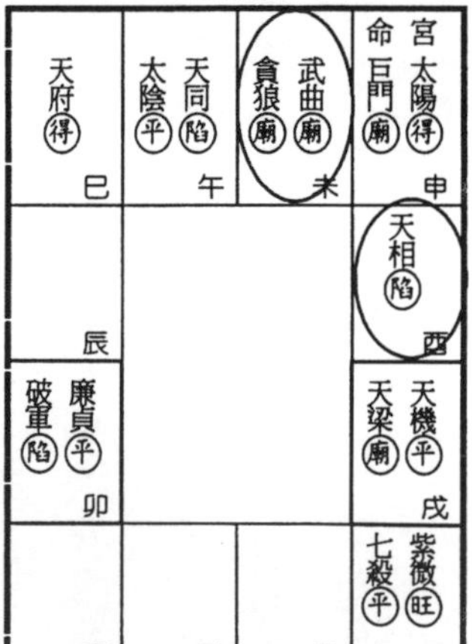

天府(得) 巳	天同(陷) 太陰(平) 午	武曲(廟) 貪狼(廟) 未	命宮 太陽(得) 巨門(廟) 申
辰			天相(陷) 酉
廉貞(平) 破軍(陷) 卯			天機(平) 天梁(廟) 戌
寅	丑	子	紫微(旺) 七殺(平) 亥

第五章　屬於天同星的格局

天同星是福星，就算落陷，也具有福力，能趨吉避凶的。天同無懼於化忌，更能克服化忌。天同自己本身也不會逢化忌。庚年生所逢之化忌，應是『太陰化忌』，而不是天同化忌。坊間一般稱庚年生有『天同化忌』是以訛傳訛了。

天同的格局不多，主要是其星很穩定，性溫和，因福星多安享，反而創造少，這也是此星格局少之原因。

明珠出海

『明珠出海』格出自於『斗數骨髓賦』之『定貴局』。『明珠出海』格是古代經由考試，考上狀元，又能被選為駙馬的格局。

此格局主要是命坐未宮為空宮，對宮有『天同、巨門』相照，再有左輔、右弼分別在子、寅二宮相夾遷移宮，或在午、申二宮相夾命宮者，稱之『明珠出海』格。

其實『明珠出海』格中，最重要的是『陽梁昌祿』格要完美無缺，才能真正達到主貴格局與傳臚第一名的境地，也才能讓皇家的人不嫌你出身低，而願意和你做親家。我就親眼看過三個人有此格局，考上台大，在上學時，就已被大企業的千金看中，受到栽培，畢業後出國留學、結婚，都由女方照顧，一生享福。

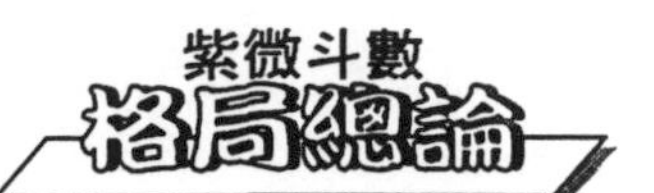

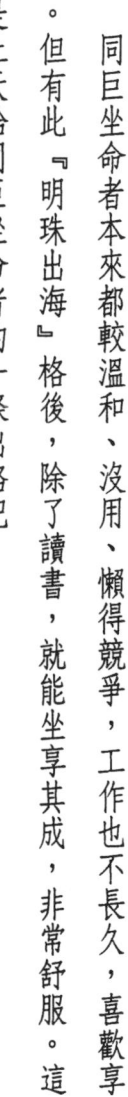

同巨坐命者本來都較溫和、沒用、懶得競爭，工作也不長久，喜歡享福。但有此『明珠出海』格後，除了讀書，就能坐享其成，非常舒服。這也是上天給同巨坐命者的一條出路吧！

『明珠出海』格之形式

7.紫微在午

天機(平) 巳	左輔 紫微(廟) 午	命宮 未	右弼 破軍(得) 申
七殺(廟) 辰			酉
天梁(廟) 太陽(廟) 卯			天府(廟) 廉貞(平) 戌
天相(廟) 武曲(得) 寅	巨門(陷) 天同(陷) 丑	貪狼(旺) 子	太陰(廟) 亥

7.紫微在午

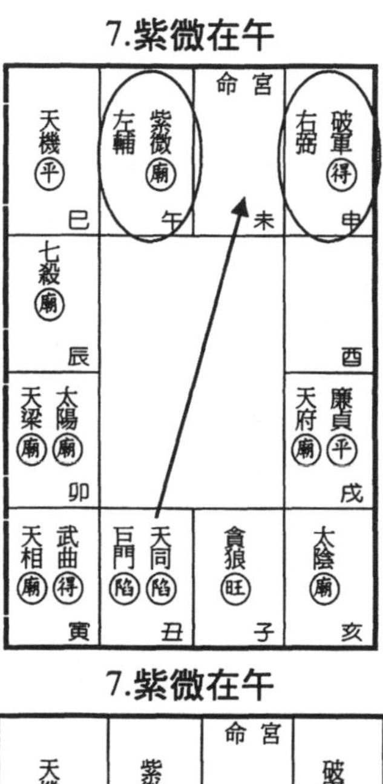

天機(平) 巳	紫微(廟) 午	命宮 未	破軍(得) 申
七殺(廟) 辰			酉
天梁(廟) 太陽(廟) 卯			天府(廟) 廉貞(平) 戌
左輔 天相(廟) 武曲(得) 寅	巨門(陷) 天同(陷) 丑	右弼 貪狼(旺) 子	太陰(廟) 亥

三合明珠

『三合明珠』格局出自於『斗數骨髓賦』。全句是：『三合明珠生旺地，穩步蟾宮。』

『三合明珠』格也就是『明珠出海』格。指未宮坐命為空宮，亦可有文昌、文曲同坐命宮也算。對宮是『天同、巨門』相照。三合宮位中有『太陽(日)、天梁』在卯宮，有『太陰(月)』在亥宮來朝。此格主財官雙美。

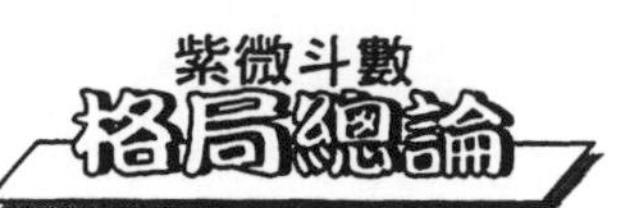

『三合明珠』格局之形式

7.紫微在午

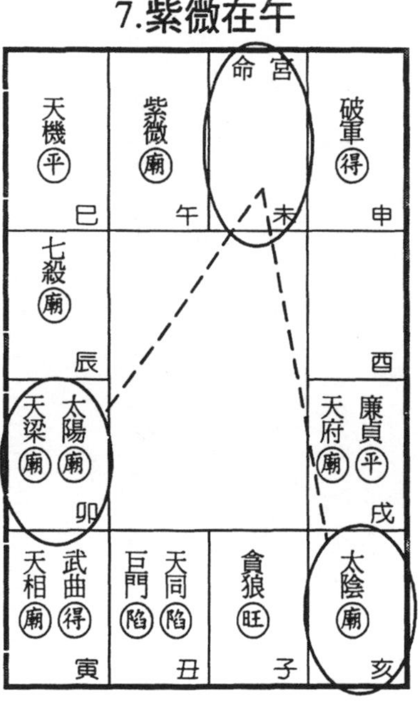

天同反背

『天同反背』格局出自『斗數骨髓賦』。全句是：『天同戌宮為反背，丁人化吉主大貴。』

『天同反背』格局，是指天同居平在戌宮坐命的命格。天同在戌宮已居平陷之位，對宮又有巨門陷落來沖剋，是非口舌、糾紛很多。丁年生人雖有天同化權居平在命宮，但對宮亦有巨門化忌居陷相照，『權忌相逢』以雙忌論，會更增加是非糾紛刑剋，不吉。要小心有傷殘現象，或會被送人做養子女。是不見得能化吉主大貴的。反而多是非災禍。

藝人白冰冰是此命格的人，但她是乙年生人，對宮有『巨門陷落、擎羊』。也是做人養女的命格。一生也多是非災禍。

其實『天同反背』格局是天同受到巨門刑剋的格局，天同雖能平復，但終究只是自己活命而已。

『天同反背』格之形式

4.紫微在卯

天相(得) 巳	天梁(廟) 午	七殺(廟) 廉貞(平) 未	申
巨門(陷) 辰			酉
貪狼(平) 紫微(旺) 卯			命宮 天同(平) 戌
太陰(旺) 天機(得) 寅	天府(廟) 丑	太陽(陷) 子	破軍(平) 武曲(平) 亥

49. 刑福格局

『刑福』格局是指天同福星受到羊、陀、火、鈴、劫、空及化忌的刑剋傷害而形成之特殊格局。其中以『天同、擎羊』為最凶。仍是會有生命危險的。在病症上為心臟病，或耳朵的毛病。也要小心膀胱的問題。天同居廟時，在巳、亥宮，只會遇到陀羅。**『天同、陀羅』的『刑福』格局，**主要是笨和懶，也會因笨而有手足、頭部、牙齒方面的傷災。做事會拖拖拉拉，而錯過好時間，使事情功虧一潰。**天同和火、鈴的『刑福』格局，**會因為急躁和古怪的聰明而『刑福』。天同五行屬水，火、鈴屬火，這是水火相剋的關係，而不諧調。而導致無福可享。**天同和地劫、天空的刑福格局，**如果在巳、亥宮，則是空空如野，一點都沒福了。要小心有傷災，生命之憂。如果在其他的空宮中，只遇有一個天空或地劫時，則只是暫時

的『福空』或『劫福』，過一段時間就會好了。天同遇到化忌時，只是同宮的星曜會帶化忌，因此不論天同居旺還是居陷，皆會帶有福氣去幫助趨吉避凶。因此它會使化忌懶在那裡不動，或是幫忙處理善後。我們看命宮中有**『天同化權、巨門化忌、擎羊』的人**，最多是傷殘羅鍋，但不會死。

有『天同化權、巨門化忌』在命宮的人，對宮有擎羊相照，最多是無成就無大業，不太工作，但終日忙些瑣碎小事，但仍活得很好，這就是『刑福』格局的樣貌了。

假如你是個算命的

法雲居士⊙著

一般人對命理師行業都有許多好奇，到底命理師有沒有法術？他們是如何算命的呢？命理師有沒有行規？如何能成為一個命理師？命理師的收入好不好？

在這本『假如你是個算命的』書中，法雲居士為你揭開命理師行業的神秘面紗，告訴你，命理師的天賦異稟是什麼？命理師的行規又是什麼？

命理師必須具備那些條件？此書不但是提供給欲從事命理師行業的人一個借鏡，也是探求算命故事的趣味話題。

第六章　屬於廉貞星的格局

廉貞星在數司權令，化囚為殺。故又稱為『囚星』。一般不做吉星看，故其格局大多為凶險之格局。吉格較少。需看廟、旺、平、陷。廟、旺也能主富貴。平陷之地多災、多凶之格局。廉貞星主政治活動與鬥爭，也主打官司、私謀與暗中計劃。在身體代表血液、血光、傷災。

50. 雄宿朝元

『雄宿朝元』格出自《紫微斗數全書》中之『談星要論』中之『廉貞星』之部份。全句是：『廉貞寅申宮無殺富貴聲揚播遠名。』原註為『雄宿朝元格』。

此格局名稱出自八字學中。廉貞在寅宮、申宮皆居廟。廉貞五行屬火，故以在寅宮更旺，寅宮屬木，木火相生之故。申宮為金水。與廉貞相剋，雖也居廟，卻較弱。廉貞坐命寅、申宮的人，其財帛宮為紫相，官祿宮為武府，無煞星入命、財、官、遷，一生富足，不為財愁。其人善於企劃事務，多謀遠慮，大運、流年好，即能富貴聲揚，威名遠播。

『雄宿朝元』格之形式

11. 紫微在戌

天同(廟) 巳	武曲(旺) 天府(旺) 午	太陽(得) 太陰(陷) 未	貪狼(平) 申
破軍(旺) 辰			天機(旺) 巨門(廟) 酉
卯			紫微(得) 天相(得) 戌
命宮 廉貞(廟) 寅	丑	七殺(旺) 子	天梁(陷) 亥

5. 紫微在辰

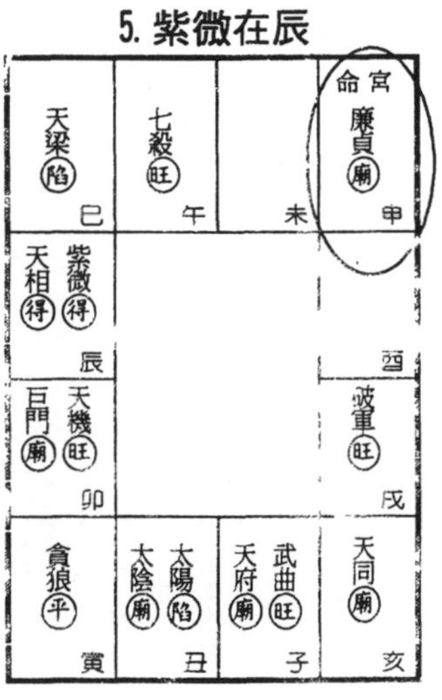

天梁 陷 巳
七殺 旺 午
未
命宮 廉貞 廟 申
紫微 得 天相 得 辰
酉
天機 旺 巨門 廟 卯
破軍 旺 戌
貪狼 平 寅
太陽 陷 太陰 廟 丑
武曲 旺 天府 廟 子
天同 廟 亥

51. 刑囚夾印

『刑囚夾印』格出自『太微賦』。全句是：『刑囚夾印、刑杖惟司。』

『刑囚夾印』格局實指在命盤中有『廉貞、天相、加擎羊』的格局即是此格局不只在命宮、身宮出現才算，在各宮出現亦能造成傷剋。

有『刑囚夾印』在命盤中時，在命宮，其人會懦弱、狡猾。流年逢到時易有官非、受到刑杖責罰，打官司也打不贏。易受冤枉之事，一生難發達。**此格局在父母宮**，即是父母為懦弱之人，易為囚徒或坐過牢之人。**在夫妻宮**，則配偶易為黑道或坐過牢的人。**在事業宮**，表示其人在工作上易會受欺負，易被人提告訴訟，工作做不久。也會在工作上受傷又拿不到賠償金，或常無緣無故被人辭退。在財帛宮時，表示在錢財上易受欺負，常常會拿不到工資，也常有錢財窘困之境遇。

如果『刑囚夾印』格再帶廉貞化忌時(丙年生人)，其人有傷殘現象，也會有頭腦不清及精神的問題。並在大運、流年、流月走到，會有性命攸關的傷災死亡事件。

『刑囚夾印』格之形式

丙年生、戊年生人

3.紫微在寅

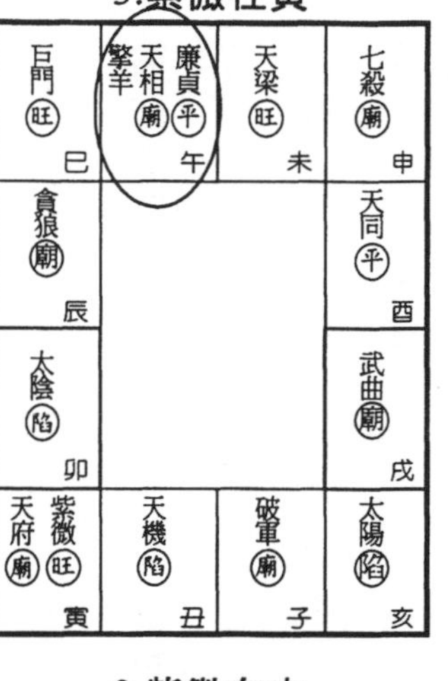

巨門 旺 巳
廉貞 平 天相 廟 擎羊 午
天梁 旺 未
七殺 廟 申
貪狼 廟 辰
天同 平 酉
太陰 陷 卯
武曲 廟 戌
紫微 旺 天府 廟 寅
天機 陷 丑
破軍 廟 子
太陽 陷 亥

壬年生人

9.紫微在申

太陽(旺) 巳	破軍(廟) 午	天機(陷) 未	紫微(旺) 天府(得) 申
武曲(廟) 辰			太陰(旺) 酉
天同(平) 卯			貪狼(廟) 戌
七殺(廟) 寅	天梁(旺) 丑	廉貞(平) 天相(廟) 擎羊 子	巨門(旺) 亥

52. 路上埋屍

『路上埋屍』格出自『太微賦』。全句是：『七殺、廉貞同位路上埋屍。』

『路上埋屍』格分別會在辰、戌、丑、未宮出現。其真正的格局是『廉殺羊』或『廉殺陀』的格式。『廉殺陀』還不一定會死。『廉殺羊』就有因車禍喪生受傷出血的危險。

『路上埋屍』格在辰、戌宮時，是以廉府和對宮的七殺相照，再加『擎羊』或陀羅而形成之格局。**這是『紫微在子』或『紫微在午』兩個命盤格式的人**，又生於乙年或辛年生，有擎羊在辰、戌宮出現所形成之格局。如果是丙年生有陀羅會在辰宮出現。格局中並有廉貞化忌。表示是易出車禍喪生或受傷後，還有官司、是非糾纏不清。戊年生也有陀羅在辰宮，壬年生有陀羅在戌宮，也會形成『廉殺陀』，也為『路上埋屍』格。

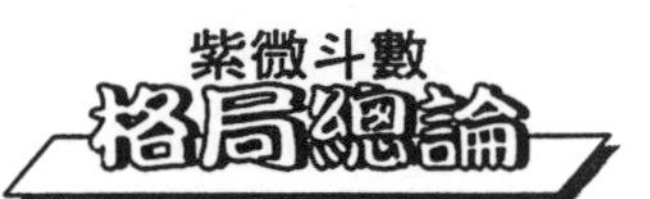

當命盤格式是『紫微在卯』及『紫微在酉』兩個命盤格式中，在丑、未宮會形成『廉殺羊』或『廉殺陀』，也為『路上埋屍』格。這是廉殺同宮和天府相對照之格局，不論丑宮或未宮有擎羊或陀羅進入，都會形成『廉殺羊』或『廉殺陀』的惡格。有『廉殺羊』格的人是丁年、己年及癸年生的人。會有擎羊在丑、未宮出現。有『廉殺陀』的人，是甲年、庚年生的人，有陀羅會在丑、未宮出現，而形成之『廉殺陀』格局。

有此格局者，要小心流年、流月、流日、流時逢到，有交通意外，會受傷及喪命，要十分小心，注意要精算所將發生之時日，即可躲避。更要小心『廉殺羊』格局三重逢合(大運、流年、流月逢合)必是死期。

『路上埋屍』格之形式

7.紫微在午

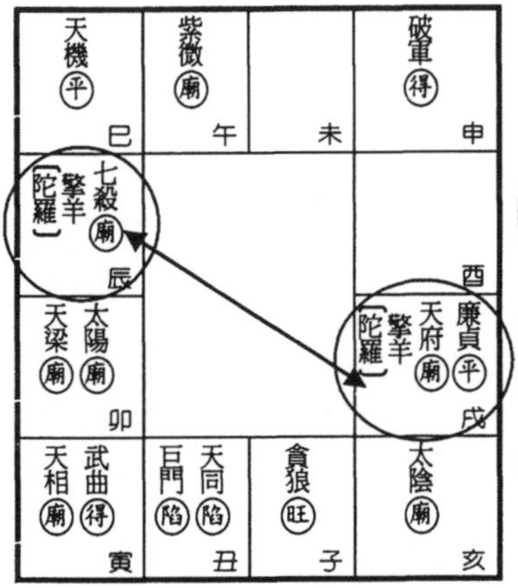

天機(平) 巳	紫微(廟) 午	未	破軍(得) 申
七殺(廟) 擎羊 〔陀羅〕 辰			酉
太陽(廟) 天梁(廟) 卯			廉貞(平) 天府(廟) 擎羊 〔陀羅〕 戌
武曲(得) 天相(廟) 寅	天同(陷) 巨門(陷) 丑	貪狼(旺) 子	太陰(廟) 亥

1.紫微在子

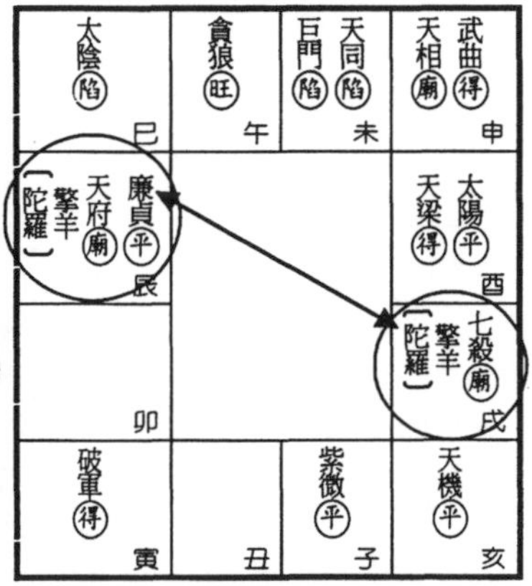

太陰(陷) 巳	貪狼(旺) 午	天同(陷) 巨門(陷) 未	武曲(得) 天相(廟) 申
廉貞(平) 天府(廟) 擎羊 〔陀羅〕 辰			太陽(平) 天梁(得) 酉
卯			七殺(廟) 擎羊 〔陀羅〕 戌
破軍(得) 寅	丑	紫微(平) 子	天機(平) 亥

10.紫微在酉

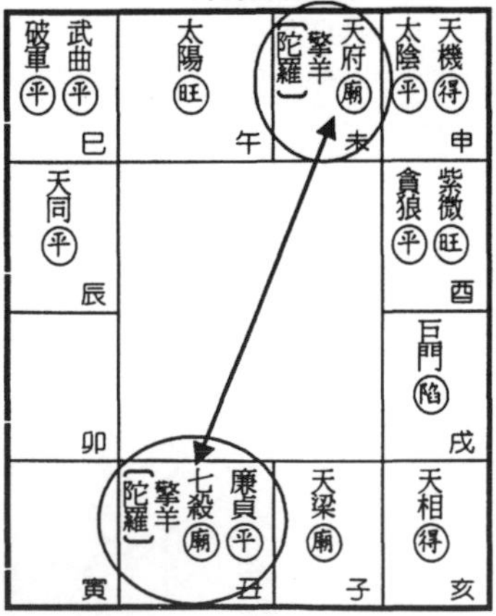

武曲(平) 破軍(平) 巳	太陽(旺) 午	天府(廟) 擎羊 〔陀羅〕 未	天機(得) 太陰(平) 申
天同(平) 辰			紫微(旺) 貪狼(平) 酉
卯			巨門(陷) 戌
寅	廉貞(平) 七殺(廟) 擎羊 〔陀羅〕 丑	天梁(廟) 子	天相(得) 亥

4.紫微在卯

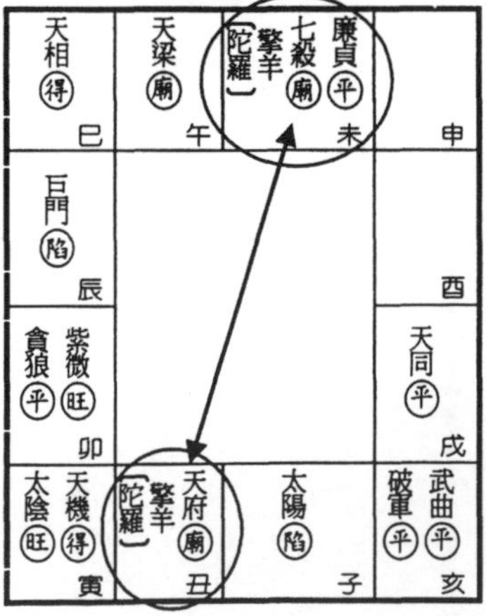

天相(得) 巳	天梁(廟) 午	廉貞(平) 七殺(廟) 擎羊 〔陀羅〕 未	申
巨門(陷) 辰			酉
紫微(旺) 貪狼(平) 卯			天同(平) 戌
天機(得) 太陰(旺) 寅	天府(廟) 擎羊 〔陀羅〕 丑	太陽(陷) 子	武曲(平) 破軍(平) 亥

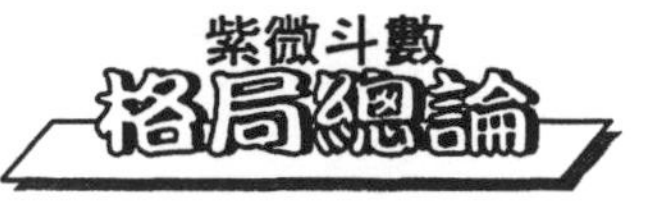

53. 財與囚仇

『財與囚仇』之格局出自『定富貴貧賤十等論』中『定貧賤局』。『財與囚仇』之格局是指財星武曲與囚星廉貞，分別守身宮或命宮的狀況。表示有財也不長久，屬於貧賤之格局。

『財與囚仇』之格局中，以廉貞囚星守身宮，又為財帛宮，帶擎羊刑星為最凶。是真正的『財與囚仇』。其他如財星武曲、天府居旺，守身宮，為官祿宮，命宮為廉貞者則不算，這表示其人本命很肯打拼賺錢，本命也有很多錢讓他賺，故不會貧賤。

『財與囚仇』的格局最怕是本命就窮，身宮也窮的形式。這樣『財與囚仇』就會更嚴重了。例如『紫微在卯』或『紫微在酉』的命盤格式中之『武破』坐命的人，其身宮落於財帛宮為『廉貞、七殺』。身宮是廉貞加煞星，這是真正會窮的『財與囚仇』了。其人一定是愈想賺錢，愈賺不到，

十分辛苦也痛苦的。

身宮所代表的是本命的財資源，與其人內心最深最在意要打拼的事。**身宮如果在財帛宮**，其人一生較勢利，一切向錢看，以錢財為人生價值觀，也為一切事務評定標準。人生以賺錢為目的。**身宮如果在官祿宮**，則代表其人愛打拼工作，人生以工作為目的。沒工作便會人生失去意義。**如果身、命宮同宮**，表示其人一向以自己為中心，較自私，以自己的想法主導旁人，也以自己的利益為重，他是不管別人死活，都要一意孤行的。所以別人也勸不動他。**身宮如果在福德宮**，表示其人愛享福，注重享受，較愛偷懶，愛玩，其人一生的成就不大。因為休息的時間比工作的時間長。**身宮如果在夫妻宮**，表示其人注重感情，喜歡談戀愛。一生以戀愛為目的，無論在親情、愛情、兄弟情、同事情、朋友情、同袍情中，都要以濃情密意、溫和對待才能得到他的心。他也會捨身相待。

武曲和廉貞必在三合位置上，它們和紫微星是鐵三角關係。如果武曲坐命，廉貞必須在財帛宮。如果廉貞入命，官祿宮必有武曲星。因此『財與囚仇』的發生關係，也必在『命、財、官』之中。不會在其它宮位發生。當廉貞星與武曲星居旺時，『財與囚仇』狀況並不嚴重。只是因愛賺錢而身心勞累而已。如果二星居平陷之位，才是真正的『財與囚仇』。例如『紫微在丑』、『紫微在未』命盤格式中之『武殺』和『廉貪』，分別在命、身宮之狀況。又例如『武貪』坐命，其身宮落於財帛宮為『廉貞、破軍』，也為『財與囚仇』，會存不注錢，花錢凶，又以不好的方法來賺錢，以致貧困。

『財與仇囚』之形式

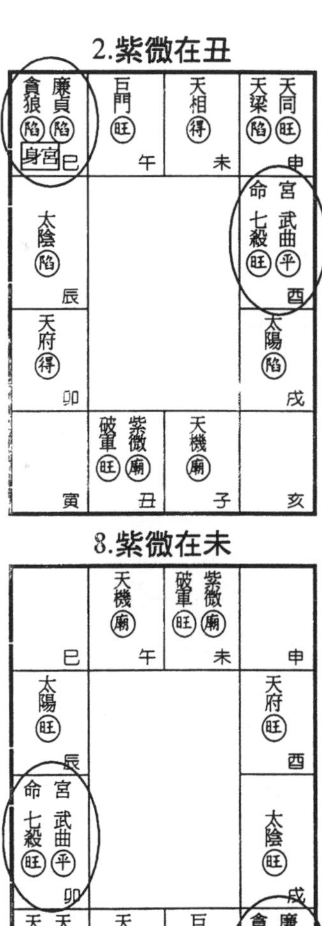

『財與仇囚』之形式

6.紫微在巳

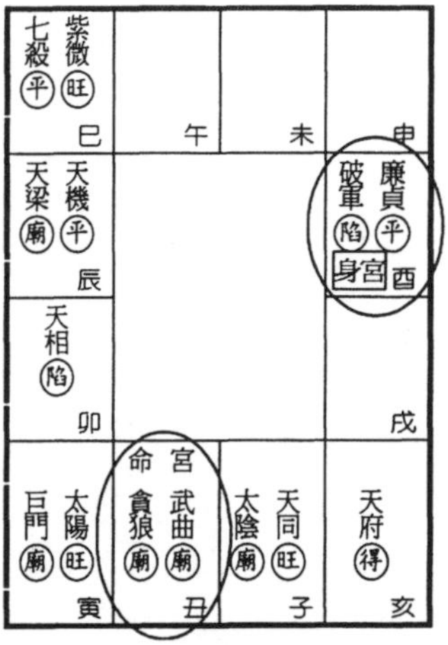

紫微(旺) 七殺(平) 巳	午	未	申
天機(平) 天梁(廟) 辰			廉貞(平) 破軍(陷) 身宮 酉
天相(陷) 卯			戌
太陽(旺) 巨門(廟) 寅	命宮 武曲(廟) 貪狼(廟) 丑	天同(旺) 太陰(廟) 子	天府(得) 亥

4.紫微在卯

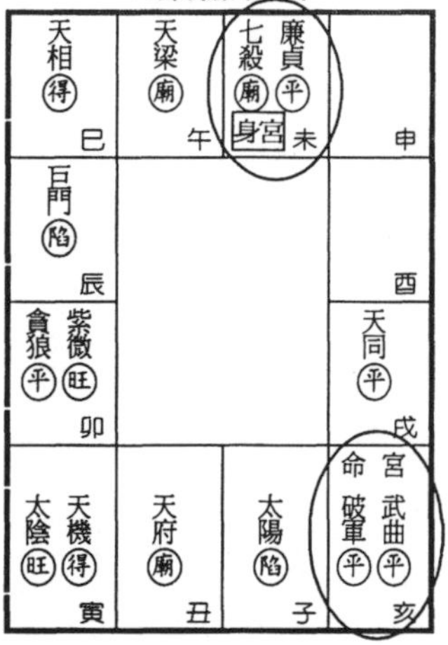

天相(得) 巳	天梁(廟) 午	廉貞(平) 七殺(廟) 身宮 未	申
巨門(陷) 辰			酉
紫微(旺) 貪狼(平) 卯			天同(平) 戌
天機(得) 太陰(旺) 寅	天府(廟) 丑	太陽(陷) 子	命宮 武曲(平) 破軍(平) 亥

12.紫微在亥

天府(得) 巳	天同(陷) 太陰(平) 午	命宮 武曲(廟) 貪狼(廟) 未	太陽(得) 巨門(廟) 申
辰			天相(陷) 酉
廉貞(平) 破軍(陷) 身宮 卯			天機(平) 天梁(廟) 戌
寅	丑	子	紫微(旺) 七殺(平) 亥

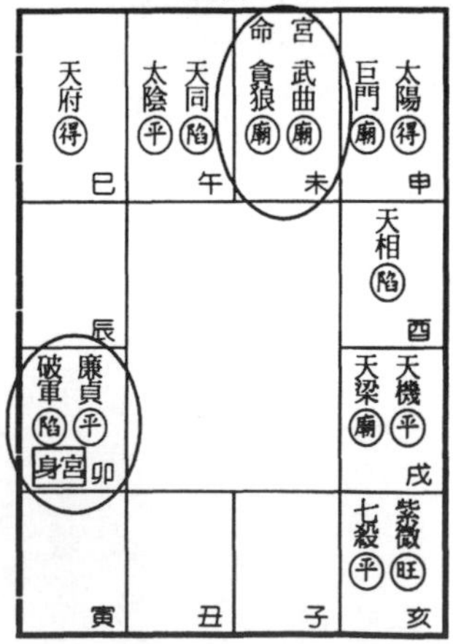

10.紫微在酉

命宮 武曲(平) 破軍(平) 巳	太陽(旺) 午	天府(廟) 未	天機(得) 太陰(平) 申
天同(平) 辰			紫微(旺) 貪狼(平) 酉
卯			巨門(陷) 戌
寅	廉貞(平) 七殺(廟) 身宮 丑	天梁(廟) 子	天相(得) 亥

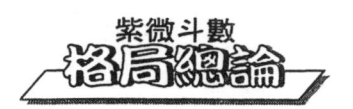

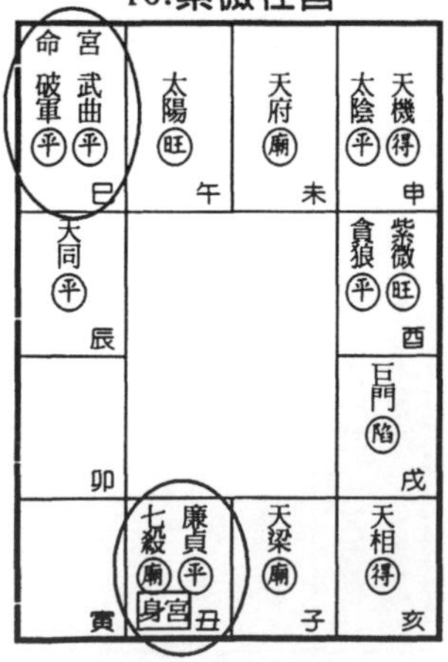

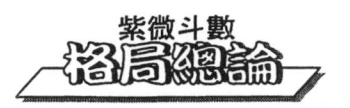

木壓雷震

『木壓雷震』之格局，出自《紫微斗數全書》中之『諸星問答論』之中。全句是：『殺、耗囚會於震宮，必見木壓雷震。』

『木壓雷震』格主要是七殺、破軍在卯宮之命格稱之。七殺居卯宮，必是『武曲、七殺』。破軍在卯宮必是『廉貞、破軍』。是故若此兩個命格居卯宮，就稱為木壓雷震。

主要是因為：卯宮為震宮，震方屬雷方(雷多之方)。『武曲、七殺』皆五行屬金之命格居於東方之宮位，金木相剋，稱為『木壓雷震』，其命格受剋，較弱。

『廉貞、破軍』雙星皆居平陷之位。廉貞五行屬火。居平火不旺。破

軍五行屬水，居陷，水微弱。『廉貞、破軍』本身即水火相剋。又在加上居於卯宮(木旺之宮位)。『廉破』為強木所壓，為雷所霹靂，自然狀況不好，可能成為焦炭。故有此格局，稱此二命格，表示其命弱無扶助，剋制已極，命不好也。

『木壓雷震』格之形式

8.紫微在未

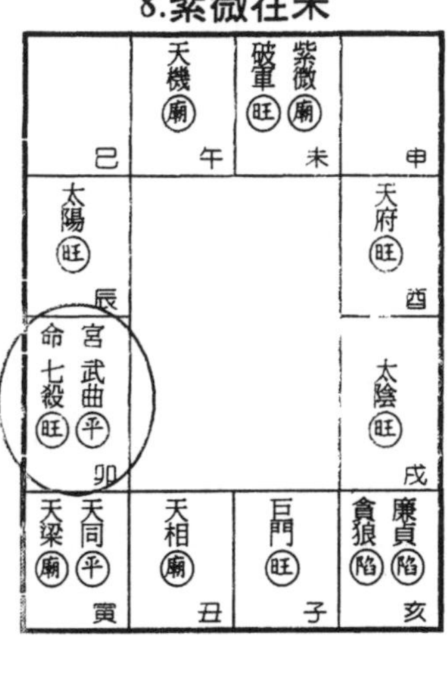

巳	天機(廟) 午	紫微(廟) 破軍(旺) 未	申
太陽(旺) 辰			天府(旺) 酉
命宮 武曲(平) 七殺(旺) 卯			太陰(旺) 戌
天同(平) 天梁(廟) 寅	天相(廟) 丑	巨門(旺) 子	廉貞(陷) 貪狼(陷) 亥

12.紫微在亥

天府(得) 巳	天同(陷) 太陰(平) 午	武曲(廟) 貪狼(廟) 未	太陽(得) 巨門(廟) 申
辰			天相(陷) 酉
命宮 廉貞(平) 破軍(陷) 卯			天機(平) 天梁(廟) 戌
寅	丑	子	紫微(旺) 七殺(平) 亥

55. 木壓蛇傷

『木壓蛇傷』之格局出自於『諸星問答論』中，『問廉貞所主若何？』之部份。全句是：『會武曲，遇刑制之鄉，恐木壓蛇傷。』

『木壓蛇傷』格局是指廉貞若與武曲三合相會，又居於刑制之鄉。刑制之鄉指卯宮、巳宮。在卯宮為『廉貞、破軍』，雙星具平陷。在巳宮為『廉貞、貪狼』，雙星具陷落，故稱刑制之鄉。卯宮為木重之宮位。廉破在卯宮受剋嚴重。廉貪在巳宮(蛇)也受剋落陷。故稱此二命格為『木壓蛇傷』。

『木壓蛇傷』格之形式

木壓

12.紫微在亥

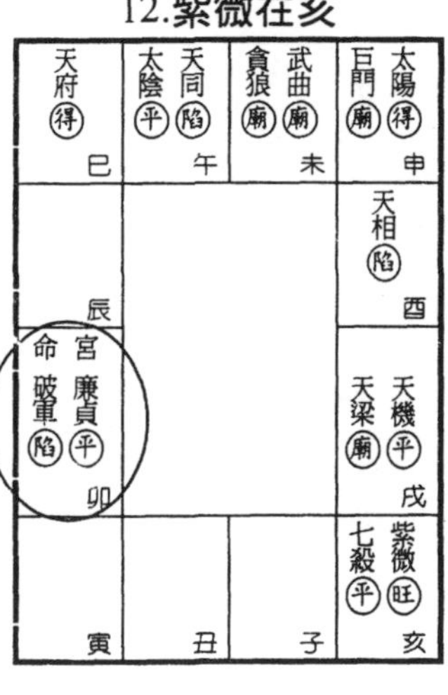

蛇傷

2.紫微在丑

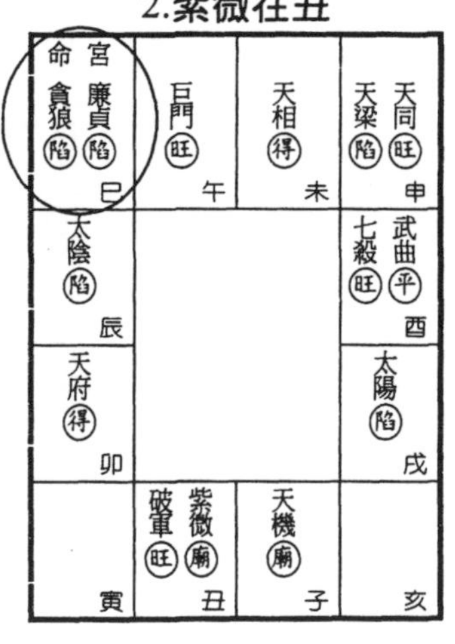

56. 流蕩天涯

『流蕩天涯』格局出自『談星要論』中『廉貞星』之部份。全句是：『廉貞加殺居已亥流蕩天涯。』

『流蕩天涯』格局指『廉貞、貪狼』坐命巳、亥宮之人，若命宮中再加陀羅、火、鈴、化忌、劫空同坐者，會『流蕩天涯』。命宮為空宮，對宮(遷移宮)為廉貪加煞星同斷。

天空 地劫

『流蕩天涯』格局之形式

2.紫微在丑

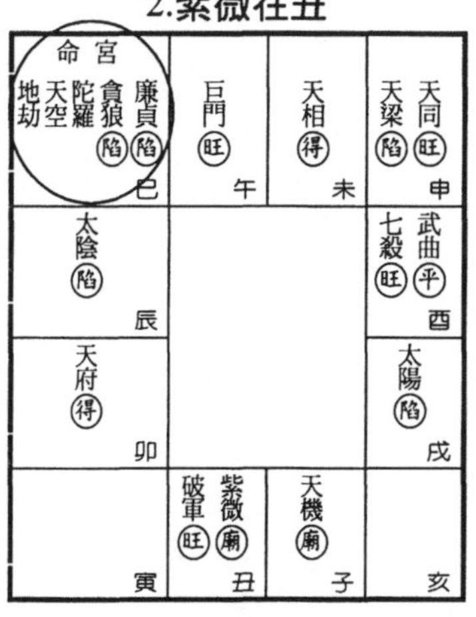

命宮
廉貞陷 貪狼陷 陀羅 天空 地劫
巳
巨門旺
午
天相得
未
天同旺 天梁陷
申
太陰陷
辰
武曲平 七殺旺
酉
天府得
卯
太陽陷
戌
寅
紫微廟 破軍旺
丑
天機廟
子
亥

8.紫微在未

巳	天機(廟) 午	紫微(廟) 破軍(旺) 未	申
太陽(旺) 辰			天府(旺) 酉
武曲(平) 七殺(旺) 卯			太陰(旺) 戌
天同(平) 天梁(廟) 寅	天相(廟) 丑	巨門(旺) 子	命宮 廉貞(陷) 貪狼(陷) 陀羅 天空 地劫 亥

57. 廉貞白虎

『廉貞白虎』格局出自《紫微斗數全書》中之『談星要論』之『廉貞星』之部份。全句是：『廉貞白虎刑杖難逃。』

『廉貞白虎』格是指流年運程走到廉貞加白虎的運程時，主會受到官司加害及遭刑求、杖罰。

廉貞在數司權令，化囚為殺，在流年中『逢之不可測其祥』。白虎星為流年將前諸星，為二級次星，通常不喜會喪門、弔客、官符。通常要好幾顆星一起才能發揮作用。單星時作用較小。『廉貞、白虎』格，仍是靠廉貞帶有官司、糾紛、是非的特點，再加上白虎主凶，故必有刑罰、打官司之事，不吉，也許會敗訴、坐牢。故稱之『刑杖難逃』。

58. 自縊投河

『自縊投河』格局出自《紫微斗數全書》中之『諸星問答論』中『廉貞星』部份。全句是：『(廉貞)同火曜於陷空之地，主投河自縊。』

『自縊投河』格局主要是指流年、流月逢廉貞、火星(鈴星)，加天空或地劫』之運氣時，主其人會自縊或投河來自殺。

藝人倪敏然本命就是廉貞化忌、火星坐命申宮的人，最後自縊上吊身亡，其流月三合命宮，也就是這個格局了。

另外，『廉貞、貪狼、火星(鈴星)』在巳、亥宮雖會有暴發運(偏財運)，但仍會有投水自縊的危險，由其是在亥宮，廉貞、火、鈴都居陷位時，皆屬此『自縊投河』之格局。其實『巨、火、羊』也是『自縊投河』之格局，會在巨門的部份會談到。

另二種『自縊投河』格局

2.紫微在丑

命宮 廉貞(陷) 貪狼(陷) 火星 (鈴星) 巳	巨門(旺) 午	天相(得) 未	天同(旺) 天梁(陷) 申
太陰(陷) 辰			武曲(平) 七殺(旺) 酉
天府(得) 卯			太陽(陷) 戌
寅	紫微(廟) 破軍(旺) 丑	天機(廟) 子	亥

藝人倪敏然的『自縊投河』格局

5.紫微在辰

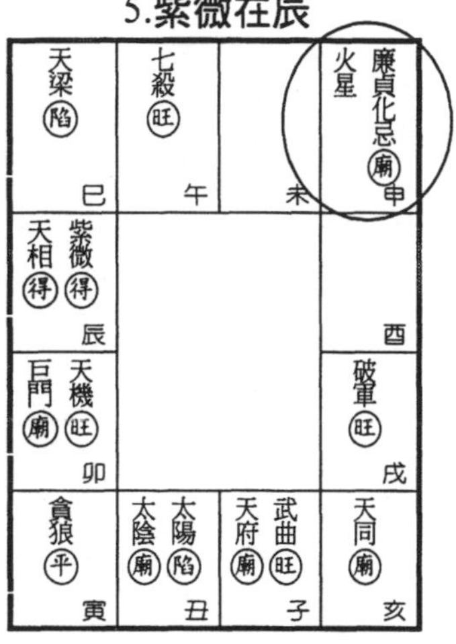

8.紫微在未

巳	天機(廟) 午	紫微(廟) 破軍(旺) 未	申
太陽(旺) 辰			天府(旺) 酉
武曲(平) 七殺(旺) 卯			太陰(旺) 戌
天同(平) 天梁(廟) 寅	天相(廟) 丑	巨門(旺) 子	命宮 廉貞(陷) 貪狼(陷) 火星 (鈴星) 亥

59. 貞居卯酉

『貞居卯酉』格局出自『斗數骨髓賦』。全句是：『貞居卯酉定是公胥吏輩。』

『貞居卯酉』格局是指廉貞在卯、酉宮坐命，必是『廉貞、破軍』居卯宮或酉宮的形式。此種命格的人，必會作中下等級的公務員或曹役之類的工作。

廉破坐命卯、酉宮的人，其遷移宮為天相陷落。其父母宮、兄弟宮、夫妻宮、子女宮全為空宮，屬於六親無靠之人。但財帛宮為『紫殺』，官祿宮為『武貪』，其人環境不好，與家人無緣，極需自己打拚才有溫飽，通常以公門(政府機關)中之小文書官或雜役維生。命格八字高時，也能慢慢向上爬到中階，甚或高階主管之職務。

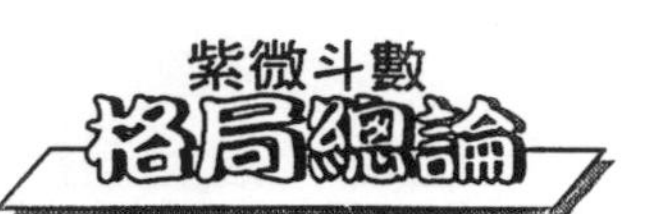

『貞居卯酉』格之形式

6.紫微在巳

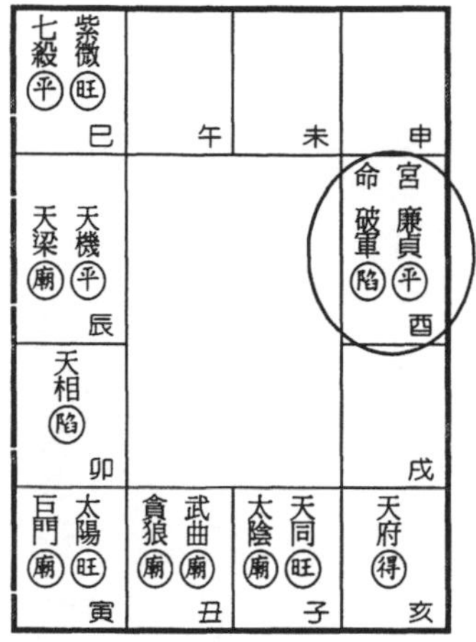

12.紫微在亥

天府得 巳	天同陷 太陰平 午	武曲廟 貪狼廟 未	太陽得 巨門廟 申
辰			天相陷 酉
命宮 廉貞平 破軍陷 卯			天機平 天梁廟 戌
寅	丑	子	紫微旺 七殺平 亥

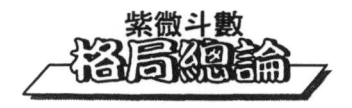

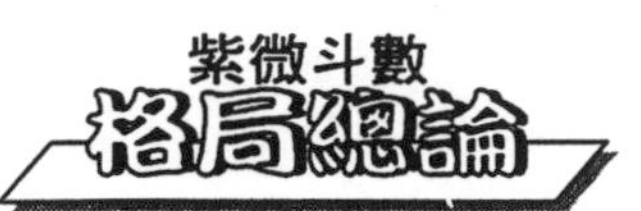

60. 枷杻同流

『枷杻同流』格局出自於『太微賦』及『談星要論』等部份。在『太微賦』中全句是：『刑殺會廉貞於官祿，枷杻同流。』在『談星要論』中之『廉貞星』之部份中，全句是：『廉貞羊殺居官祿枷杻難逃。』

『枷杻同流』格局主要是指在官祿宮中有『廉貞、七殺、擎羊』，必會有坐牢及上手銬、腳鐐的際遇。

官祿宮有『廉殺羊』的人，是丁年、己年生，紫貪坐命卯宮的人，癸年生的是紫貪坐命酉宮的人。多半會做公職，或大企業上班，或軍警人員，事業運不佳，本人較笨，又會投機取巧，自以為聰明，反被聰明誤。因為其財帛宮為『武破』，財運並不好，又花費大，不會理財。故一定會在工作上鋌而走險，或做錯事，而遭刑獄之災。

『枷杻同流』格之形式

(己年生)

4.紫微在卯

巳	午	未	申
天相(得) 陀羅	天梁化科(廟) 祿存	官祿宮 廉貞(平) 七殺(廟) 擎羊	
辰			**酉**
巨門(陷)			
卯			**戌**
命宮 紫微(旺) 貪狼化權(平)			天同(平)
寅	**丑**	**子**	**亥**
天機(得) 太陰(旺)	天府(廟)	太陽(陷)	武曲化祿(平) 破軍(平)

(丁年生)

4.紫微在卯

巳	午	未	申
天相(得) 陀羅	天梁(廟) 祿存	官祿宮 廉貞(平) 七殺(廟) 擎羊	
辰			**酉**
巨門化忌(陷)			
卯			**戌**
命宮 紫微(旺) 貪狼(平)			天同化權(平)
寅	**丑**	**子**	**亥**
天機化科(得) 太陰化祿(旺)	天府(廟)	太陽(陷)	武曲(平) 破軍(平)

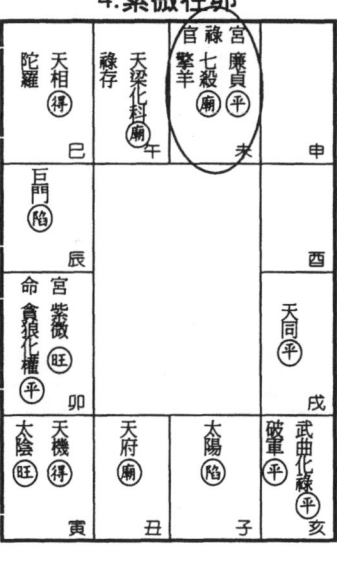

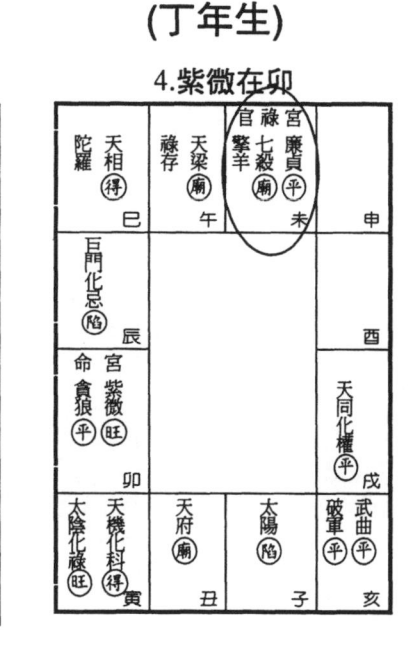

『枷杻同流』格之形式

(癸年生)

10.紫微在酉

武曲(平) 破軍化祿(平) 巳	太陽(旺) 午	天府(廟) 未	天機(得) 太陰化科(平) 申
天同(平) 辰			命宮 紫微(旺) 貪狼化忌(平) 酉
卯			巨門化權(陷) 戌
寅	官祿宮 廉貞(平) 七殺(廟) 擎羊 丑	天梁(廟) 子	天相(得) 亥

第七章　屬於天府星的格局

天府星是財庫星，亦為南斗延壽解危之星，在數為職掌財帛、田宅、衣祿之神。為帝座之佐臣。天府星的格局不多。主要是因為它常和別的星曜一組才能形成特殊的格局。例如『君臣慶會』中有它和紫微星一起，其他單獨能獨當一面的機會不多，故而格局少。

61. 府相朝垣

『府相朝垣』格局出自於『女命骨髓賦』中。全句是：『府相朝垣命必榮。』在『定貴局』中也有『府相朝垣』一格。

『府相朝垣』之格局，主要是指命宮有天府、天相二星來朝。『來朝』即是指在三合宮位中。也就是說『命、財、官』三合宮位上，而財、官二宮有天府、天相是也。

通常一般人認為：有天府財庫星和天相福星在財帛宮及官祿宮中，其人必定一生錢財無憂，衣食無慮，生活舒適。但這種命格在十二個命盤格式中都有，最多只是有穩定的工作，有衣食而已。或者做公務員，有穩定的薪水，長期亦能儲蓄財富。因此，『府相朝垣』更要看天府、天相的旺度高低，才知道真正是否會繁榮發財。同時也要看命宮本身的旺度如何，

也才知道『府相朝垣』有沒有用。

例如：在『紫微在子』命盤格式中，是『武相』、『廉府』朝紫微（居平），雖然在這個命盤格式中，天府、天相皆居朝位，但同宮的星旺度不高，有影響的趨勢。再加上命宮紫微居平，本命較弱，因此此『府相朝垣』的力量只是形式而已。

又例如：某些『府相朝垣』格局之命宮為空宮，或天府、天相有一個旺度在剛及格之處，則此格局，也只是形式而已，無太大作用。

又例如：比較得『府相朝垣』之利的是①『**紫微在辰**』及『**紫微在戌**』**兩個命盤格式中之廉貞坐命寅、申宮的人**，其財帛宮為『紫微、天相』，官祿宮為『武曲、天府』。雖天相為得地剛合格之位，但和紫微同宮，有加倍趨吉之效。故此『府相朝垣』較有用。②**是在『紫微在寅』及『紫微在申』命盤格式中之武曲坐命辰宮或戌宮的人**。在財帛宮有『廉貞、天相』，官祿宮有『紫微、天府』來會，是最好的『府相朝垣』格局。因此他們也容易真正的發富，命運必榮。

十二命盤的『府相朝垣』之格局形式

1.紫微在子

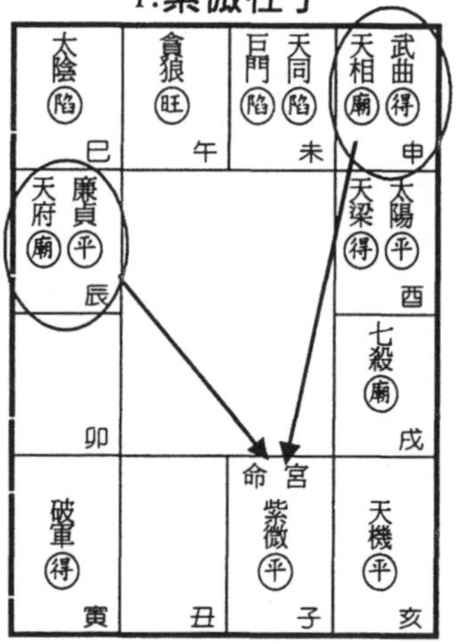

太陰(陷) 巳	貪狼(旺) 午	天同(陷) 巨門(陷) 未	武曲(得) 天相(廟) 申
廉貞(平) 天府(廟) 辰			太陽(平) 天梁(得) 酉
卯			七殺(廟) 戌
破軍(得) 寅	丑	命宮 紫微(平) 子	天機(平) 亥

2.紫微在丑

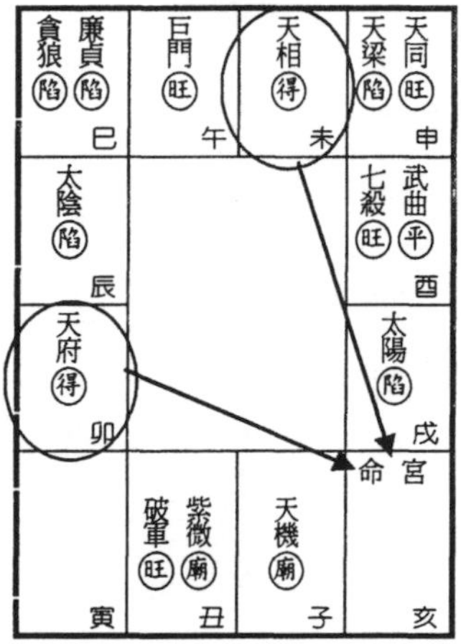

廉貞(陷) 貪狼(陷) 巳	巨門(旺) 午	天相(得) 未	天同(旺) 天梁(陷) 申
太陰(陷) 辰			武曲(平) 七殺(旺) 酉
天府(得) 卯			太陽(陷) 戌
寅	紫微(廟) 破軍(旺) 丑	天機(廟) 子	命宮 亥

3.紫微在寅

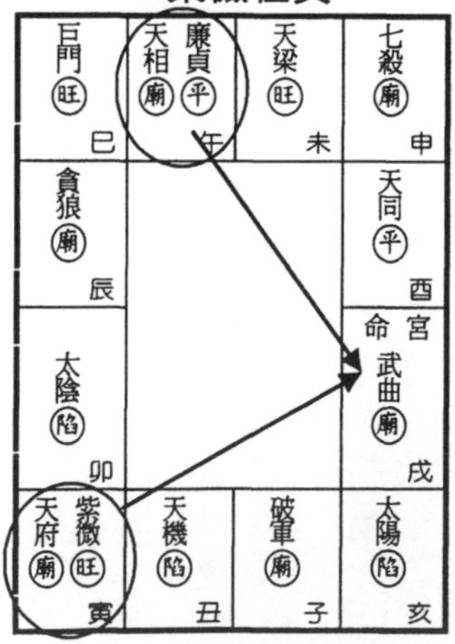

巨門(旺) 巳	廉貞(平) 天相(廟) 午	天梁(旺) 未	七殺(廟) 申
貪狼(廟) 辰			天同(平) 酉
太陰(陷) 卯			命宮 武曲(廟) 戌
紫微(旺) 天府(廟) 寅	天機(陷) 丑	破軍(廟) 子	太陽(陷) 亥

4.紫微在卯

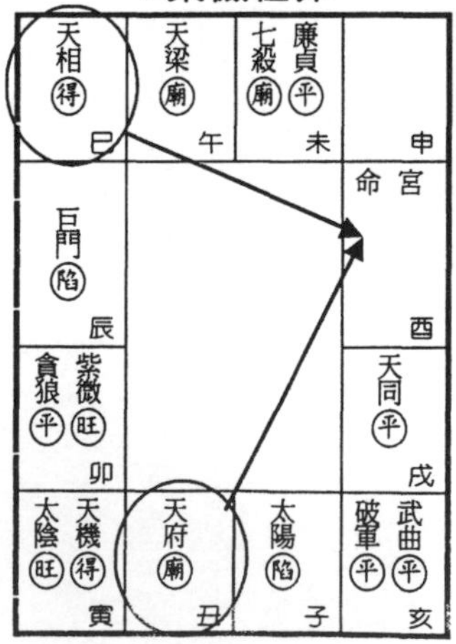

天相(得) 巳	天梁(廟) 午	廉貞(平) 七殺(廟) 未	申
巨門(陷) 辰			命宮 酉
紫微(旺) 貪狼(平) 卯			天同(平) 戌
天機(得) 太陰(旺) 寅	天府(廟) 丑	太陽(陷) 子	武曲(平) 破軍(平) 亥

十二命盤的『府相朝垣』之格局形式

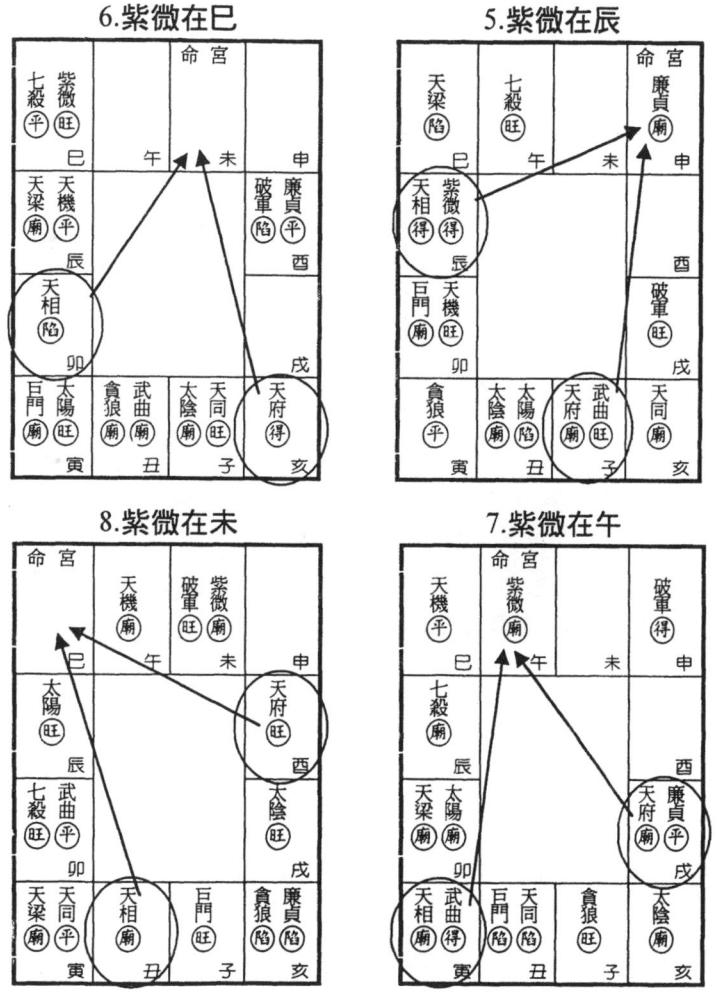

5.紫微在辰

天梁(陷) 巳	七殺(旺) 午	未	命宮 廉貞(廟) 申
紫微(得) 天相(得) 辰			酉
天機(旺) 巨門(廟) 卯			破軍(旺) 戌
貪狼(平) 寅	太陽(陷) 太陰(廟) 丑	武曲(旺) 天府(廟) 子	天同(廟) 亥

6.紫微在巳

紫微(旺) 七殺(平) 巳	午	命宮 未	申
天機(平) 天梁(廟) 辰			廉貞(平) 破軍(陷) 酉
天相(陷) 卯			戌
太陽(旺) 巨門(廟) 寅	武曲(廟) 貪狼(廟) 丑	天同(旺) 太陰(廟) 子	天府(得) 亥

7.紫微在午

天機(平) 巳	命宮 紫微(廟) 午	未	破軍(得) 申
七殺(廟) 辰			酉
太陽(廟) 天梁(廟) 卯			廉貞(平) 天府(廟) 戌
武曲(得) 天相(廟) 寅	天同(陷) 巨門(陷) 丑	貪狼(旺) 子	太陰(廟) 亥

8.紫微在未

命宮 巳	天機(廟) 午	紫微(廟) 破軍(旺) 未	申
太陽(旺) 辰			天府(旺) 酉
武曲(平) 七殺(旺) 卯			太陰(旺) 戌
天同(平) 天梁(廟) 寅	天相(廟) 丑	巨門(旺) 子	廉貞(陷) 貪狼(陷) 亥

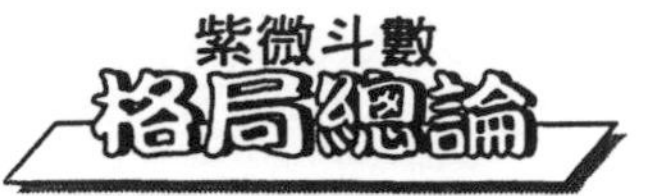

十二命盤的『府相朝垣』之格局形式

9.紫微在申

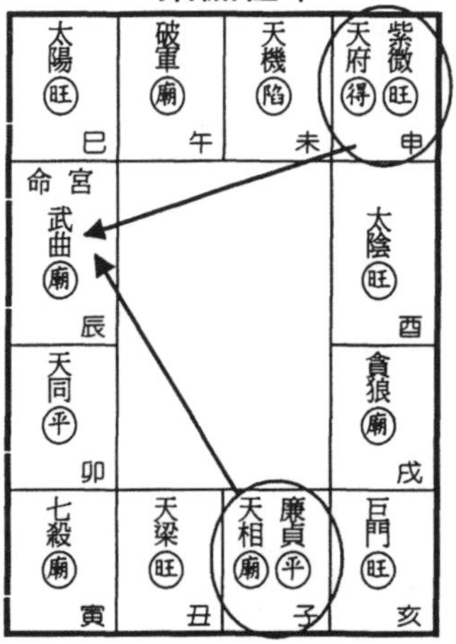

太陽(旺) 巳	破軍(廟) 午	天機(陷) 未	紫微(旺) 天府(得) 申
命宮 武曲(廟) 辰			太陰(旺) 酉
天同(平) 卯			貪狼(廟) 戌
七殺(廟) 寅	天梁(旺) 丑	廉貞(平) 天相(廟) 子	巨門(旺) 亥

10.紫微在酉

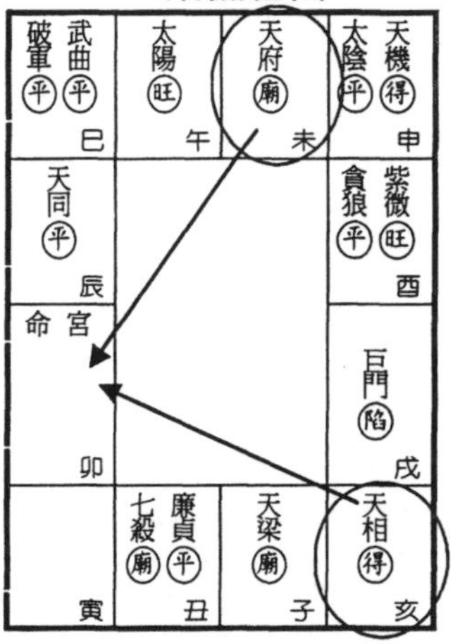

武曲(平) 破軍(平) 巳	太陽(旺) 午	天府(廟) 未	天機(得) 太陰(平) 申
天同(平) 辰			紫微(旺) 貪狼(平) 酉
命宮 卯			巨門(陷) 戌
寅	廉貞(平) 七殺(廟) 丑	天梁(廟) 子	天相(得) 亥

11.紫微在戌

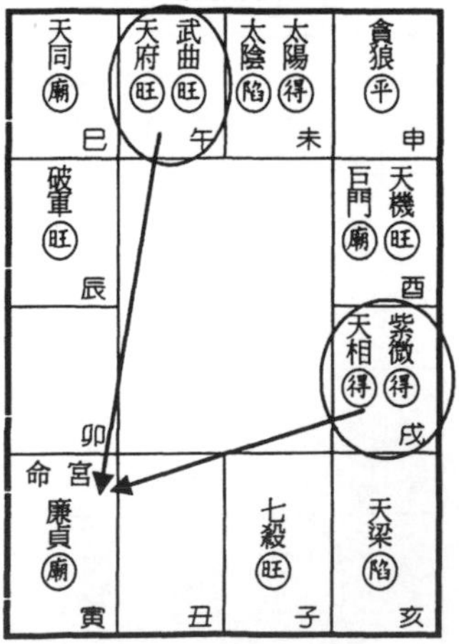

天同(廟) 巳	武曲(旺) 天府(旺) 午	太陽(得) 太陰(陷) 未	貪狼(平) 申
破軍(旺) 辰			天機(旺) 巨門(廟) 酉
卯			紫微(得) 天相(得) 戌
命宮 廉貞(廟) 寅	丑	七殺(旺) 子	天梁(陷) 亥

12.紫微在亥

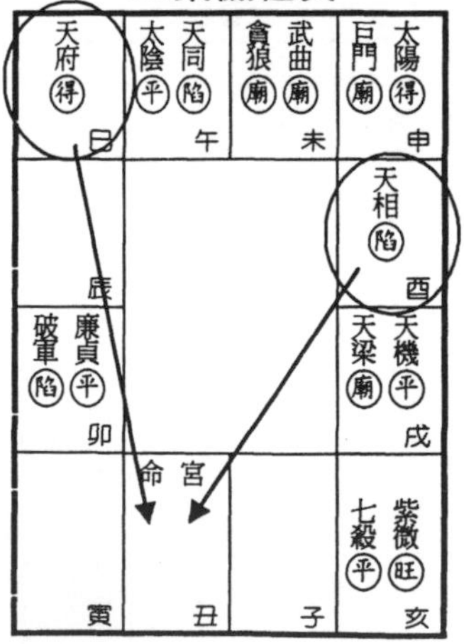

天府(得) 巳	天同(陷) 太陰(平) 午	武曲(廟) 貪狼(廟) 未	太陽(得) 巨門(廟) 申
辰			天相(陷) 酉
廉貞(平) 破軍(陷) 卯			天機(平) 天梁(廟) 戌
寅	命宮 丑	子	紫微(旺) 七殺(平) 亥

第八章　屬於太陰星的格局

屬於太陰星的格局有不少。這是因為月亮和太陽在中國人的觀念中，一方面是一體兩面，一為天體中的白天，一為天體中的黑夜。但又形影相隨，如夫婦般的相配合。太陽代表陽剛的一面，太陰代表陰柔的一面。因此，**屬於太陰的一些美好的格局，也代表一些性格溫和的，運程平穩的人們的人生命運如皎潔的月亮一般，**帶給人們無限的遐思、暢快。

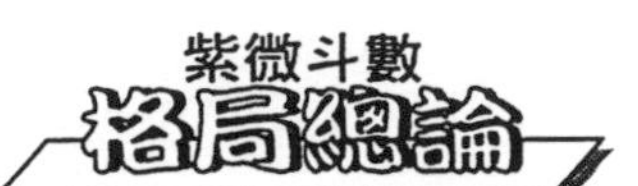

62. 水澄桂蕚

『水澄桂蕚』格出自於『太微賦』。全句是：『太陰居子，號曰水澄桂蕚，得清要之職，忠諫之材。』

『水澄桂蕚』格指太陰坐命子宮的人，其命格必是『天同、太陰』同坐命宮，天同居旺、太陰居廟。但其人必有『陽梁昌祿』格才會具有高學歷及學問，也才會參加高等公務員考試，考得上，做得上清要之職。同陰坐命的人，外表陰柔，有女性之姿，性格溫和，不喜鬥爭，故只得清要之職。他本人也不想太麻煩，因為有天同好享福的關係。說到『忠諫之材』，同陰坐命者因為懶得管事，並不一定會忠諫，最多提一提，上司不理會，他也不會再多說了。命格三方無沖害的人，性格清亮、清高，可稱得上如水般明鏡(喻性格清高)，人格如桂花一般飄香。故稱『水澄桂蕚』格。

『水澄桂蕚』格之形式

6.紫微在巳

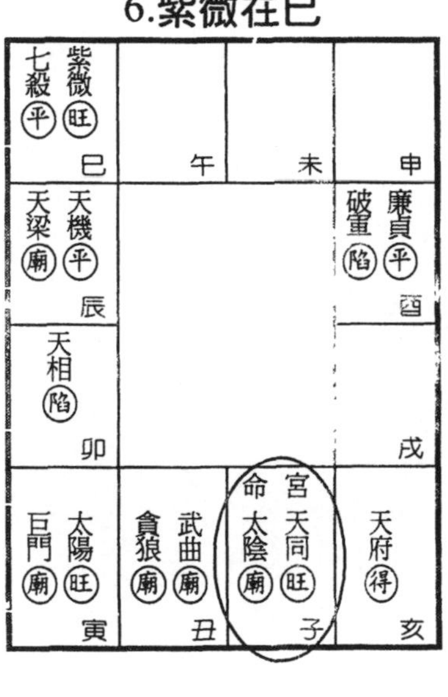

紫微 旺
七殺 平
巳
午
未
申
天機 平
天梁 廟
辰
廉貞 平
破軍 陷
酉
天相 陷
卯
戌
太陽 旺
巨門 廟
寅
武曲 廟
貪狼 廟
丑
命宮
天同 旺
太陰 廟
子
天府 得
亥

63. 蟾宮折桂

『蟾宮折桂』格出自於『太微賦』。全句是：『太陰同文曲於妻宮，蟾宮折桂，文章全盛。』

『蟾宮折桂』格是指：夫妻宮有『太陰、文曲』，雙星居旺廟的話，男子可以娶貴妻，得妻財。並且會因考試高中，得到很高的榮耀與地位、職位，並且能娶到名門之女為妻，並使妻子得到封贈。

要合於『蟾宮折桂』格的，首先必須太陰居旺在夫妻宮。太陰會在酉宮、戌宮、亥宮居旺廟。但文曲在戌宮居陷，因此不合格。故只有①『太陰、文曲』在酉宮，太陰居旺，文曲居廟為夫妻宮。②為『太陰、文曲』居亥宮為夫妻宮，此時太陰居廟，文曲居旺，為合格，是為『蟾宮折桂』之格局。

當『太陰、文曲』在酉宮為夫妻宮時，是巨門坐命亥宮的人，對宮有太陽、文昌相照，是巳時生人，丙年、戊年、辛年生人，具有『陽梁昌祿』格之貴格，其人會本身能力好，學歷高，能做高級公務員，做官職，並能娶到名門之女為妻。

當『太陰、文曲』在亥宮為夫妻宮時，是『天同、巨門』坐命丑宮的人。此人也須有『陽梁昌祿』格，需生於未時。能有富貴人生，做公職，有貴妻與妻財，一生快樂。

『蟾宮折桂』之形式

9.紫微在申

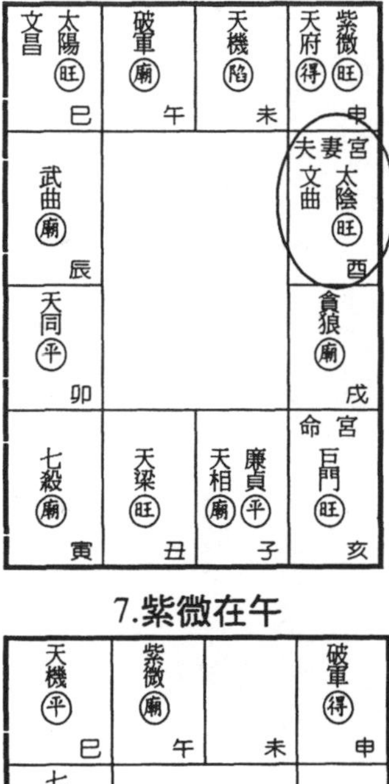

7.紫微在午

月落亥宮

『月落亥宮』格出自『定富貴貧賤十等論』之『定貴局』。『月落亥宮』格即指太陰在亥宮坐命的命格。此命格又稱為『月朗天門』。請看『月朗天門』格之解釋。

65. 命步蟾宮

『命步蟾宮』格出自『談星要論』之『太陰星』部份。全句是：『日巳月酉丑宮，命步蟾宮。』

『命步蟾宮』格是指太陽(日)在巳宮居旺，太陰(月)在酉宮居旺，而命格在丑宮為天梁居旺的命宮，稱為『命步蟾宮』。

天梁居旺的命格雖有如此美的格局，而且至聖先師孔子也是此命格的人，但是此命格者的遷移宮為天機陷落，表示周圍環境很差，而且也常會遇到很差的狀況與場合，要非常有耐心，才能『命步蟾宮』。自然也必須有『陽梁昌祿』格，才真的能由讀書考試，做官職而步入蟾宮。

『命步蟾宮』格之形式

9.紫微在申

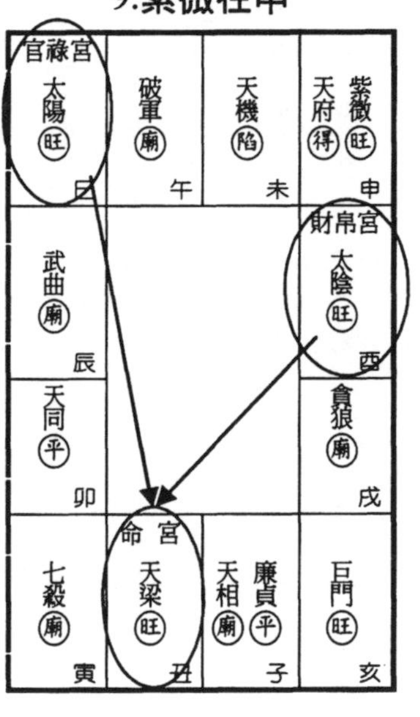

66. 月生滄海

『月生滄海』格出自於『定富貴貧賤十等論』之『定貴格』。

『月生滄海』格實指太陰坐命亥宮之命格。滄海指的是亥宮。月亮明亮的在滄海上升起，是極美之景象。也代表一個人極美而平和前途的人生格局。此格局主貴。故也會包含有『陽梁昌祿』格。此格局為文人之最高境界。不會發生在武人、武職身上。

67. 富貴忠良

『富貴忠良』格出自『論諸星同位垣各同所宜，分別富貴貧賤夭壽』之『太陰星』之部份。全句是：『太陰居子丙丁富貴忠良。』

『富貴忠良』格是指太陰坐命子宮為『天同、太陰』並坐命宮，丙丁年所生之人有之貴格。

丙年生，**有『天同化祿、太陰』**，雙星居旺廟在子宮坐命。

丁年生，**有『天同化權、太陰化祿』**皆居旺廟在子宮坐命。

書上指上述這兩個命格能做一翻大事，主其人有富貴，又忠良。但是：**丙年生人**，『天同化祿，太陰坐命子宮時，對宮午宮有擎羊相沖，因環境不佳，其人之富貴會減少，因遷移宮有擎羊，表示環境不佳，其人也會奸詐，談不上『富貴忠良』了。**而丁年生人**，會有祿存在午宮(遷移宮)沖照命宮『天同化權、太陰化祿』，是故有可能『富貴忠良』。

『富貴忠良』格之形式

(丁年生人)

6.紫微在巳

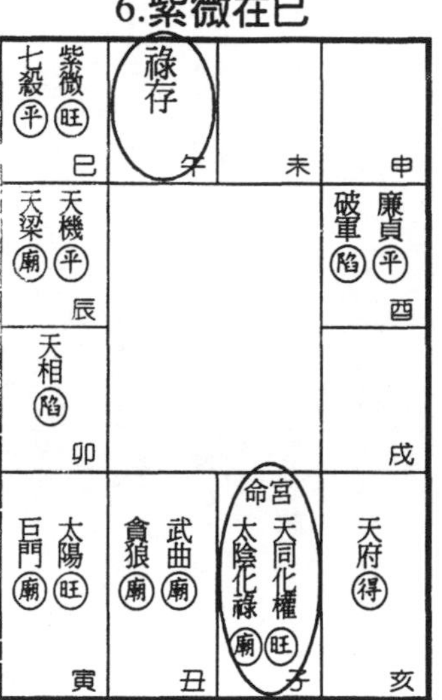

紫微 旺
七殺 平
巳
祿存
午
未
申
天機 平
天梁 廟
辰
廉貞 平
破軍 陷
酉
天相 陷
卯
戌
太陽 旺
巨門 廟
寅
武曲 廟
貪狼 廟
丑
命宮
天同化權 旺
太陰化祿 廟
子
天府 得
亥

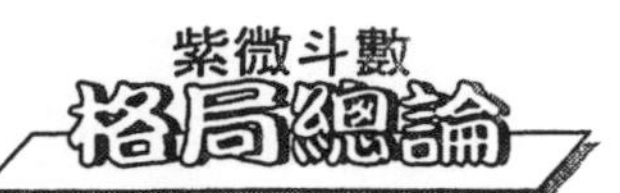

68. 月朗天門

『月朗天門』格出自『斗數骨髓賦』。全句是：『月朗天門進爵封侯。』在『論諸星同位垣各同所宜，分別富貴貧賤夭壽』中之太陰星之部份也有出現，全句是：『月朗天門於亥地登雲職掌大權。』

『月朗天門』格實指太陰坐命亥宮居廟的命格。此命格主富貴。也必須『陽梁昌祿』格完整，才能合格。又生於夜間者，貴甚。參加國家考試，做高等公務員、官員，能掌大權。馬英九先生即屬此命格。

『月朗天門』格之形式

7.紫微在午

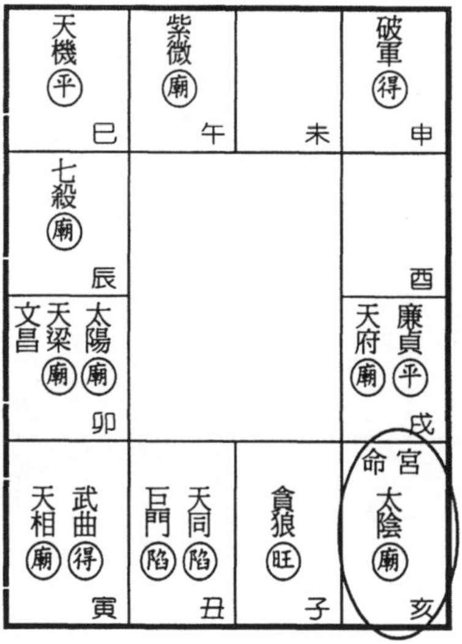

天機(平) 巳	紫微(廟) 午	未	破軍(得) 申
七殺(廟) 辰			酉
太陽(廟) 天梁(廟) 文昌 卯			廉貞(平) 天府(廟) 戌
武曲(得) 天相(廟) 寅	天同(陷) 巨門(陷) 丑	貪狼(旺) 子	命宮 太陰(廟) 亥

69. 月曜天梁

『月曜天梁』格局出自『女命骨髓賦』註解。全句是：『天梁月曜女命貧。』

『月曜天梁』格指的是天梁居陷在巳、亥宮安命。以及太陰居陷在卯、辰、巳等宮居陷安命者。這些命格較窮，其人一生職務位階也不高。更或不工作，或工作起起伏伏，人生不安定。

70. 太陰文曲

『太陰文曲』格出自『太微賦』。全句是：『太陰同文曲於妻宮，蟾宮折桂之榮。』

『太陰文曲』格指夫妻宮有太陰、文曲皆居旺（在亥宮最好），則會娶名門閨秀，並能得妻財，而自己有貴格『陽梁昌祿』格，也會參加考試，做高級公務員、官員而有殊榮。配偶也能受封贈。

71. 變景

『變景』之格局，指在亥宮有太陰化忌，因亥宮為屬水之宮位，則化忌不忌，稱為變景。

另有一說：在巳宮有武曲化忌，因巳宮為屬金之宮位也為化忌不忌。為『變景』。但巳宮為火金之宮，巳宮的金不可用，也沒辦法保護武曲化忌。因此仍有化忌之實，有金錢困擾。

在亥宮的太陰化忌為『變景』，不會影響人之富和貴，但仍會有感情困擾。馬英九總統就是此『太陰化忌、文曲』在亥宮坐命為『變景』格局的人。

『變景』格局之形式

7.紫微在午

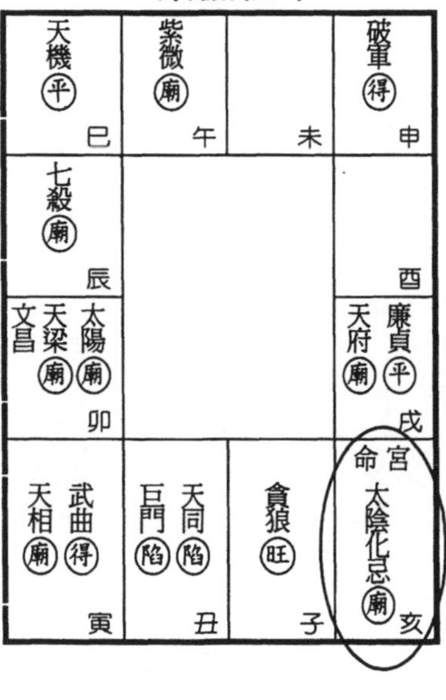

天機 平
巳
紫微 廟
午
未
破軍 得
申
七殺 廟
辰
酉
太陽 廟
天梁 廟
文昌
卯
廉貞 平
天府 廟
戌
武曲 得
天相 廟
寅
天同 陷
巨門 陷
丑
貪狼 旺
子
命宮
太陰化忌 廟
亥

72. 九流術士

『九流術士』之格局出自『諸星問答論』中之『問太陰星所主若何?』全句是:『太陰或與文曲同居身命,定是九流術士。』

『九流術士』格局指有『太陰、文曲』居命宮或身宮為卯宮時,會做『九流術士』。指會做算命師。

『九流術士』之形式

3.紫微在寅

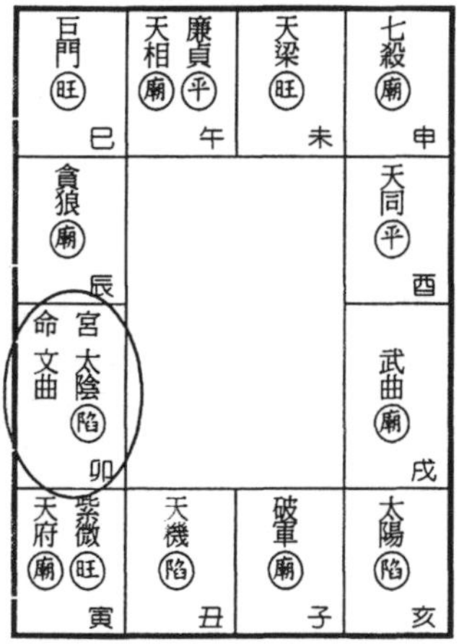

巨門(旺) 巳	廉貞(平) 天相(廟) 午	天梁(旺) 未	七殺(廟) 申
貪狼(廟) 辰			天同(平) 酉
命宮 太陰(陷) 文曲 卯			武曲(廟) 戌
紫微(旺) 天府(廟) 寅	天機(陷) 丑	破軍(廟) 子	太陽(陷) 亥

第九章　屬於貪狼星的格局

貪狼星為北斗解厄之神，主禍福，化氣為桃花，為大桃花星。在數則樂，為放蕩之事。遇吉主富貴，遇凶主虛浮。貪狼又主慾望，多嫉妒，有貪念。在事為好運星。亦為大將軍，好爭鬥，多謀略。貪狼只有會火、鈴能有富貴。居廟旺遇火星能有武職權貴。貪狼喜見空亡反主端正。是故貪狼星之格局，多半與桃花和暴發運，或貪慾有關。

泛水桃花

『泛水桃花』格局出自『太微賦』。全句是：『貪居亥子名為泛水桃花。』

『泛水桃花』格局是指貪狼坐命子宮、或亥宮之人的命格。因子宮和亥宮為五行屬水之宮位，故稱泛水。但仍以子宮為桃花沐浴之地，故以子宮為『泛水桃花』之正格。亥宮之貪狼，必與廉貞同宮，雙星俱陷落，若再加文昌、文曲屬邪淫，不吉，多下賤。

在子宮之貪狼，對宮有紫微居廟相照，雖桃花多，仍外表體面，重面子，只是私下邪淫好色而已，且多『過門桃花』，自己送上來之桃花色情之事，問題並不嚴重，而且好解決。故『泛水桃花』在亥宮、子宮，有此一別。但如果有貪狼化忌，或與天空、地劫同宮，則為桃花破格，能反正，其人之桃花色情之事會發生古怪之事而消失。

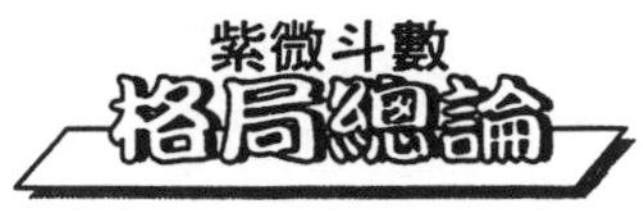

『泛水桃花』格之形式

正格

7.紫微在午

天機(平) 巳	紫微(廟) 午	未	破軍(得) 申
七殺(廟) 辰			酉
太陽(廟) 天梁(廟) 卯			廉貞(平) 天府(廟) 戌
武曲(得) 天相(廟) 寅	天同(陷) 巨門(陷) 丑	貪狼(旺) 子	太陰(廟) 亥

8.紫微在未

巳	天機(廟) 午	紫微(廟) 破軍(旺) 未	申
太陽(旺) 辰			天府(旺) 酉
武曲(平) 七殺(旺) 卯			太陰(旺) 戌
天同(平) 天梁(廟) 寅	天相(廟) 丑	巨門(旺) 子	廉貞(陷) 貪狼(陷) 亥

74. 風流彩杖

『風流彩杖』格出自『太微賦』。全句是：『刑遇貪狼號曰風流彩杖。』

『風流彩杖』格是指『廉貪陀』在命格或命盤之中之格局。此格局主刑剋。此格局如果為命宮，或身宮，代表其人有好色，下賤之心，必會做與色情有關之工作或賊偷之事。會做色情行業，或色狼犯案，強暴異性案件，惡性重大。

『風流彩杖』格若不在命宮、身宮，而**在命盤上其他宮位**，則要小心流年、流月、流日、流時走到，有突發的強暴案件。一種是你會強暴別人，一種是被強暴。女子的命盤上有此格局，要小心流月、流日、流時的問題，要預先做防範，以免不幸發生。這是非常準確的，大家要小心注意才是。

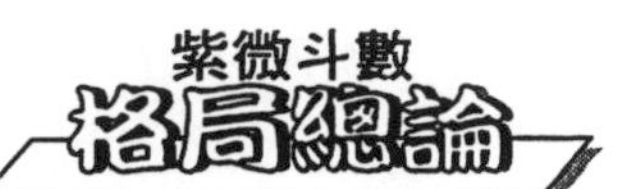

有許多婦女、小女孩被姦殺的案子，都是具有這種格局，而未加防範所致。

『風流彩杖』格的形式，一種是在巳、亥宮的『廉貞、貪狼』同宮加陀羅，這是『紫微在丑』及『紫微在未』兩個命盤格式的人，又生於丁年、己年、癸年生的人會遇到的。丁年、己年生的人是陀羅在巳宮，癸年生的人是陀羅在亥宮。只要廉貪和陀羅同宮或相照都會形成『風流彩杖』格。

『風流彩杖』格的另一種形式是在寅、申宮的形式。在寅、申這兩個宮中則不論是有『貪狼和陀羅』同宮，和對宮的廉貞相照。或是『廉貞、陀羅』同宮，而對宮有貪狼相照的形式，這兩種也都會形成『廉貪陀』之『風流彩杖』格，而對人有害。

簡而言之，『風流彩杖』格就是在寅、申、巳、亥等宮的惡格。其發生時間也是以寅、申、巳、亥四個年份所受此惡格的影響最多，此四年，強暴案最多。女性有此格需注意，也要注意自身的格局是在寅、申宮的，就要注意寅時、申時的安全。如果在巳、亥宮的，就要在巳時、亥時注意安全。例如有些歐美國家，下午三時，天就黑了。因此有寅、申宮此格的女性，就要特別注意要結伴而行，勿落單，以防不測。如果有在巳、亥宮的惡格，也是一樣要小心巳時和亥時的安全。也更要小心在家中的安全。如果格局更差，此格再加上『半空折翅』的格局，有空劫及化忌同宮，要小心遭強暴而性命不保。藝人湛蓉便是逢此格局在家中巳時為小偷侵入而遭強暴殺害的。因此在家中也要有人陪伴，有貴人才好。

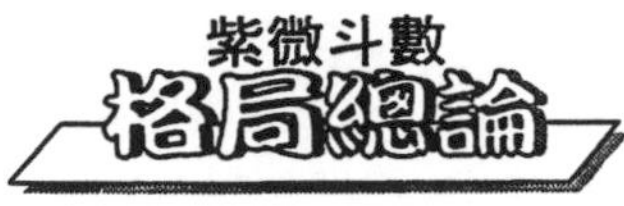

『風流彩杖』格之形式

8.紫微在未

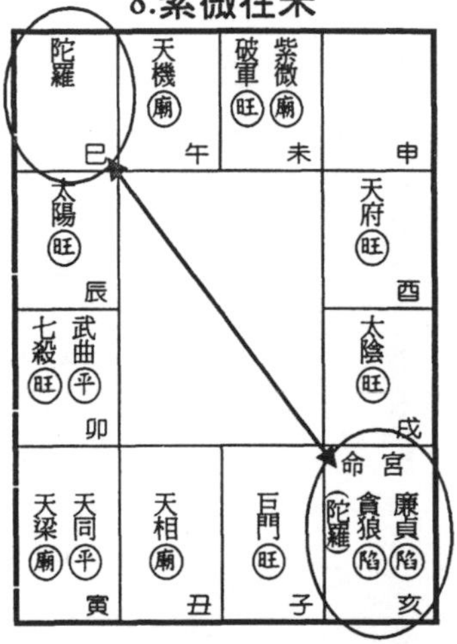

陀羅 巳	天機(廟) 午	紫微(廟) 破軍(旺) 未	申
太陽(旺) 辰			天府(旺) 酉
武曲(平) 七殺(旺) 卯			太陰(旺) 戌
天同(平) 天梁(廟) 寅	天相(廟) 丑	巨門(旺) 子	命宮 廉貞(陷) 貪狼(陷) (陀羅) 亥

2.紫微在丑

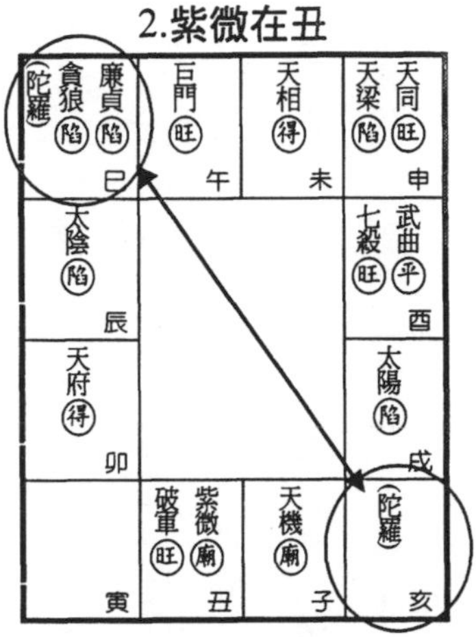

廉貞(陷) 貪狼(陷) (陀羅) 巳	巨門(旺) 午	天相(得) 未	天同(旺) 天梁(陷) 申
太陰(陷) 辰			武曲(平) 七殺(旺) 酉
天府(得) 卯			太陽(陷) 戌
寅	紫微(廟) 破軍(旺) 丑	天機(廟) 子	(陀羅) 亥

11.紫微在戌

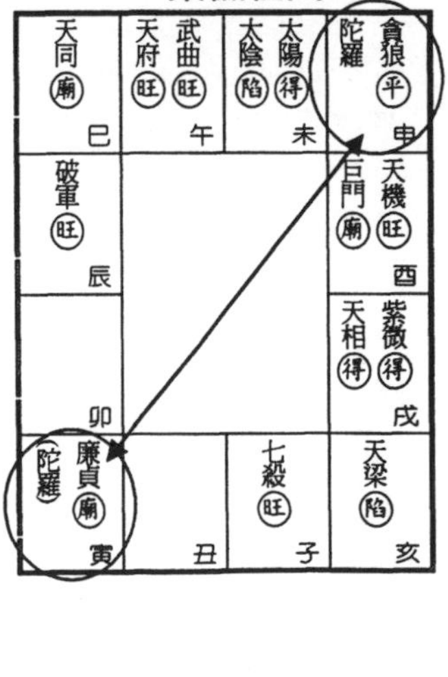

天同(廟) 巳	武曲(旺) 天府(旺) 午	太陽(得) 太陰(陷) 未	貪狼(平) 陀羅 申
破軍(旺) 辰			天機(旺) 巨門(廟) 酉
卯			紫微(得) 天相(得) 戌
廉貞(廟) (陀羅) 寅	丑	七殺(旺) 子	天梁(陷) 亥

5.紫微在辰

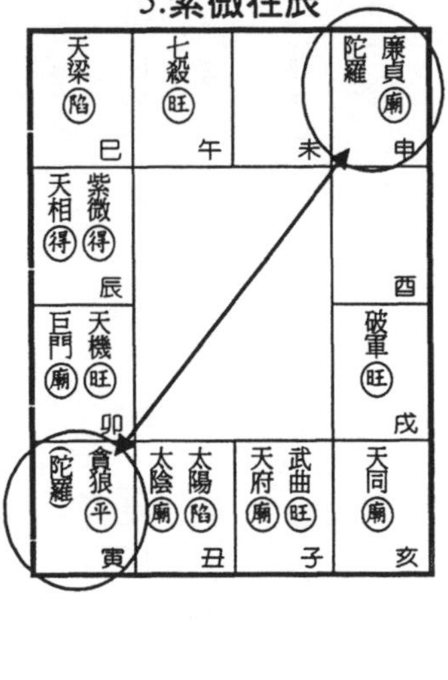

天梁(陷) 巳	七殺(旺) 午	未	廉貞(廟) 陀羅 申
紫微(得) 天相(得) 辰			酉
天機(旺) 巨門(廟) 卯			破軍(旺) 戌
貪狼(平) (陀羅) 寅	太陽(陷) 太陰(廟) 丑	武曲(旺) 天府(廟) 子	天同(廟) 亥

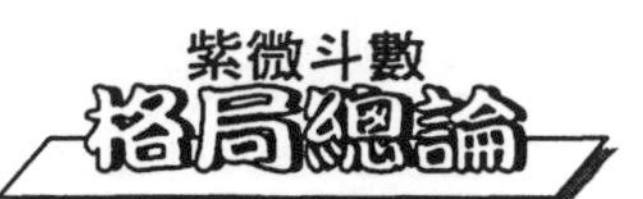

75. 貪武墓居

『貪武墓居』格局出自『斗數骨髓賦』。全句是：『貪武墓中居，三十才發富。』

『貪武墓居』格局是指在辰、戌宮坐命，有『武曲』、『貪狼』為命宮或遷移宮的人，以及在丑宮或未宮坐命，有『武曲、貪狼』同宮坐命的人，這四種命格的人，要三十歲以後才會大發，而有富貴。

辰、戌、丑、未宮為四墓宮。『墓居』即指在這四墓宮坐命。則無論是在辰、戌宮有武曲坐命，有貪狼在遷移宮相照，或是在辰、戌宮有貪狼坐命，遷移宮有武曲相照，或是武貪坐命丑宮或未宮，遷移宮為空宮的人。這四種命格實為具有『武貪格』暴發運格，多半會暴發在事業上、工作上。通常在三十五歲左右才爆發。少數也有早一點的，在三十歲以前暴發。但通常以三十歲為準。訣云：『貪武不發少年人，運過三十才發富。』是因人在三十歲之前無工作事業之基底，三十歲以後才逐漸事業成形之故，三十歲之後人才成熟，運氣才會上升。(此格局參考『武貪格』之形式。)

貪狼火星

『貪狼火星』格局出自『斗數骨髓賦』。全句是：『貪狼火星居廟旺，名鎮諸邦。』

『**貪狼火星**』格局，指有貪狼、火星居廟或旺者居命宮的人，會盛名遠播。貪狼以在辰、戌、丑、未四宮居廟。同時貪狼在這四宮，又為『武貪格』的格式。再加火星，為『雙暴發格』。如果有此格坐命宮，自然有不一樣的人生。其人生一定有多次極大的暴發財富及暴發事業上之好運，能增高人生之層次。

英國維京集團的總裁布蘭森先生即是此命格的人，坐於辰宮，在全世界有五百多個公司，而有名鎮諸邦之實績。貪火入命，如果做武職更佳。會成為大將軍，威鎮海內。

『貪狼火星』格之形式

9.紫微在申

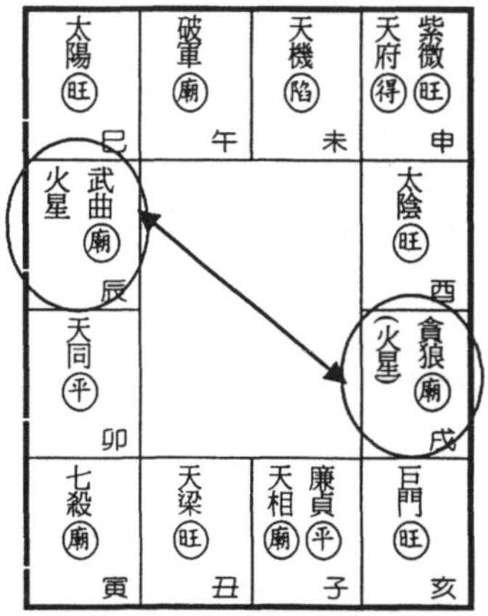

太陽(旺) 巳	破軍(廟) 午	天機(陷) 未	紫微(旺) 天府(得) 申
武曲(廟) 火星 辰			太陰(旺) 酉
天同(平) 卯			貪狼(廟) (火星) 戌
七殺(廟) 寅	天梁(旺) 丑	廉貞(平) 天相(廟) 子	巨門(旺) 亥

3.紫微在寅

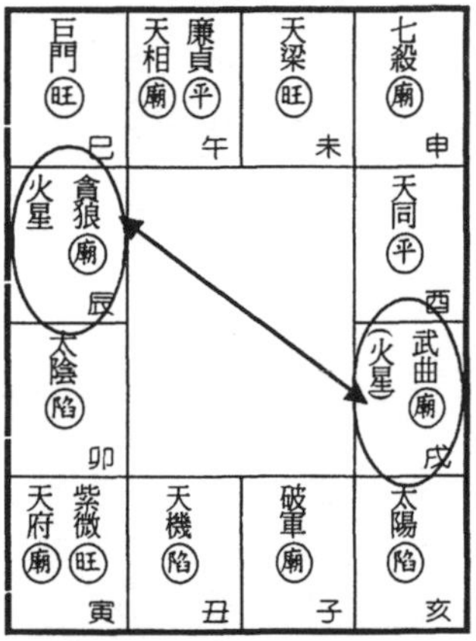

巨門(旺) 巳	廉貞(平) 天相(廟) 午	天梁(旺) 未	七殺(廟) 申
貪狼(廟) 火星 辰			天同(平) 酉
太陰(陷) 卯			武曲(廟) (火星) 戌
紫微(旺) 天府(廟) 寅	天機(陷) 丑	破軍(廟) 子	太陽(陷) 亥

12.紫微在亥

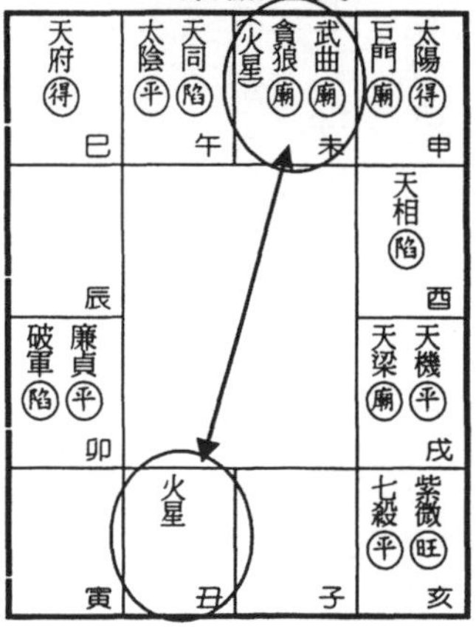

天府(得) 巳	天同(陷) 太陰(平) 午	武曲(廟) 貪狼(廟) (火星) 未	太陽(得) 巨門(廟) 申
辰			天相(陷) 酉
廉貞(平) 破軍(陷) 卯			天機(平) 天梁(廟) 戌
寅	火星 丑	子	紫微(旺) 七殺(平) 亥

6.紫微在巳

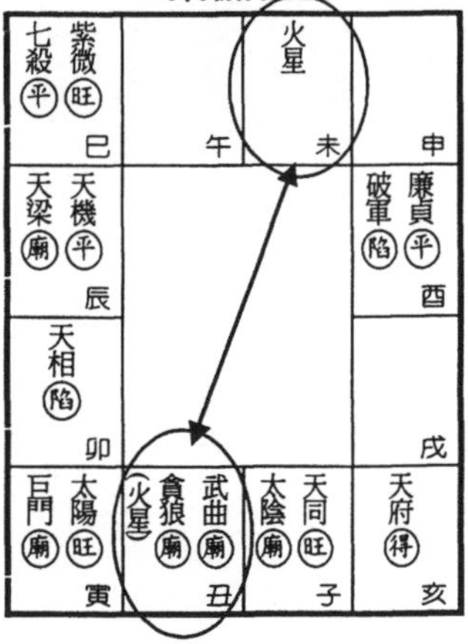

紫微(旺) 七殺(平) 巳	午	火星 未	申
天機(平) 天梁(廟) 辰			廉貞(平) 破軍(陷) 酉
天相(陷) 卯			戌
太陽(旺) 巨門(廟) 寅	武曲(廟) 貪狼(廟) (火星) 丑	天同(旺) 太陰(廟) 子	天府(得) 亥

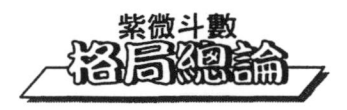

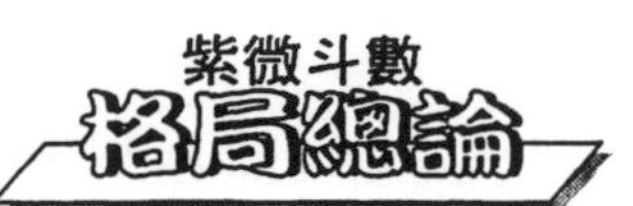

鈴貪格（一）

『鈴貪格』其實和前一格局『火貪格』一樣，只是由鈴星和貪狼同宮或相照而形成。『鈴貪格』也是要鈴星、貪狼二星居廟旺，其暴發力愈強，故在戌宮的鈴星同宮是最強的『鈴貪格』。此外在丑宮的『鈴武貪』格也很強。能得鉅大財富。其在十二個命盤格式中之格局形式和火星相同，便不再示盤。

『鈴貪格』有時比『火貪格』更古怪，在入命宮時，才會感受得到。『鈴貪格』的暴發力，與所得之利益會比『火貪格』更大，或帶有古怪現象，也更神奇。要親身感受才能瞭解。

78. 貪鈴並守

『貪鈴並守』格局出自『斗數骨髓賦』。全句是：『貪鈴並守將相之名。』

『貪鈴並守』格局就是『鈴貪格』。如果入命宮，再加化權，最好在戌宮，鈴星也居廟，則做武職能有大將之權位。做文職的能入相位，而功成名就。

『貪鈴並守』就是貪狼和鈴星同宮或相照的意思。此格局形成也會在十二個命盤格式中出現。請參照77『火貴格』中之十二個命盤中之形式將鈴星替代火星即可。

紫微斗數 格局總論

79. 貪狼陷地

『貪狼陷地』格局出自『斗數骨髓賦』。全句是：『貪狼陷地作屠人。』

『貪狼陷地』格局是指貪狼坐命巳、亥宮或寅、申宮，再加陀羅入命者，稱之。因陀羅在巳、亥宮居陷，會做粗重、殺戮、墓地、喪葬之工作。貪狼在巳、亥宮出現，必與廉貞同宮，再加陀羅，三星俱陷落，出身低微，會靠屠戶、屠宰維生。貪狼在寅、申宮居平，再加陀羅居陷，對宮有廉貞相照，也易與血光、屠宰業維生。這些命格也是『風流彩杖』格的格局，其人不但易為屠宰之人，且易為鼠竊之輩。

80. 貪會旺宮

『貪會旺宮』格局出自『太微賦』。全句是：『貪會旺宮，終身鼠竊』。

在**『論諸星同位垣各同所宜，分別富貴貧賤夭壽』中『貪狼星』之部份亦談到：『貪狼子午卯酉鼠竊狗偷之輩，終身不能有為』。**此格局必須有貪狼在子、午、卯、酉加擎羊，才有可能為鼠竊狗偷之輩。無刑星同宮是不會如此的。因為貪狼在子、午宮，對宮為紫微相照，其人重面子，儀表莊重。除非有擎羊同宮，愛佔小便宜，才會為鼠竊之輩。而貪狼在卯、酉宮，會與紫微同宮，更是外型美麗，體態多姿，也重面子，也需有擎羊同宮，才可能因貪念而行鼠竊之實。

81. 粉身碎屍

『粉身碎屍』格局出自『斗數骨髓賦』。全句是：『昌貪居命粉身碎屍。』

『粉身碎屍』格是指有貪狼、文昌二星居命落陷時，有粉身碎屍的危險。這是講在亥宮的『廉貞、貪狼、文昌』坐命者，有此危險。

另外，凡文昌或文曲與貪狼同宮坐命者，有政事顛倒之問題。如果從事政治事務，也容易有粉身碎屍，會死亡的危險。前副總統呂秀蓮女士，正是貪狼、文曲坐命辰宮的人，三一九事件差點喪命，也真應了此格。

82. 先貧後富

『先貧後富』格出自『斗數骨髓賦』。全句是：『先貧後富，武貪同身命之宮。』

『先貧後富』格指命宮有『武曲、貪狼』坐命丑宮或未宮的人，不發少年時，三十才發富。故少年、幼年皆貧困。三十歲以後暴發財富。故也稱先貧後富而大吉。

83. 貪坐生鄉

『貪坐生鄉』格出自『太微賦』。全句是：『貪坐生鄉壽考永如彭祖。』

『貪坐生鄉』格指貪狼坐命於廟旺之位置，其人壽命長如彭祖一般。

貪狼在子、午、丑、辰、未、戌等宮為居旺或居廟的位置，故貪狼坐命在這些宮位的人，會長壽。例如蔣夫人宋美齡女士為武貪坐命丑宮的人，活到一百零六歲。其實命宮有貪狼星的人大多長壽。親戚中有些紫貪坐命的長者，也活到九十多歲了，這是紫微居旺，貪狼居平的人。

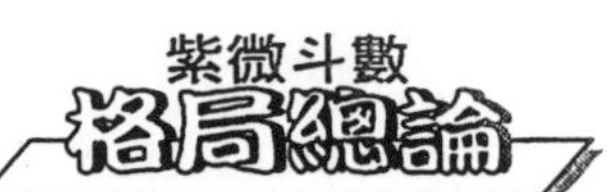

 貪狼會殺

『貪狼會殺』格局，出自『談星要論』中之『論諸星同位垣各同所宜，分別富貴貧賤夭壽』中之『貪狼星』之部份。全句是：『貪狼會殺無吉曜屠宰之人。』

『貪狼會殺』格是指貪狼有煞星，羊、陀、劫、空、化忌同宮或相照的狀況，在命、遷、官等宮出現，尤其是貪狼會羊陀之人，更會做屠宰之人。例如在寅、申宮有貪狼居平加陀羅同宮坐命或相照的人，易做軍警業或屠宰之人。又如『廉貞、貪狼、陀羅』在巳、亥宮坐命或為官祿宮者，也易為軍警業，或做屠宰業。多年前算過一位仁兄的命格是南部屠宰公會理事長，命格是貪狼、擎羊坐命午宮的人，對宮遷移宮有紫微居平。可見『貪狼會殺』真的會做屠宰業了。

安全自保手冊

法雲居士⊙著

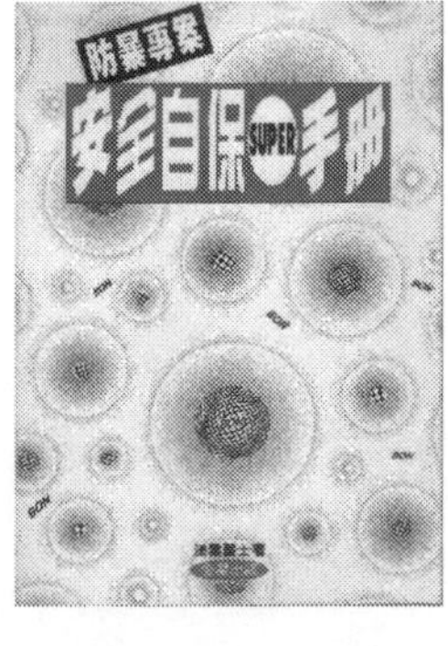

現今社會治安敗壞，賊人眾多！任何人的生命安全都受威脅！車禍每年發生五仟件以上；殺人案件無數，強暴婦女每天有三十人受害，擄人勒贖，層出不窮，在這個混沌的世界裡，我們要怎樣來保護自己？

怎樣在自己的命盤中，找出有衰運死亡的凶煞時間，預先掌握這一特定時間，躲開這一劫，你將避兇趨吉、長命百歲、幸福快樂的過一生！

第十章　屬於巨門星的格局

巨門星主是非暗曜，為精陰之星，化氣為暗，在數掌執是非。也為孤獨之數，刻剝之神。主於暗昧，疑是多非，亦好欺瞞。同時，巨門也為隔角煞。巨門星雖也有貴格，但大部份多半與是非災禍有關。看懂這些格局之後，也能小心防災。

85. 石中隱玉

『石中隱玉』格出自『斗數骨髓賦』。全句是：『子午巨門石中隱玉。』

『石中隱玉』格專指巨門坐命在子宮或午宮之命格。因為巨門為暗曜。主宰一些是非暗昧的問題。而巨門坐命子、午宮的人，在人生中必會經歷一些困難或問題，最後能苦盡甘來而有成就及富貴。正所謂玉不琢不成器也，故稱此命格為『石中隱玉』。表示是藏於石中之玉是需要有待磨練的命格。

『石中隱玉』格局之形式

2.紫微在丑

巳	午	未	申
廉貞(陷) 貪狼(陷)	巨門(旺)	天相(得)	天同(旺) 天梁(陷)
辰			**酉**
太陰(陷)			武曲(平) 七殺(旺)
卯			**戌**
天府(得)			太陽(陷)
寅	**丑**	**子**	**亥**
	紫微(廟) 破軍(旺)	天機(廟)	

8.紫微在未

巳	午	未	申
	天機(廟)	紫微(廟) 破軍(旺)	
辰			**酉**
太陽(旺)			天府(旺)
卯			**戌**
武曲(平) 七殺(旺)			太陰(旺)
寅	**丑**	**子**	**亥**
天同(平) 天梁(廟)	天相(廟)	巨門(旺)	廉貞(陷) 貪狼(陷)

86. 食祿馳名

『食祿馳名』格出自『論諸星同位垣各同所宜，分別富貴貧賤夭壽』中之『巨門星』之部份，全句是：『巨日命宮寅位食祿馳名。』

『食祿馳名』格是指有『太陽居旺、巨門居廟』雙星坐命寅宮的命格。以辛年生有『太陽化權、巨門化祿』在命宮者最為合格。並且有『天刑』在命宮者可為司法官也主吉。如果本命宮無化權、化祿，只有陽巨在寅宮坐命者，其人之財帛宮和官祿宮皆為空宮，如果再有煞星侵擾，其人則會無用，會無法有『食祿馳名』之主貴格局了。

如果辛年生人，命格形成有『太陽化權、巨門化祿』者，其人對男性有主導力，很會講話，有說服力，也善於飲食。可做民意代表，或美食節目主持人。亦或做法官，一生食祿好，有大名聲。

『食祿馳名』格之形式

6.紫微在巳

紫微(旺) 七殺(平) 巳	午	未	申
天機(平) 天梁(廟) 辰			廉貞(平) 破軍(陷) 酉
天相(陷) 卯			戌
命宮 太陽化權(旺) 巨門化祿(廟) 寅	武曲(廟) 貪狼(廟) 丑	天同(旺) 太陰(廟) 子	天府(得) 亥

辛年生

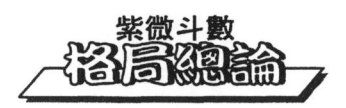

87. 巨機居卯

『巨機居卯』格出自『十二宮諸星得地富貴論』中之『定貴格』。全句是：『巨機居卯乙辛己丙至公卿。』

『巨機居卯』格與『破盪格』相同，都是指命宮在卯宮有『天機居旺、巨門居廟』坐命之命格。乙年生會有『天機化祿、巨門、祿存』在命宮。辛年生人會有『天機、巨門化祿』在命宮。己年生命宮無權、祿、科，反而有擎羊在官祿宮，不吉。丙年生有『天機化權、巨門』在命宮，天同化祿在財帛宮，可靠外在環境之變化而做高級公務員。

88. 巨火擎羊

『巨火擎羊』格局常簡稱『巨火羊』。出自『斗數骨髓賦』。全句是：『巨火擎羊終身縊死。』

『巨火羊』之格局，在命盤中三合照守，或對宮沖照，或是走巨門運，逢火星、擎羊時辰，或是走羊火運，遇巨門的時辰，也都可能會有上吊自殺，或投水自殺的問題。命格中有如此格局的人，多半有憂鬱症或躁鬱症。有些也是外表看不出來，而突然自殺的。不過，只要事先從命盤上觀看出來，有此格局的人，便要常常關心他，引導他，使其渡過鬱悶時期，使能躲過劫難。

十二命盤格式容易有『巨火羊』格局的生年與生時：

① 在『紫微在子』命盤格式中，生於甲年、乙年、丁年、未年、辛年、

癸年的人。

生年為寅、午、戌年，生時為子時、寅時、午時、戌時的人。

生年為申、子、辰年，生時為丑時、巳時、酉時、亥時的人。

生年為巳、酉、丑年，生時為子時、辰時、申時、戌時的人。

生年為亥、卯、未年，生時為丑時、寅時、辰時、午時、戌時的人。

② **在『紫微在丑』命盤格式中**，生於丙年、戊年、辛年的人。

生年為寅、午、戌年，生時為丑時、巳時、酉時、亥時的人。

生年為申、子、辰年，生時為子時、辰時、申時、戌時的人。

生年為巳、酉、丑年，生時為卯時、未時、酉時、亥時的人。

生年為亥、卯、未年，生時為丑時、卯時、巳時、酉時的人。

③ **在『紫微在寅』命盤格式中**，生於庚年、癸年的人。

生年為寅、午、戌年，生時為子時、辰時、申時、戌時的人。

生年為申、子、辰年，生時為卯時、未時、酉時、亥時的人。

生年為巳、酉、丑年，生時為寅時、午時、申時、戌時的人。

生年為亥、卯、未年，生時為子時、寅時、辰時、申時的人。

④ 在『**紫微在卯**』**命盤格式中**，生於乙年、丁年、己年、辛年、壬年的人。

生年為寅、午、戌年，生時為卯時、未時、酉時、亥時的人。

生年為申、子、辰年，生時為寅時、午時、申時、戌時的人。

生年為巳、酉、丑年，生時為丑時、巳時、未時、酉時的人。

生年為亥、卯、未年，生時為丑時、卯時、未時、亥時的人。

⑤ 在『**紫微在辰**』**命盤格式中**，生於甲年、丁年、己年、庚年的人。

生年為寅、午、戌年，生時為寅時、午時、申時、戌時的人。

生年為申、子、辰年，生時為丑時、巳時、未時、酉時的人。

生年為巳、酉、丑年，生時為子時、辰時、午時、申時的人。

生年為亥、卯、未年，生時為子時、寅時、午時、戌時的人。

⑥在『紫微在巳』命盤格式中，生於丙年、戊年、辛年生的人。

生年為寅、午、戌年，生時為丑時、巳時、未時、酉時的人。

生年為申、子、辰年，生時為子時、辰時、午時、申時、戌時的人。

生年為巳、酉、丑年，生時為卯時、巳時、未時、亥時的人。

生年為亥、卯、未年，生時為丑時、巳時、酉時、亥時的人。

⑦在『紫微在午』命盤格式中，生於丁年、己年、庚年、癸年生的人。

生年為寅、午、戌年，生時為子時、辰時、午時、申時的人。

生年為申、子、辰年，生時為卯時、巳時、未時、亥時的人。

生年為巳、酉、丑年，生時為寅時、辰時、午時、戌時的人。

生年為亥、卯、未年，生時為子時、辰時、未時、申時、戌時的人。

⑧在『紫微在未』命盤格式中，生於乙年、丙年、戊年、庚年、壬年的人。

生年為寅、午、戌年，生時為卯時、巳時、未時、亥時的人。

生年為申、子、辰年，生時為寅時、辰時、午時、戌時的人。

生年為巳、酉、丑年，生時為丑時、卯時、巳時、酉時的人。

生年為亥、卯、未年，生時為卯時、未時、酉時、亥時的人。

⑨ **在『紫微在申』命盤格式中**，生於甲年、丁年、己年的人。

生年為寅、午、戌年，生時為寅時、辰時、午時、戌時的人。

生年為申、子、辰年，生時為丑時、卯時、巳時、酉時的人。

生年為巳、酉、丑年，生時為子時、寅時、辰時、申時的人。

生年為亥、卯、未年，生時為寅時、午時、申時、戌時的人。

⑩ **在『紫微在酉』命盤格式中**，生於乙年、丙年、戊年、辛年的人。

生年為寅、午、戌年，生時為丑時、卯時、巳時、酉時的人。

生年為申、子、辰年，生時為子時、寅時、辰時、申時的人。

生年為巳、酉、丑年，生時為丑時、卯時、未時、亥時的人。

生年為亥、卯、未年，生時為丑時、巳時、未時、酉時的人。

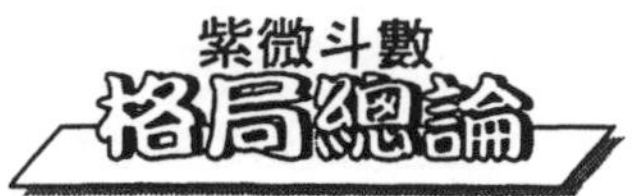

⑪ **在『紫微在戌』命盤格式中**，生於甲年、庚年、癸年的人。

生年為寅、午、戌年，生時為子時、寅時、辰時、申時的人。

生年為申、子、辰年，生時為丑時、卯時、未時、亥時的人。

生年為巳、酉、丑年，生時為子時、寅時、午時、戌時的人。

生年為亥、卯、未年，生時為子時、辰時、午時、申時的人。

⑫ **在『紫微在亥』命盤格式中**，生於乙年、壬年的人。

生年為寅、午、戌年，生時為丑時、卯時、未時、亥時的人。

生年為申、子、辰年，生時為子時、寅時、午時、戌時的人。

生年為巳、酉、丑年，生時為丑時、巳時、酉時、亥時的人。

生年為亥、卯、未年，生時為卯時、巳時、未時、亥時的人。

※ 『巨火羊』的格局並不一定要在命宮，只要在命盤上存在，流年逢到三合或四方宮位時都有可能發生問題而喪命。因此格局而死亡之人死後，更會造成家人或親朋好友之間的是非、爭吵不休。

89. 巨鈴羊

『巨鈴羊』格局，和前述『巨火羊』格局一樣。是在命盤上有『巨門、鈴星、擎羊』在三合宮位、對宮或同宮出現，有時在四方宮位也能形成自殺縊死及投水自殺的格局。因為有鈴星的關係，其人自殺方法和地點更令人匪夷所思，搞不清楚那人為什麼會用那種方法，為什麼會在那種不可能地點自殺，更會留下古怪的是非糾紛，讓周遭關係人吵很久。『巨鈴羊』格局及生年、生時。請參考前述『巨火羊』格局。

巨門陷地

『巨門陷地』格局出自『斗數骨髓賦』。全句是：『巨門辰戌為陷地，辛人化吉崢嶸。』

『巨門陷地』格局，是指巨門坐命辰、戌宮之命格，辛年生有巨門化祿居陷。本命財不多。縱使有祿存在酉宮出現，為兄弟宮或僕役宮，為『紫貪、祿存』的形式，對其人助益不大。因為必有擎羊在戌宮出現，則擎羊會和巨門化祿同宮或在對宮相照。由此看來此巨門居陷在辰戌宮，即使辛年生人，也無法事業成就崢嶸的，更要小心身體健康問題，小心傷殘。

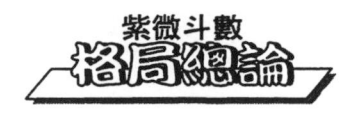

『巨門陷地』格局之形式

辛年生人為巨門化祿、擎羊在戌

10.紫微在酉

武曲(平) 破軍(平) 巳	太陽(旺) 午	天府(廟) 未	天機(得) 太陰(平) 申
天同(平) 辰			紫微(旺) 貪狼(平) 祿存 酉
卯			命宮 巨門化祿(陷) 擎羊 戌
寅	廉貞(平) 七殺(廟) 丑	天梁(廟) 子	天相(得) 亥

4.紫微在卯

天相(得) 巳	天梁(廟) 午	廉貞(平) 七殺(廟) 未	申
命宮 巨門化祿(陷) 辰			祿存 酉
紫微(旺) 貪狼(平) 卯			天同(平) 擎羊 戌
天機(得) 太陰(旺) 寅	天府(廟) 丑	太陽(陷) 子	武曲(平) 破軍(平) 亥

91. 忌暗同居

『忌暗同居』格出自『太微賦』。全句是：『忌暗同居身命疾厄沉困尪羸。』

『忌暗同居』格是指化忌星與巨門星同居於身宮、命宮、疾厄宮時，其人就會命不好，運氣差，身體不好，會瘦弱有病的樣子。其中以巨門化忌在身、命、疾厄宮時最甚。有時候會小時候瘦，大了變胖，問題更嚴重。另外，因為父母宮和疾厄宮相照的關係，因此父母宮有化忌，及巨門同入宮，也會形成疾病。有化忌及劫空在父、疾、命、身，都要小心有生癌症的危險，要早買醫療險來備用。

92. 忌暗同垣

『忌暗同垣』格出自『重補斗數彀率』。全句是：『巨暗同垣於身、命、疾厄，羸瘦其軀。』

此句：『忌暗同垣』格和前一格局大致相同，只有化忌和巨門同宮，無論是『巨門化忌』，或『天機化忌、巨門』，或是『太陽化忌、巨門』，或是『天同化權、巨門化忌、擎羊』，亦或是『巨門、文曲化忌』，亦或是『巨門、文昌化忌』。上述這些形式入命、身、疾厄宮時，其人都屬於瘦型，要小心癌症的危險，早做準備為佳。

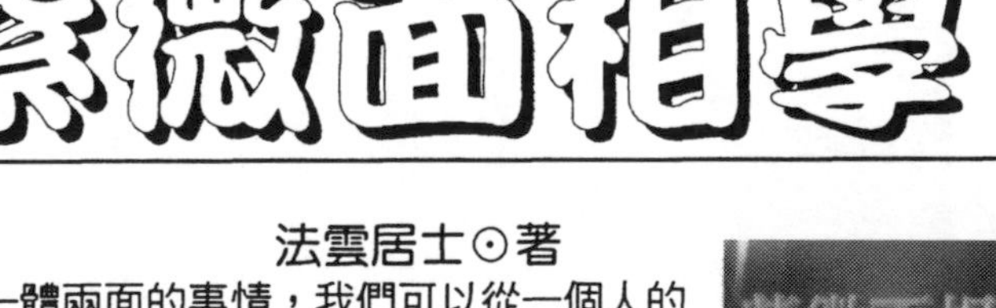

法雲居士⊙著

『面相』是一體兩面的事情，我們可以從一個人的外表來探測其內心世界，也可從一個人所發生的某些事情來得知此人的命運歷程。『紫微面相學』更是面相中的翹楚，在紫微命理裡，命宮主星便顯露了人一切的外在面貌、精神與內在的善惡、急躁、溫和。『紫微面相學』能從見面的第一印象中，立刻探知其人的內在性格、貪念，與心中最在意的事，與其人的價值觀，並且可以讓您掌握到此人的所有身家資料。『紫微面相學』是一本教您從人的面貌上，就能掌握對方性格、喜好，並預知其前途命運的一本書。

第十一章　屬於天相星的格局

天相星是勤勞的福星，在天為司爵祿之宿，亦為官祿之星，為福善，化氣為印。主人豐足衣食。天相星化氣為『印』的意思主掌權印、權符。天相也為公道星，愛講求公平，喜打抱不平，言語誠實，不虛偽，但有煞星來犯則『刑印』，其人則虛偽、好爭，無惻隱之心了。

天相星掌衣食之祿，也善於收拾殘局，能針貶時弊，亦為醫生、為相國公卿。但天相的格局並不多，又多與別的星曜合稱，如『府相朝垣』、『刑囚夾印』等等，有些在前面的章節已談過，這裡不再重覆。

93. 刑印

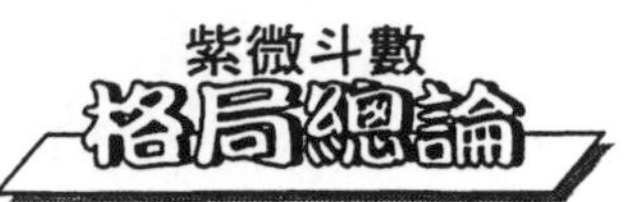

『刑印』格局，是天相逢到擎羊刑星稱之。無論同宮，或在對宮相照都為『刑印』格局。例如：命盤上有『紫破羊』同宮的，其人必有天相在對宮，而形成『刑印』格局。又有『紫相、擎羊』在命盤上的，也為『刑印』格局。如果有『破軍、擎羊』在命盤上的，對宮必有天相相照，也會形成刑印格局。

『刑印』格局，會使人懦弱，受欺侮。流年、流月走到，必有受冤枉之事，受欺侮之事發生。一九九八年，星座專家陳靖怡被殺，就是擁有此『刑印』格局。巧的是殺她的男友也正是『天相、擎羊』坐命未宮的人。

『刑印』格局，一方面看起來很懦弱，很可憐。一方面有此『刑印』格局時，其人也會有不好的想法，及陰險計謀。但要看其人當時是邪惡部份強，還是懦弱受災的部份強，你就會有什麼樣的結果。也自然要看『刑印』格局中之擎羊刑星是廟是陷才來決定，其人會懦弱遭災或是惡強闖禍的人。例如陳靖怡的男友，命宮在未，擎羊居廟，其人便是惡強闖禍的人。而陳靖怡本身的『刑印』格局中之『天相陷落、擎羊居陷』在卯宮，自然是懦弱受災的被害者了。

『刑印』格局在命、身宮，居旺時，其人好競爭，有邪惡不仁的思想，凡事有極端，想與石俱焚，陰險狡詐。**居陷時**，有懦弱、邪惡、陰險思想，也不為善類，一生無大志，也無財、無名。**在夫妻宮**，配偶為懦弱、陰險之人。其人也會內心多詭異、不善，會因想法而遭災，每日思緒不寧。**在遷移宮**，其人出生即受欺侮，可能被抽血過多，例如前總統之第一金孫即為廉相羊坐命，對宮為破軍，為『刑印』格局，出生時，臍帶血就被抽出過多。未來也易多受氣、懦弱。**在福德宮**，其人出生不正，天生懦弱無福、無用。**在財帛宮**，其人薪水常拿不到，做白工，錢財常受欺侮，也易賺不正當之錢財。**在官祿宮**，其人在工作上常受欺侮，易被告，被關監獄，一生無大用。**在父母、兄弟、子女、僕役等六親宮位時**，該親屬、朋友無法幫你，反而使你遭災。流年、流月走到災更重。

十二命盤格式會形式『刑印』格局之形式：

1 『紫微在子』、『紫微在午』、『紫微在卯』、『紫微在酉』四個命盤格式因擎羊不列四馬地，故無『刑印』格局。

2 『紫微在丑』、『紫微在未』命盤格式是丁年、己年、癸年生人會具有『刑印』格局。

3 『紫微在寅』、『紫微在申』命盤格式是丙年、戊年、壬年生人會具有『刑印』格局。並且此『刑印』格局為『廉相羊』刑囚夾印格。更凶。

4 『紫微在辰』、『紫微在戌』命盤格式是乙年、辛年生人會有『紫相羊』刑印格局。

5 『紫微在巳』、『紫微在亥』命盤格式是甲年、庚年生人會有『刑印』格局。

『刑印』格局之形式(一)

3.紫微在寅

巨門(旺) 巳	廉貞(平) 天相(廟) 擎羊 午	天梁(旺) 未	七殺(廟) 申
貪狼(廟) 辰			天同(平) 酉
太陰(陷) 卯			武曲(廟) 戌
紫微(旺) 天府(廟) 寅	天機(陷) 丑	破軍(廟) (擎羊) 子	太陽(陷) 亥

2.紫微在丑

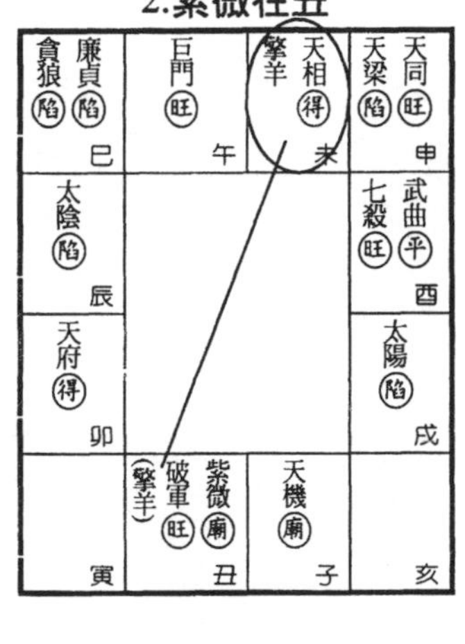

9.紫微在申

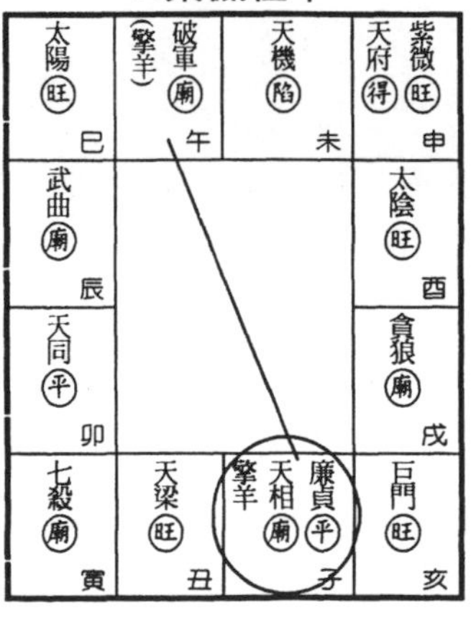

8.紫微在未

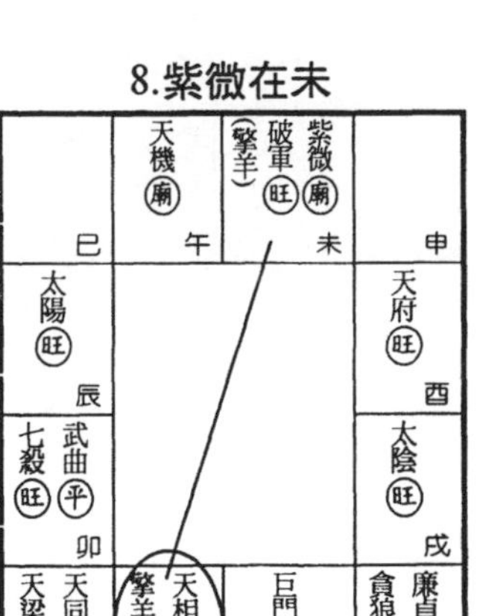

『刑印』格局之形式(二)

6.紫微在巳

紫微(旺) 七殺(平) 巳	午	未	申
天機(平) 天梁(廟) 辰			廉貞(平) 破軍(陷) (擎羊) 酉
天相(陷) 擎羊 卯			戌
太陽(旺) 巨門(廟) 寅	武曲(廟) 貪狼(廟) 丑	天同(旺) 太陰(廟) 子	天府(得) 亥

5.紫微在辰

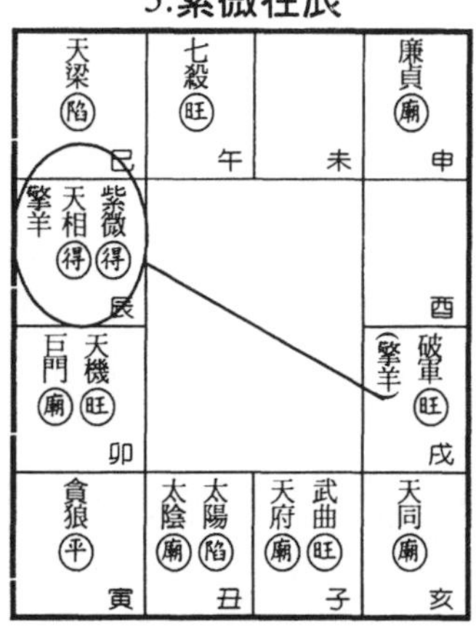

12.紫微在亥

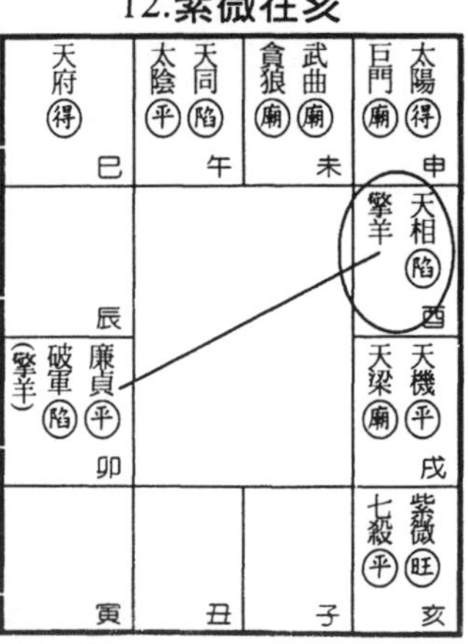

天府(得) 巳
天同(陷) 太陰(平) 午
武曲(廟) 貪狼(廟) 未
太陽(得) 巨門(廟) 申
辰
天相(陷) 擎羊 酉
廉貞(平) 破軍(陷) (擎羊) 卯
天機(平) 天梁(廟) 戌
寅
丑
子
紫微(旺) 七殺(平) 亥

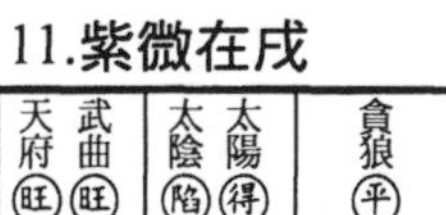
11.紫微在戌

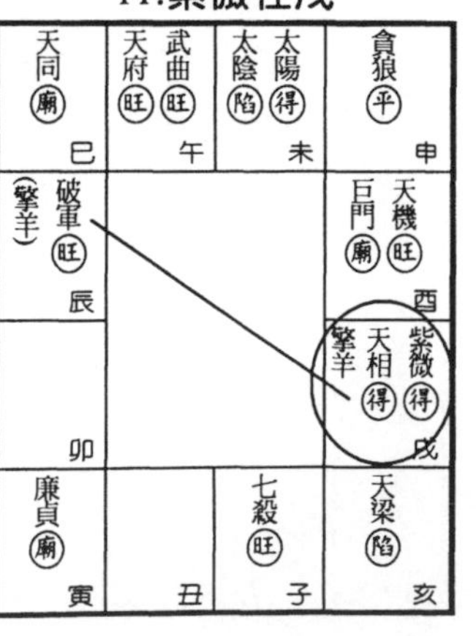

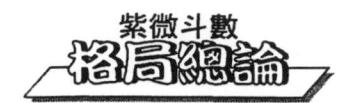

第十二章　屬於天梁星的格局

天梁星為父母星，有宰殺之權，也為官星(管也)，為福壽、司壽、化氣為蔭。天梁星為『陽梁昌祿』格中之主星，為考試運、升官運須有祖蔭、神蔭之庇祐。天梁星居旺時，有名聲大好之勢。天梁居陷時，缺貴人運，一生勞碌艱辛，故天梁在人生中有重要之地位。天梁星的好格局不少，但也有些壞格局，會製造人生怠惰及奔波無用。這是需要好好分清楚的！

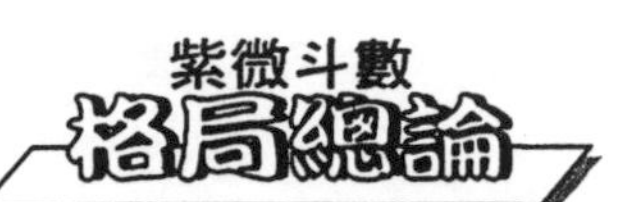

94. 善蔭朝綱

『善蔭朝綱』格出自『太微賦』。全句是：『善蔭朝綱仁慈之長。』

『善蔭朝綱』格是指天機(善星)、天梁(蔭星)在辰宮或戌宮坐命，或為身宮，主其人慈祥，有蔭福，無煞星侵擾者，兼有化吉相助者，能有主貴為大官之命格，為朝廷之綱要重臣。例如日本前首相小澤泉一郎，即是機梁坐命，而為首相，即擁有此格局。此格局生於乙年有『天機化祿、天梁化權』在命宮，或丙年生，有天機化權、天梁在命宮，都能合格有用。

『善蔭朝綱』格局之形式

其他年生

12.紫微在亥

天府(得) 巳	天同(陷) 太陰(平) 午	武曲(廟) 貪狼(廟) 未	太陽(得) 巨門(廟) 申
辰			天相(陷) 酉
廉貞(平) 破軍(陷) 卯			命宮 天機(平) 天梁(廟) 戌
寅	丑	子	紫微(旺) 七殺(平) 亥

乙年生

6.紫微在巳

紫微(旺) 七殺(平) 巳	午	未	申
命宮 天機化祿(平) 天梁化權(廟) 辰			廉貞(平) 破軍(陷) 酉
天相(陷) 卯			戌
太陽(旺) 巨門(廟) 寅	武曲(廟) 貪狼(廟) 丑	天同(旺) 太陰(廟) 子	天府(得) 亥

丙年生

6.紫微在巳

紫微(旺) 七殺(平) 巳	午	未	申
命宮 天機化權(平) 天梁(廟) 辰			廉貞(平) 破軍(陷) 酉
天相(陷) 卯			戌
太陽(旺) 巨門(廟) 寅	武曲(廟) 貪狼(廟) 丑	天同(旺) 太陰(廟) 子	天府(得) 亥

95. 財蔭夾印

『財蔭夾印』格局，出自『定富貴貧賤十等論』中之『定富局』。書上之解釋是：『相守命、財星武曲及蔭星天梁相夾天相命宮。』

但是縱觀十二個盤局之中，無一能形成此格者。主要是因為在星曜排列順序上，天梁、天相、巨門皆為南斗天府星系列的南斗星曜。天府諸星的排列法，順時針方向排太陰、貪狼、巨門、天相、天梁、七殺，此六星是連續的，中間無空位。

而武曲財星屬於紫微諸星中之北斗星曜，是逆時針方向排列的。因此**武曲最多和天相同宮在『紫微在子』或『紫微在午』兩個命盤格式之中，**是不會相夾天相星的。而會相夾天相星的，永遠是巨門和天梁星。是故此格局無法成立。

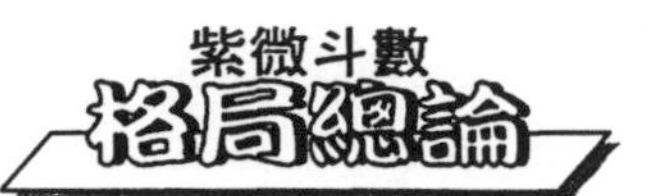

反倒是：在『紫微在丑』及『紫微在未』命盤格式中，『財印』可夾『蔭』。也就是有武曲與天相來夾天梁蔭星的狀況。但因武曲居平財少，天梁蔭星也居陷無蔭，天相印星也只在得地之位，故無主貴之貴格的意義，而無用。(請看『紫微在丑』命盤格式之示意圖。)

由『紫微在子』命盤格式到『紫微在巳』命盤格式即可看出此格局無法成立之狀況了。(『紫微在午』至…『紫微在亥』省略。)

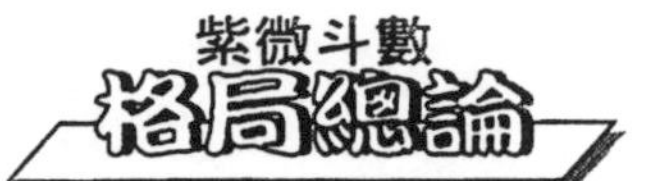

『財蔭無法夾印』之形式

1.紫微在子

太陰(陷) 巳	貪狼(旺) 午	天同(陷) 巨門(陷) 未	財 武曲(得) 印 天相(廟) 申
廉貞(平) 天府(廟) 辰			蔭 天梁(得) 太陽(平) 酉
卯			七殺(廟) 戌
破軍(得) 寅	丑	紫微(平) 子	天機(平) 亥

2.紫微在丑

廉貞(陷) 貪狼(陷) 巳	巨門(旺) 午	印 天相(得) 未	蔭 天梁(陷) 天同(旺) 申
太陰(陷) 辰			財 武曲(平) 七殺(旺) 酉
天府(得) 卯			太陽(陷) 戌
寅	紫微(廟) 破軍(旺) 丑	天機(廟) 子	亥

3.紫微在寅

暗 巨門(旺) 巳	印 天相(廟) 廉貞(平) 午	蔭 天梁(旺) 未	七殺(廟) 申
貪狼(廟) 辰			天同(平) 酉
太陰(陷) 卯			財 武曲(廟) 戌
紫微(旺) 天府(廟) 寅	天機(陷) 丑	破軍(廟) 子	太陽(陷) 亥

4.紫微在卯

印 天相(得) 巳	蔭 天梁(廟) 午	廉貞(平) 七殺(廟) 未	申
巨門(陷) 辰			酉
紫微(旺) 貪狼(平) 卯			天同(平) 戌
天機(得) 太陰(旺) 寅	天府(廟) 丑	太陽(陷) 子	財 武曲(平) 破軍(平) 亥

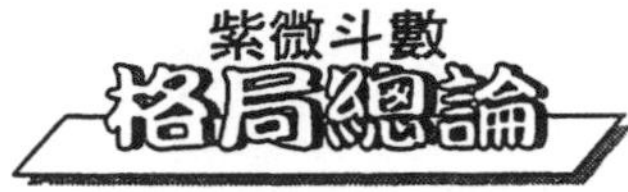

『財蔭無法夾印』之形式

6.紫微在巳

紫微(旺) 七殺(平) 巳	午	未	申
蔭 天梁(廟) 天機(平) 辰			廉貞(平) 破軍(陷) 酉
印 天相(陷) 卯			戌
太陽(旺) 巨門(廟) 寅	財 武曲(廟) 貪狼(廟) 丑	天同(旺) 太陰(廟) 子	天府(得) 亥

5.紫微在辰

蔭 天梁(陷) 巳	七殺(旺) 午	未	廉貞(廟) 申
印 天相(得) 紫微(得) 辰			酉
天機(旺) 巨門(廟) 卯			破軍(旺) 戌
貪狼(平) 寅	太陽(陷) 太陰(廟) 丑	財 武曲(旺) 天府(廟) 子	天同(廟) 亥

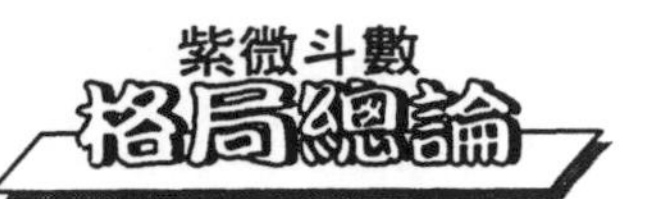

96. 蔭印拱身

『蔭印拱身』格局出自『定富貴貧賤十等論』中之『定富論』。

『蔭印拱身』格是指蔭星天梁和印星天相，二星拱照身宮，在原書小字解釋中，指：『身臨田宅，梁、相拱沖是也，勿坐空亡。』

此解釋有誤，身宮不會臨田宅宮，身宮只會臨命、夫、財、遷、福等宮。其次天梁和天相二星，在十二個命盤格式中接相鄰，緊密靠在一起。無法拱沖其他星。故此格局只有名稱好聽，無法真實形成格局。

※ **所謂『相拱』**，是指在三合宮位上，或是有兩宮相夾一宮，被夾的宮位之對宮，被稱做相拱。『拱身』，即是被夾的宮位之對宮為身宮，而稱之。

例如：如圖盤中，**第一種『三合拱照』**紫、府、廉相、武曲在三合位置上，故廉相和武曲拱照紫府。同時，廉相和紫府也拱照武曲。紫府和武曲也拱照廉相。**第二種：『相夾拱照』**例如廉相(午宮)與貪狼(辰宮)相夾巨門(巳宮)，巳宮對沖亥宮的太陽，故稱廉相、貪狼『拱照』太陽，但此無法形成美麗的格局，故無此格局存在，但『拱照』確是事實。若亥宮的太陽剛好是身宮，就叫『拱身』。

在這裡我們可看到天相和天梁是始終連在一起的，自然無法相夾其他宮位，也無法拱照其他星了。

『拱照』的狀況說明

三合拱照

3.紫微在寅

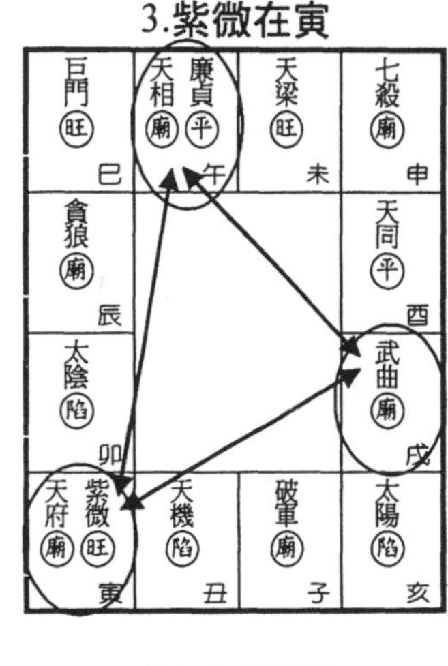

相夾拱照

3.紫微在寅

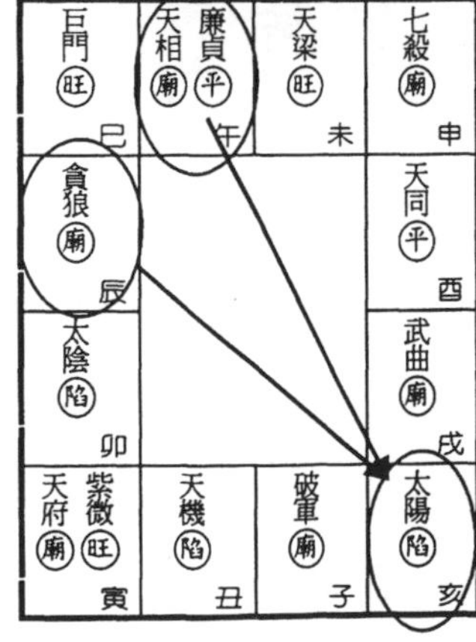

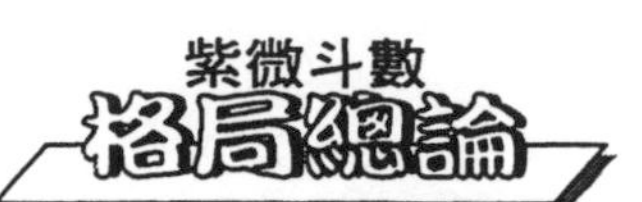

官資清顯

『官資清顯』格局出自『論諸星同位垣各同所宜，分別富貴貧賤夭壽。』中之『天梁星』之部份。全句是：『天梁居午位，官資清顯朝堂。』又出自：『斗數骨髓賦』。

『官資清顯』格局是指：『天梁在午宮坐命居廟的命格。《紫微斗數全書》中小字解釋為：『丁己癸人合格。』丁年生有祿存和天梁一起在午宮坐命。己年生有祿存和天梁化科同坐命午宮，癸年生，有祿存在子宮相照午宮的天梁。**古人以為有祿存之祿便可一世富貴**。其實不然，祿存為保守的、極小的衣食之祿。少有命宮有祿存者登上高位的人。其實祿存會限制其人的發展和主貴的運途。因為祿存被『羊陀所夾』，它只是求生存而已，對人的幫助不大。最重要的是要有『陽梁昌祿』格才有用。

『官資清顯』格局是指命格主貴命，但又清廉之天梁坐命午宮之命格。雖然在當今政壇中，我們也看到過『天梁居午位』的命格，但要說到『官資清顯』，實令人大為懷疑。所以有些命理上的格局，只是擺在那裡好看的，並不真有用。

98. 梁居午位

『梁居午位』格局出自『論諸星同位垣各同所宜，分別富貴貧賤夭壽』中之『天梁星』之部份。全句是『天梁居午位，官資清顯朝堂。』又出自『斗數骨髓賦』。

『梁居午位』格局，實與前者『官資清顯』為同一格局。請參看前一格局之解釋。

『梁居午位』格之形式

4.紫微在卯

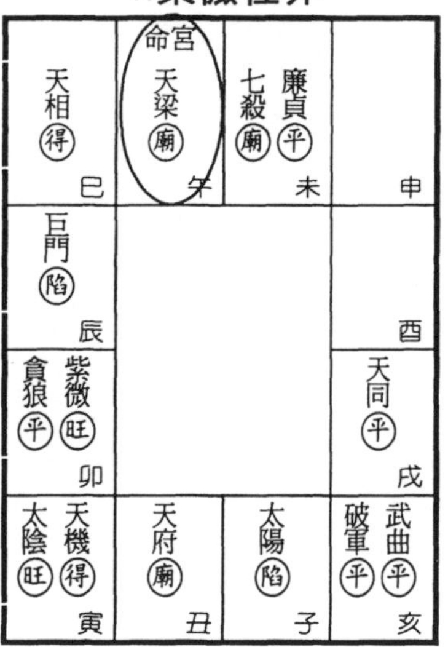

命宮
天相 得 巳
天梁 廟 午
廉貞 平 七殺 廟 未
申
巨門 陷 辰
酉
紫微 旺 貪狼 平 卯
天同 平 戌
天機 得 太陰 旺 寅
天府 廟 丑
太陽 陷 子
武曲 平 破軍 平 亥

99. 飄蓬之客

『飄蓬之客』格局出自『斗數骨髓賦』。全句是：『天梁、太陰卻作飄蓬之客。』

『飄蓬之客』格局常簡稱『飄蓬客』。主要是指天梁坐命酉宮為『太陽居平、天梁居得地』之位的命格。此命格因日落西山，其人常有倦怠感，其人財、官二位也皆弱，是較貧寒的命格，容易東飄西蕩，或做走方郎中、跌打損傷之赤腳大夫。現今多做國術館中之跌打損傷之師傅。太陰居陷坐命的人也易飄蕩奔波，主要是要去工作賺錢餬口之故。

『飄蓬之客』格局之形式

1.紫微在子

太陰(陷) 巳	貪狼(旺) 午	天同(陷) 巨門(陷) 未	武曲(得) 天相(廟) 申
廉貞(平) 天府(廟) 辰			命宮 太陽(平) 天梁(得) 酉
卯			七殺(廟) 戌
破軍(得) 寅	丑	紫微(平) 子	天機(平) 亥

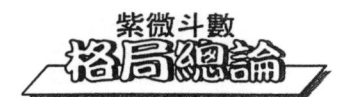

100. 梁同巳亥

『梁同巳亥』格局出自『論諸星同位垣各同所宜，分別富貴貧賤夭壽』之『天梁星』之部份。全句是：『梁同巳亥，男多浪蕩，女多淫。』

『梁同巳亥』格局是指：天梁在巳亥宮居陷坐命的命格。與天同在巳、亥宮居廟坐命的命格。此二種命格為相照的形式，互為遷移宮。

因此二命格，命坐四馬地(巳、亥宮)，天性喜奔波、遊蕩。再加上有天同在命、遷二宮都愛玩，玩有各式各樣的玩法。如果命裡桃花星多的人，就會以好色多淫的玩法，成為浪蕩子或浪蕩女了。如果命裡桃花少的人，最多不過是東跑西跑，到各國遊歷而已。古時的人安土重遷的觀念重，認為東跑西跑到各國遊歷便是遊蕩不羈，命格不好。在現代世界經濟熱絡的年代，已不做此看法。

『梁同巳亥』格局之形式

5.紫微在辰

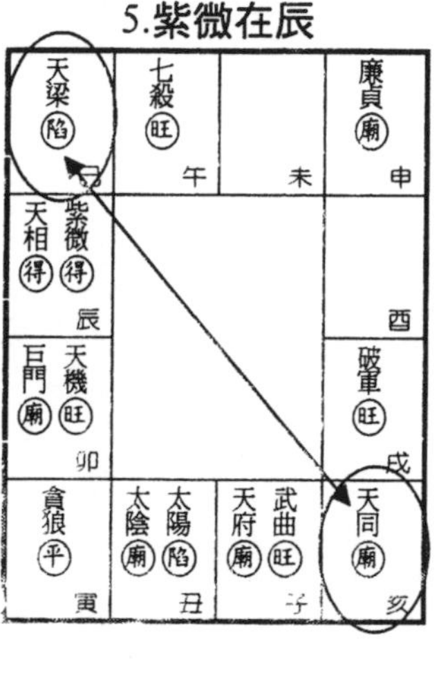

11.紫微在戌

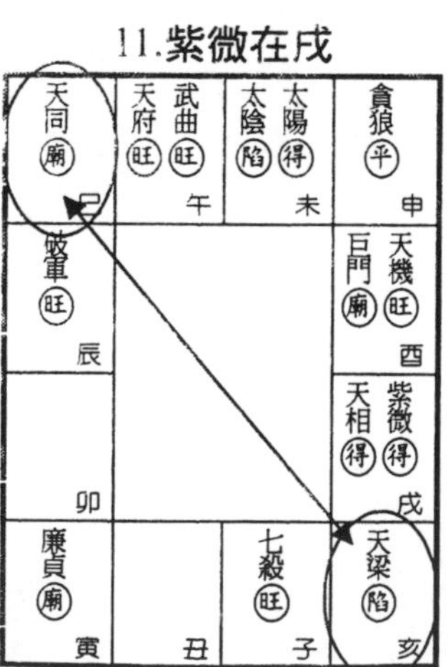

101. 天梁遇馬

『天梁遇馬』格局出自『斗數骨髓賦』。全句是：『天梁遇馬女命賤而且淫。』

『天梁遇馬』格局所指之命格為在巳、亥宮，『天梁居陷遇天馬』同宮坐命以及在寅、申宮有『天同、天梁、天馬』同坐命宮者的命格。

天馬只在寅、申、巳、亥宮出現，故此四宮亦稱『四馬宮』、『四生宮』。當命格不論是『天梁陷落、天馬』或是『天同、天梁、天馬』，其人愛奔波，喜出國及遊山玩水，或到處換工作，隨遇而安。**有天馬在命宮時**，其人好遠行、外出、在家待不久。同時也能成為別人的好助手。有此命格的女性，多半會幫忙夫婿在外打拼，做生意。而且以做國外貿易最好。

此命格的人，人生主動盪不安寧，因此無法在一處久居，其感情模式也屬動盪不穩的，這在古時是不被允許的。現今男女關係開放，已不做『命賤且淫』之解釋了。只能說是她們的人生變化多端，而不平靜罷了。

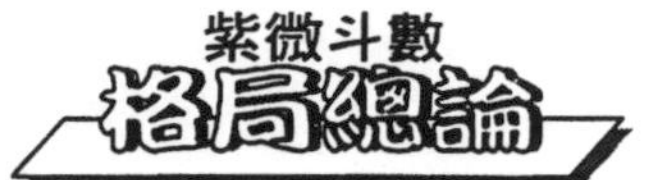

『天梁遇馬』格局之形式

2.紫微在丑

廉貞(陷) 貪狼(陷) 巳	巨門(旺) 午	天相(得) 未	命宮 天同(旺) 天梁(陷) 天馬 申
太陰(陷) 辰			武曲(平) 七殺(旺) 酉
天府(得) 卯			太陽(陷) 戌
寅	紫微(廟) 破軍(旺) 丑	天機(廟) 子	亥

5.紫微在辰

命宮 天梁(陷) 天馬 巳	七殺(旺) 午	未	廉貞(廟) 申
紫微(得) 天相(得) 辰			酉
天機(旺) 巨門(廟) 卯			破軍(旺) 戌
貪狼(平) 寅	太陽(陷) 太陰(廟) 丑	武曲(旺) 天府(廟) 子	天同(廟) 亥

8.紫微在未

巳	天機(廟) 午	紫微(廟) 破軍(旺) 未	申
太陽(旺) 辰			天府(旺) 酉
武曲(平) 七殺(旺) 卯			太陰(旺) 戌
命宮 天同(平) 天梁(廟) 天馬 寅	天相(廟) 丑	巨門(旺) 子	廉貞(陷) 貪狼(陷) 亥

11.紫微在戌

天同(廟) 巳	武曲(旺) 天府(旺) 午	太陽(得) 太陰(陷) 未	貪狼(平) 申
破軍(旺) 辰			天機(旺) 巨門(廟) 酉
卯			紫微(得) 天相(得) 戌
廉貞(廟) 寅	丑	七殺(旺) 子	命宮 天梁(陷) 天馬 亥

102. 曲遇梁星

『曲遇梁星』格局出自『斗數骨髓賦』。全句是：『曲遇梁星位至台綱。』

『曲遇梁星』格是指文曲與天梁雙星皆居旺同宮入命，命格主貴。會有高位做官至政府重要職位的位置。此格局以『陽梁、文曲在卯宮坐命』、以及『天梁、文昌、文曲』在丑宮皆居旺廟，以及『天梁、文曲』在子宮皆居旺廟等三個命格合格。其人才可能有高位主貴。文曲在寅、午、戌居陷。故『紫微斗數全書』中之小字解釋稱『午宮安命，天梁坐守是也』此為錯誤之解釋。『斗數發微論』中有說：『昌曲在凶鄉，林泉冷淡，奸謀頻設。』也就是說文曲、文昌居陷時，是無法主貴，以至位至台綱的。故原書後加之解釋有誤。

『曲遇梁星』格局可能之形式

9.紫微在申

太陽(旺) 巳	破軍(廟) 午	天機(陷) 未	紫微(旺) 天府(得) 申
武曲(廟) 辰			太陰(旺) 酉
天同(平) 卯			貪狼(廟) 戌
七殺(廟) 寅	天梁(旺) 文昌 文曲 丑	廉貞(平) 天相(廟) 子	巨門(旺) 亥

7.紫微在午

天機(平) 巳	紫微(廟) 午	未	破軍(得) 申
七殺(廟) 辰			酉
太陽(廟) 天梁(廟) 文曲 卯			廉貞(平) 天府(廟) 戌
武曲(得) 天相(廟) 寅	天同(陷) 巨門(陷) 丑	貪狼(旺) 子	太陰(廟) 文昌 亥

10.紫微在酉

武曲(平) 破軍(平) 巳	太陽(旺) 午	天府(廟) 未	天機(得) 太陰(平) 申
天同(平) 辰			紫微(旺) 貪狼(平) 酉
卯			巨門(陷) 戌
文昌 寅	廉貞(平) 七殺(廟) 丑	天梁(廟) 文曲 子	天相(得) 亥

貴入貴鄉

『貴入貴鄉』格出自『太微賦』。全句是：『貴入貴鄉逢者獲祿。』『貴入貴鄉』格，是指命宮及身宮有主貴之天梁星，再有化權星同宮便是。指天梁化權居廟、旺坐命是也。天梁化權是乙年生人所有的。同時會有天機化祿、太陰化忌、紫微化科。因天梁化權坐命，三合宮位中必有太陰化忌在財帛宮。故此句『貴入貴鄉逢者獲祿。』便不準了，反而有薪資上之拮据困擾。

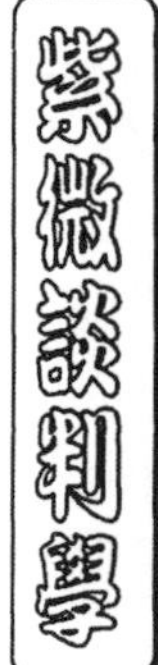

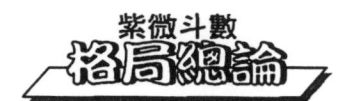

『貴入貴鄉』以下面兩個盤局來做例子，格局無法成立。

9.紫微在申　　4.紫微在卯

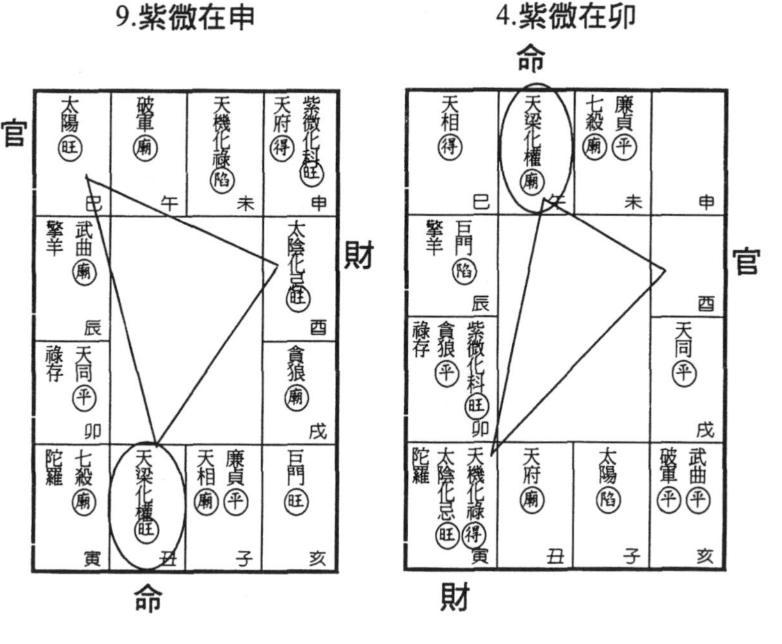

104. 坐貴向貴

『坐貴向貴』格出自『定富貴貧賤十等論』中之『定貴格』。

『坐貴向貴』格是指天梁居廟坐於子宮，對宮有太陽化權或太陽化祿居旺的命格。其人有大好人生。亦要形成『陽梁昌祿』格。以及運程要好，要逆時針方向行運(陰男陽女)，較能合於此格。以庚年生人有太陽化祿，易形成『陽梁昌祿』格，較為合格，辛年生人雖有太陽化權，但有文昌化忌，無法形成完美的『陽梁昌祿』格，故『坐貴向貴』較難達成。

《紫微斗數全書》中原解稱有魁鉞相照守稱之。魁鉞的力量小，不足以主大貴。對人生也難有影響，只是好看而已。

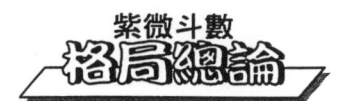

『坐貴向貴』格，庚年戌時生入格

天梁坐命子宮者

10.紫微在酉

武曲(平) 破軍(平) 巳	太陽化祿(旺) 午	天府(廟) 未	天機(得) 太陰(平) 申
天同(平) 辰			紫微(旺) 貪狼(平) 酉
卯			巨門(陷) 戌
寅	廉貞(平) 七殺(廟) 丑	天梁(廟) 文昌 子	天相(得) 亥

命

第十三章　屬於七殺星的格局

七殺星為斗中上將，五行屬火金。為成敗之孤辰。七殺為煞星，所屬之格局多半為強悍或殺絕的格局。有些七殺的格局，如『廉殺羊』路上埋屍格，及『武殺羊』因財被劫格，皆在前面已談過了，不再重複。

105. 七殺朝斗格

『七殺朝斗』格出自『斗數骨髓賦』。全句是：『七殺朝斗爵祿榮昌。』

『七殺朝斗』格是專指七殺坐命申宮的命格。七殺坐命申宮，面朝向斗內(命盤方型如斗)。七殺在申宮(五行屬水的宮位)。七殺五行屬火金，會較冷靜、舒適。此命格雖也有打拼力，環境不錯，但安享多一點。命格中有『武貪格』暴發運，又因為此命盤中有『日月反背』的格局，容易中年以後怠惰。必須有化權、化祿在財、官二位，才會真正用心打拼，也會暴發在事業上。能為大將軍，做文職亦吉。此格反不如『七殺仰斗格』好。

『七殺朝斗』格之形式

3.紫微在寅

巨門(旺) 巳	廉貞(平) 天相(廟) 午	天梁(旺) 未	命宮 七殺(廟) 申
貪狼(廟) 辰			天同(平) 酉
太陰(陷) 卯			武曲(廟) 戌
紫微(旺) 天府(廟) 寅	天機(陷) 丑	破軍(廟) 子	太陽(陷) 亥

106. 七殺仰斗格

出自『斗數骨髓賦』。全句是：『朝斗仰斗爵祿榮昌。』

『七殺仰斗格』是專指七殺坐命寅宮的命格。七殺坐命寅宮，而向上仰望斗內(命盤方型如斗)。七殺五行屬火金。寅宮為木火旺之宮位，金木相剋，使七殺發奮，也會較辛勞。再加上財、官二位的『武貪格』暴發運，以及『日月俱明』的兩個大好運，一生成就未可限量。此格局是『財、官並美』之格局。也是富貴爵榮的格局。財、官二位再有化權、化祿，能暴發極大的偏財運。發在事業上，能成就大事業。

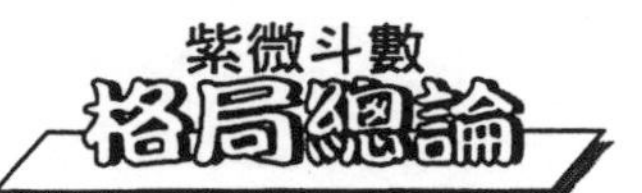

『七殺仰斗』格之形式

9.紫微在申

太陽(旺) 巳	破軍(廟) 午	天機(陷) 未	紫微(旺) 天府(得) 申
武曲(廟) 辰			太陰(旺) 酉
天同(平) 卯			貪狼(廟) 戌
命宮 七殺(廟) 寅	天梁(旺) 丑	廉貞(平) 天相(廟) 子	巨門(旺) 亥

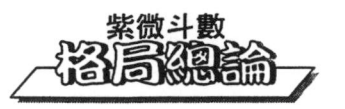

107. 殺臨絕地

『殺臨絕地』格局出自『太微賦』。全句是：『殺臨絕地，天年夭似顏回。』在『重補斗數彀率』中有：『殺居絕地生成三十二之顏回。』在『論星要論』中『七殺星』的部份也有一句為：『殺臨絕地會羊陀顏回夭折。』

『殺臨絕地』格是指『大運、流年、流月』之運氣逢到殺星居陷位或殺星與其他星同宮，三重逢合代表凶運至極時，容易夭命，不吉。

※ **七殺只有和紫微同宮在巳、亥宮時**，是紫微居旺、七殺居平。因為有紫微會管制七殺作惡，並能為之趨吉避凶。故『紫殺運』反而能打拼，並不算凶。

由此看來殺臨絕地，只能說是七殺和武曲同宮，或七殺和廉貞同宮，因為『武殺』是『因財被劫』的格式，加擎羊是『武殺羊』很凶，有劫財劫命之憂。而『廉殺』也會窮困與悶著頭苦幹或白幹，加擎羊，為『廉殺羊』，為『路上埋屍』格。

當七殺單星時，在寅、申、辰、戌宮居廟，在子、午宮居旺，皆不是陷地。因此，**『殺臨絕地』只能指『武殺』及『廉殺』的格局宮位為絕地了**。因此命格或運程走到此二宮位，要小心。

如何掌握婚姻運

108. 七殺流羊

『七殺流羊』格局出自『論諸星同位垣各同所宜，分別富貴貧賤夭壽。』中之『七殺星』之部份。全句是：『七殺流羊遇官符離鄉遭配。』

『七殺流羊』格是指：在流年運程中，有『七殺、擎羊加官符』的運程時，易遭官司罪罰，被發配離鄉至邊界苦寒之所。

※　官符星是『流年歲前諸星』中之一，為戊級星，其力量小。但具有打官司、被提告訴、被罰之意義。此星以年支來排列。年支為子、丑……從辰、巳……開始排。戊級星常須要三、四個星才能在流年、流月中有所作用。故流年、流月只要碰到『七殺、擎羊』就一定會有災了。各種災禍都可能發生，例如破財、被騙、破產，或自己騙人被告、被通

緝、被抓、坐牢。或有血光、開刀、病痛、車禍、傷災、死亡，一切的禍事都會發生，這是一般人逢到『七殺、擎羊』運的狀況。命宮有『七殺、擎羊』或三合宮位有『七殺、擎羊』時，千萬要小心流年走到此宮位，會有傷災、病痛、車禍、死亡之現象。更會因自己不好的、邪惡的想法害人害己，以致性命不保。此命格者更不可做生意。本命即是刑剋極重之人，對周圍的人來說，都是一種刑剋。即使是自家人中有此命格，也要保持距離，以策安全，以防被剋到。

如何掌握你的桃花運

109. 七殺重逢

『七殺重逢』格局出自『論諸星同位垣各同所宜，分別富貴貧賤夭壽。』中之『七殺星』之部份。全句是：『七殺重逢四殺腰駝背曲陣中亡。』

『七殺重逢』格是指：

一　是指在『流年』中，大運、流年、流月皆逢七殺運，三度重逢而稱之。

二　是指七殺若與擎羊、陀羅、火星、鈴星四煞同宮坐命時之狀況。『七殺與陀羅』同宮坐命時，會有腰駝(駝背羅鍋)、背彎曲的身體狀況。『七殺與擎羊』同宮坐命時，會有肝病、脊椎骨之毛病、眼目之疾、遭劫殺、在戰爭中陣亡、或突然疾病身亡。『七殺、火星』、『七殺、鈴星』同宮坐命的人，也要小心遭劫殺，或在戰爭中陣亡，或突發疾病而亡之危險。因為火、鈴皆主意外災害。

110. 七殺沉吟

『七殺沉吟』格局出自『女命骨髓賦』。全句是：『七殺沉吟福不榮。』

『七殺沉吟』格局是指：七殺坐命者又為女性者，性格剛強有大丈夫氣慨，可為女將。喜歡掌權，或奪夫權，會家庭不和。在古代較不喜歡如此女性的命格，認為會無法享清福。在現代，能幹的女性也能有大事業，某些人也家庭顧得不錯。但七殺坐命的女性仍要小心傷災、病災及小心健康保養，否則有壽不長的問題。

111. 暴虎馮河

『暴虎馮河』格局出自《紫微斗數全書》中之『形性賦』。全句是：『七殺如子路暴虎馮河。』

『暴虎馮河』格是指其人能憑雙手與虎搏鬥，能不憑藉船隻，自己就能游過河去。這是比喻其人力大無窮，體力過人的能力。此格局中指明子路有此能力，而且點明子路是七殺坐命者。有此能力者，必為七殺、陀羅居廟在辰、戌宮之人。

能暴虎馮河的七殺坐命者，必為粗壯之人，也多半為莽夫。命宮如果有『七殺、擎羊』之人，必為陰險之人，喜歡佔便宜，不喜歡辛苦，因此不會做『暴虎馮河』之事。命宮有『七殺、火星』、『七殺、鈴星』之人，

太聰明，專想一些古怪的方法或讓別人去冒險，自己也不會去。命宮有『七殺居廟、陀羅居陷』的人(在寅、申、巳、亥宮)，雖粗俗又笨，但又有另外之小聰明，且身體較矮小，無法有體力去做『暴虎馮河』之事。故只有『七殺居廟、陀羅居廟』在辰、戌宮的人，會做此事了。在丑、未宮是『廉殺、陀羅』，雖笨又魯莽，多遇災難，本身無此大無謂之精神，只會糊里糊塗的，因自己的愚蠢遭災。故也不可能『暴虎馮河』。

※ 此格局中仍要小心丙年生人，有廉貞化忌在對宮，有頭腦不清楚及血光之災亡。

『暴虎馮河』格局之形式

1.紫微在子

太陰(陷) 巳	貪狼(旺) 午	巨門(陷) 天同(陷) 未	天相(廟) 武曲(得) 申
天府(廟) 廉貞(平) 辰			天梁(得) 太陽(平) 酉
卯			命宮 陀羅 七殺(廟) 戌
破軍(得) 寅	丑	紫微(平) 子	天機(平) 亥

7.紫微在午

天機(平) 巳	紫微(廟) 午	未	破軍(得) 申
命宮 陀羅 七殺(廟) 辰			酉
天梁(廟) 太陽(廟) 卯			天府(廟) 廉貞(平) 戌
天相(廟) 武曲(得) 寅	巨門(陷) 天同(陷) 丑	貪狼(旺) 子	太陰(廟) 亥

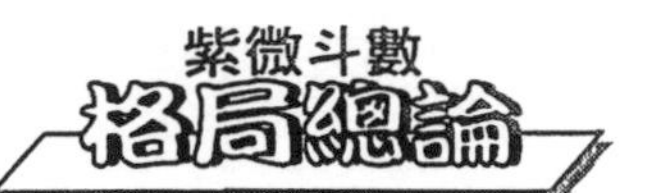

七殺守身

『七殺守身』格局出自『斗數骨髓賦』。全句是：『七殺守身終是夭。』

『七殺守身』格局是指：七殺在身宮者，容易早夭，不長命。

『斗數骨髓賦』中有云：『立命便知貴賤，安身即曉根基。』就是說：看人命宮便知道是主貴或平庸了。看人之身宮所在之處，便知道其人各方面的根基如何了。例如：榮華富貴、天生的財與壽、天生的資源等等。故當七殺在身宮時，表示天生之根基即受到剋害，根基不牢固，自然容易早夭了。前面一則格局講到顏回三十二歲早夭，似乎也是根基不好。

在我另一本書中『假如我是一個算命的』書中談到『章孝嚴、章孝慈這對雙胞胎，為何章孝慈先亡？』時，有談到：雙胞胎的出生時間為同一時辰，除非生在時辰交換點上，否則命格是一樣的，但命運又有不同。這就是雙胞胎雖命格一樣，但後生出的弟弟或妹妹，要把身宮向後挪一位為身宮。這就是兩人命格不同之處了。如果身宮向後挪一位時的宮位比早生的兄姐星曜居旺較好，其人則命運優於早生的人。如果不吉，則命運較差。有些雙胞胎一生命運都差不多，是因為兩人的身宮，雖後生者向後挪一宮，其宮中之星也為機、月、同、梁等溫和之星，故無大差異。

像章孝嚴之命宮在酉，為文曲坐命對宮有機巨相照，身宮在財帛宮為天梁陷落在巳宮，而章孝慈的命宮也為文曲在酉宮，身宮向後挪一位為七殺，因此『七殺守身終是夭。』

章孝嚴、章孝慈先生 命盤

財帛宮 天梁化祿(陷) 文昌 孝嚴身宮 癸巳	子女宮 七殺 天空 右弼 孝慈身宮 甲午	夫妻宮 火星 乙未	兄弟宮 廉貞 左輔化科 丙申
疾厄宮 紫微化權 天相 地劫 壬辰			命宮 文曲 鈴星 丁酉
遷移宮 天機 巨門 辛卯			父母宮 破軍 陀羅 戊戌
僕役宮 貪狼 庚寅	官祿宮 太陽 太陰 辛丑	田宅宮 武曲化忌 天府 擎羊 庚子	福德宮 天同 祿存 己亥

113. 殺星倒限

『殺星倒限』出自『斗數準繩』。全句是：『若見殺星倒限最凶。』

『殺星倒限』格局是指：有殺星在運限之中，會有凶厄之事。此處所謂之『殺星』包括七殺、破軍、擎羊、陀羅、火星、鈴星、天空、地劫、化忌等星。『運限』則指大運、流年、流月⋯⋯等。

因此『殺星倒限』格局是指在大運、流年、流月中有殺、破、羊、陀、火、鈴、空、劫、化忌進入逢到，則有災禍。包括受傷、血光、車禍、破財、被騙、被倒賬、打官司、糾紛、生病、開刀、死亡等災禍。

114. 七殺臨身

『七殺臨身』格局出自『論諸星同位垣各同所宜，分別富貴貧賤夭壽。』中之『七殺星』之部份。全句是：『七殺臨身命流年刑忌災傷。』

『七殺臨身』格局指：七殺在身宮或命宮，有不好的流年走到，例如有刑星羊、陀或忌星臨到的流年，都會有災禍、傷害或血光、官非之事。此格局和『七殺守身』類似。

第十四章　屬於破軍星的格局

破軍星，五行屬水，是專司夫妻、子息、奴僕之神。在天為殺氣，在數為耗星，化氣為耗。破軍為煞星之一，故所成之格局多半為凶格，但在論命上也不能不知幾個有名的格局，對算命是有幫助的。

115. 破軍子午

『破軍子午』格局出自『斗數骨髓賦』。全句是：『子午破軍加官進爵。』又在『諸星要論』中『破軍星』之部份，全句是：『破軍子午宮無殺官資清顯至三公。』

『破軍子午』格局是指坐命子、午宮的破軍居廟坐命者，如果甲年生有破軍化權在命宮，遷移宮有廉貞化祿、天相相照、權祿相逢，或己年生，夫官二位有權祿(官祿宮為貪狼化權，夫妻宮有武曲化祿)或庚年生有武曲化權在夫妻宮的人，都有機會做高官或大事業。

例如前中國主席江澤民先生為『破軍、鈴星』坐命子宮的人。

『破軍子午』格局之形式

9.紫微在申

太陽 旺 巳	破軍 廟 午	天機 陷 未	紫微 旺 天府 得 申
武曲 廟 辰			太陰 旺 酉
天同 平 卯			貪狼 廟 戌
七殺 廟 寅	天梁 旺 丑	廉貞 平 天相 廟 子	巨門 旺 亥

3.紫微在寅

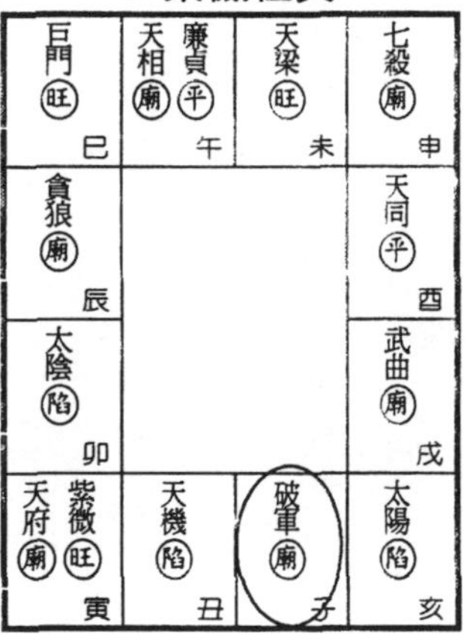

巨門 旺 巳	廉貞 平 天相 廟 午	天梁 旺 未	七殺 廟 申
貪狼 廟 辰			天同 平 酉
太陰 陷 卯			武曲 廟 戌
紫微 旺 天府 廟 寅	天機 陷 丑	破軍 廟 子	太陽 陷 亥

水中作塚

『水中作塚』格局出自『太微賦』。全句是：『破軍暗曜同鄉水中作塚。』

『水中作塚』格是指命格中有『破軍、文昌』或『破軍、文曲』同宮或相照時，會有水厄，流年走到時，不可至水邊玩耍或乘船、游泳皆不可，以防會溺斃，以水中作塚。

原句中『破軍暗曜同鄉』，巨門為『暗曜』。破軍不會和巨門在四方、三合位置遇見，稱為不同垣，故也不會成為同鄉。此句有錯。巨門另有『巨火羊』格局也會投河、自縊等自殺，但兩格局同為溺斃身亡，但有不同，『水中作塚』格是意外身亡。

『水中作塚』格中凡是破軍和文昌、文曲相遇(同宮或相照)皆算，都會窮且有水厄，要小心。無論『破軍單星遇昌曲』，或『廉破遇昌曲』，或『武破遇昌曲』，或『紫破遇昌曲』皆主窮困，有水厄。只要有此形成格

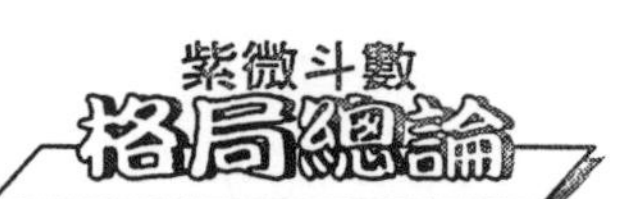

局在命盤中，不一定要在命宮，就會具有此格。大家要小心！

其實文昌、文曲和天相同宮時，因破軍在對宮，也會形成此『水中作塚』格。

117. 一生孤貧

『一生孤貧』格局出自『定富貴賤十等論』中之『定貧賤局』中之格局。在『諸星問答論』中也有談到破軍『與文星守命一生貧士。』

『一生孤貧』格局亦是指破軍加文昌坐命，或是破軍加文曲坐命者為『一生貧士』、『一生孤貧』。這包括『紫破加文昌、文曲』同坐命丑、未宮者，以及『廉破、文昌』坐命或『廉破、文曲』坐命卯、酉宮，或是『武破加文昌』或『武破加文曲』坐命巳、亥宮者，都會主窮，且有水厄。有的人大運好一點時，只是錢不夠花而已，還看不出來，但大運不佳時，份外窮困。

118. 眾水朝東

『眾水朝東』格局出自『太微賦』。全句是：『文耗居於寅卯眾水朝東。』

『眾水朝東』格是指：一、文昌星或文曲星(二文星)，加廉貞、破軍二星居於卯宮坐命者稱之。二、文昌星或文曲星加破軍單星居於寅宮者稱之。因破軍五行屬水，而寅、卯代表東方。文曲星屬水，文昌星屬金，金水相生，因水多之故，故稱眾水朝東，朝向東方流去，表示其人命窮，一生辛苦也將會付之東流，無法積富。

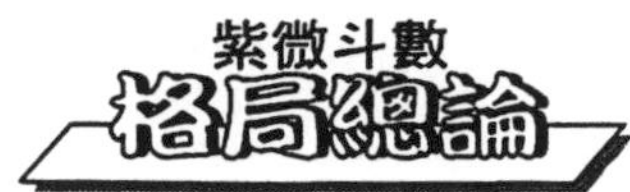

『眾水朝東』格局之形式

1.紫微在子

太陰(陷) 巳	貪狼(旺) 午	天同(陷) 巨門(陷) 未	武曲(得) 天相(廟) 文昌 文曲 申
廉貞(平) 天府(廟) 辰			太陽(平) 天梁(得) 酉
卯			七殺(廟) 戌
命宮 破軍(得) 文昌 文曲 寅	丑	紫微(平) 子	天機(平) 亥

12.紫微在亥

天府(得) 巳	天同(陷) 太陰(平) 午	武曲(廟) 貪狼(廟) 未	太陽(得) 巨門(廟) 申
辰			天相(陷) 文昌 文曲 酉
命宮 廉貞(平) 破軍(陷) 文昌 文曲 卯			天機(平) 天梁(廟) 戌
寅	丑	子	紫微(旺) 七殺(平) 亥

119. 耗居祿位

『耗居祿位』格局出自『太微賦』。全句是：『耗居祿位，沿途乞食。』

『耗居祿位』格局就是指有破軍在財帛宮。這是命宮有貪狼坐命的人。因為貪狼坐命者皆很貪心，又花錢耗費大，不會理財，容易耗財，花錢不手軟，如果不節省，不節制的話，很容易變窮。官祿宮也算是祿位。有破軍星在官祿宮的人，是七殺坐命者，他們也愛花錢不手軟。故也是看本命的財有多少，但都要小心有此『格局』時，會刑財，如果本命的財不多，則直接會刑到生命的財，就會生病或短命了。

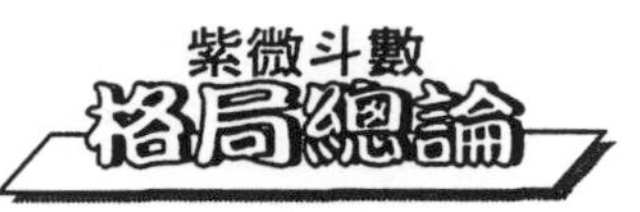

120. 耗居敗地

『耗居敗地』格局出自『重補斗數彀率』。全句是：『耗居敗地沿途丐求。』

『耗居敗地』格局是指破軍居平陷之位，例如『廉貞、破軍』居於卯、酉宮，為破軍居陷。又例如『武曲、破軍』在巳、亥宮，雙星皆居平。此兩種命格皆主窮困。運程遇此二運時，會向旁人借貸、求助。此二命格的人也不主富。皆因『耗居敗地』居陷之故。尤其破軍屬水，以在卯宮的廉破，及在巳宮的『武破』，最為合此格，因受剋最重。

121. 破貪祿馬

『破貪祿馬』格局出自『論諸星同位垣各同所宜，分別富貴貧賤夭壽。』中之『破軍星』之部份。全句是：『破軍貪狼逢祿馬男多浪蕩女多淫。』

『破貪祿馬』格局是指破軍及貪狼兩個命格，如果再遇化祿與天馬星，則男女皆愛酒色玩樂。破軍、貪狼要遇天馬，必在寅、申、巳、亥宮。有破軍化祿必是癸年生之人。有貪狼化祿必是戊年所生之人。也就是說，命坐寅、申宮之貪狼化祿坐命或破軍化祿坐命，以及命坐巳、亥宮之『武曲、破軍化祿』坐命，或是『廉貞、貪狼化祿』坐命者，這四種命格有桃花多，好情色遊戲，為浪蕩多淫之人。

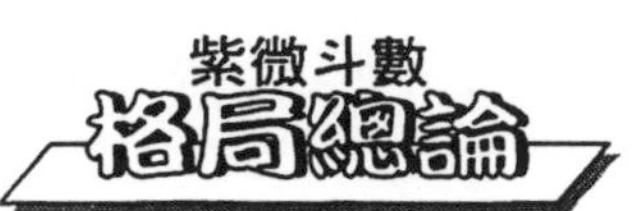

※ 貪狼本身為大桃花星，再加化祿，更為油滑，桃花更多，群蜂浪舞，無法稍停。無論貪狼化祿居旺或居陷，皆有此癖好，只是對象格調高低而已。

※ 破軍化祿為為了破耗而找錢財來破耗。如果是『武曲、破軍化祿』坐命的人，為了面子要上酒家，或八字命中桃花多，也會因沉迷酒色而浪蕩不歸家。這是本命即破耗，不破不行，終會敗家，一事無成。

紫微姓名學

法雲居士⊙著

中國的姓名學是淵遠流長，具有文字美的產物。姓名代表了人的階級、地位、財富、知識水準、一生的福祿、身體的狀況、才華狀況等。

因此一個人的姓名，實在是透露了其人本身的身家資料以及向外界傳達的訊息。

好的姓名會財官並美、福壽安康的機會比別人強，不是沒有道理的。

法雲居士將命理師專業使用的取名法，公開給大眾。『紫微姓名學』會讓你重新認識自己姓名的吉凶，也幫助你改善自己的財祿人生。

第十五章　屬於祿星的格局（化祿及祿存）

祿星包括祿存及化祿。祿存星為真人之宿。主人貴爵、掌人壽基。若獨守命宮而無吉化，則以守財奴論。祿星多半以身宮、命宮、田宅宮、財帛宮為最要緊，能主富。但祿存不居四墓之地。這是因為辰、戌為魁罡，丑、未為貴人之門，故祿存以避之。

化祿為福德之神，守身、命、官祿之位，財官並美。運程逢之，也吉慶滿堂。但有殺湊，即為平常人之命格了。

祿星最怕殺星同宮侵擾，有羊、陀、火、鈴、劫、空、化忌，都會刑剋祿星，稱為『祿逢沖破』，而失去財祿及進財機會。

祿星的格局大多是好的格局，只有三個左右的格局是惡格。這也看得出命理學中對『祿星』的重視了。

雙祿重逢

『雙祿重逢』格局出自『論諸星同位垣各同所宜，分別富貴貧賤夭壽。』中之『祿存星』之部份。全句是：『雙祿重逢終身富貴。』

『雙祿重逢』格局的形式有同宮和在對宮相照的兩種形式。例如：

①**甲年生**，有A、『廉貞化祿、祿存』在寅宮同宮。B、『廉貞化祿』在申宮，『祿存』在寅宮相照。

②**乙年生**，有A、『天機化祿、巨門、祿存』在卯宮同宮。B、『天機化祿、巨門』在酉宮，卯宮有『祿存』相照。

③**丙年生**，有A、『天同化祿和祿存』同宮在巳宮。B、有『天同化祿』在亥宮，『祿存』在巳宮相照。

④**丁年生**，有A、『天同化權、太陰化祿、祿存』在午宮同宮。B、

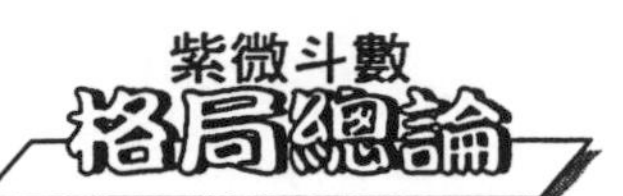

有『天同化權、太陰化祿』在子宮，而『祿存』在午宮相照。

⑤ **戊年生**，有A、『廉貞、貪狼化祿、祿存』在巳宮同宮。B、有『廉貞、貪狼化祿』在亥宮，有『祿存』在巳宮相照。

⑥ **己年生**，有A、『武曲化祿、天府、祿存』同宮於午宮。B、有『武曲化祿、天府』在子宮，『祿存』在午宮相照。

⑦ **庚年生**，有A、『太陽化祿、巨門、祿存』在申宮同宮。B、有『太陽化祿、巨門』在寅宮，申宮有『祿存』相照。

⑧ **辛年生**，有A、『天機、巨門化祿、祿存』在酉宮同宮。B、有『天機、巨門化祿』在卯宮，酉宮有『祿存』相照。

⑨ **壬年生**，有A、『天梁化祿、祿存』同宮在亥。B、有『天梁化祿』在巳宮，亥宮有『祿存』相照。

⑩ **癸年生**，有A、『破軍化祿、祿存』同宮於子宮。B、有『破軍化祿』在午宮，子宮有『祿存』相照。

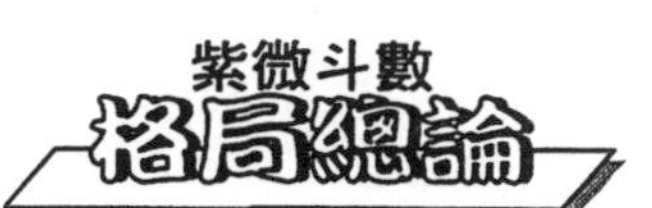

以上有十種年干的人，各有其『雙祿重逢』的格式，逐一不同。但是，各位要注意的是：雙祿雖集中於同位垣，無論同宮或相照，觀命時仍有幾個原則要注意。**(1)同宮的力量較大**。對宮相照次之。**(2)化祿跟隨主星的旺弱而有旺陷之分**。並且要看主星所代表之意義為何，而以那方面的化祿而加分。例如：『廉貞化祿』是享受桃花色情，與癖好享受方面的祿。因此喜歡蒐集東西，以及男女情愛。而『天同化祿』是自然而然得到的享福的機會跟享受。因此會較懶，凡事有好命能坐享其成。並不是帶有化祿，便為富翁的。

另一方面，**(3)祿存為保守小氣頑固的財星**，它與化祿同宮時，會縮小及固定了化祿所帶來之財富。**(4)祿星的財，並不一定只指錢財**，就連感情、健康、壽命長短、人際關係、智慧、成就也都屬於生命的財與祿的部份。

因此，『雙祿重逢』格在命格中，並不能成為大富翁。比較能看得到的是人際關係較圓滑而已。由後面的圖例中，大家也可看到『雙祿重逢』之格局，大多存在於『紫微在辰』與『紫微在戌』兩個命盤格式之中。

乙年生『雙祿重逢』之形式

5.紫微在辰

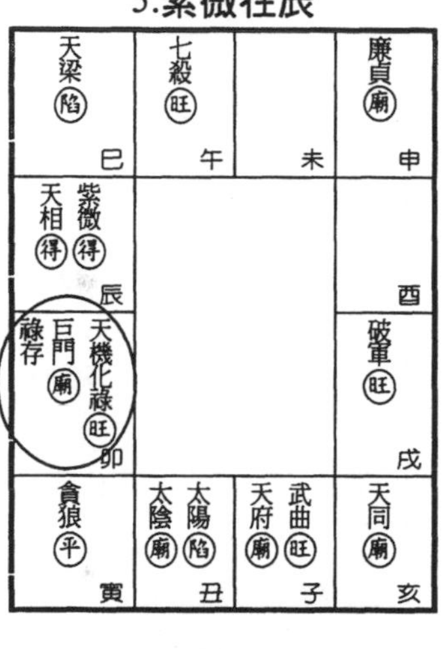

天梁 陷 巳
七殺 旺 午
未
廉貞 廟 申
紫微 得 天相 得 辰
酉
天機化祿 旺 巨門 廟 祿存 卯
破軍 旺 戌
貪狼 平 寅
太陽 陷 太陰 廟 丑
武曲 旺 天府 廟 子
天同 廟 亥

11.紫微在戌

天同 廟 巳	武曲 旺 天府 旺 午	太陽 得 太陰 陷 未	貪狼 平 申
破軍 旺 辰			天機化祿 旺 巨門 廟 酉
祿存 卯			紫微 得 天相 得 戌
廉貞 廟 寅	丑	七殺 旺 子	天梁 陷 亥

甲年生『雙祿重逢』之形式

11.紫微在戌

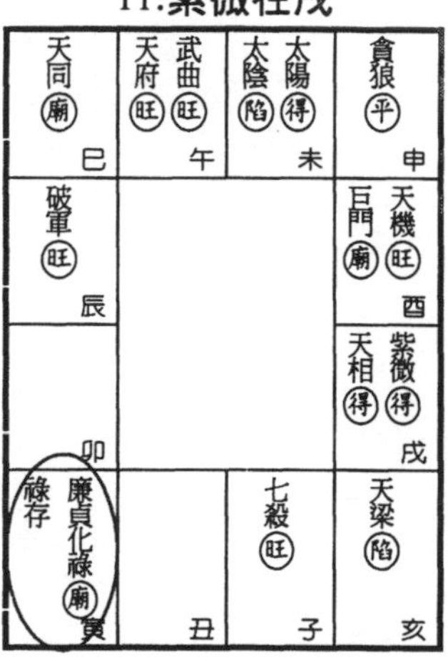

5.紫微在辰

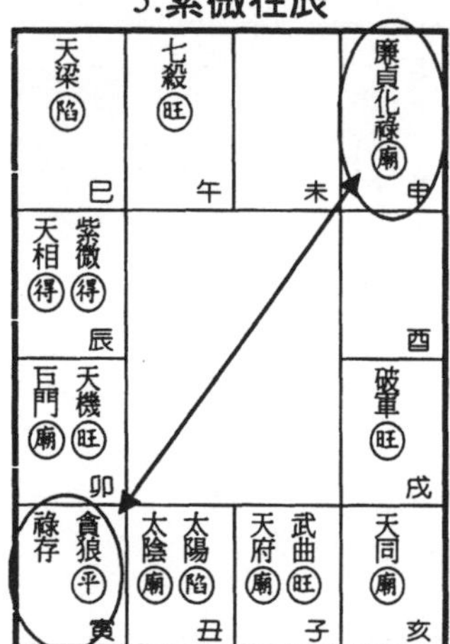

丁年生
『雙祿重逢』之形式

12.紫微在亥

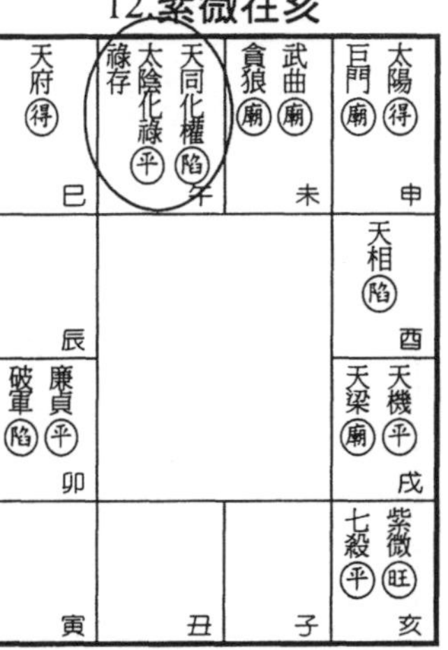

天府 得 巳
天同化權 陷 太陰化祿 平 祿存 午
武曲 廟 貪狼 廟 未
太陽 得 巨門 廟 申
辰
天相 陷 酉
廉貞 平 破軍 陷 卯
天機 平 天梁 廟 戌
寅
丑
子
紫微 旺 七殺 平 亥

6.紫微在巳

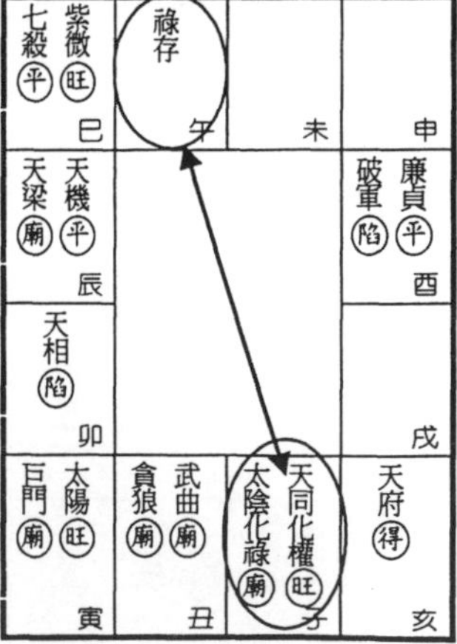

丙年生
『雙祿重逢』之形式

11.紫微在戌

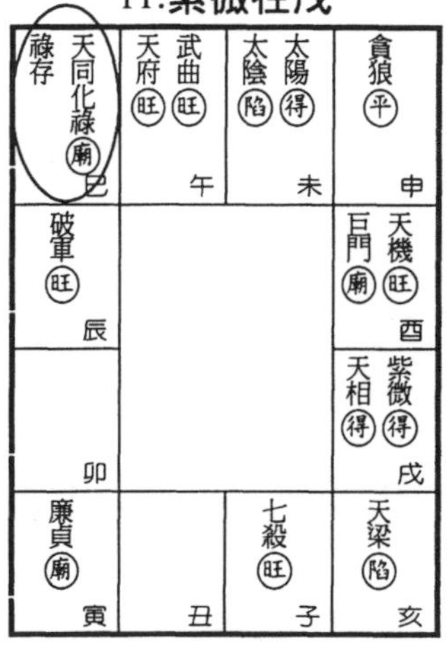

5.紫微在辰

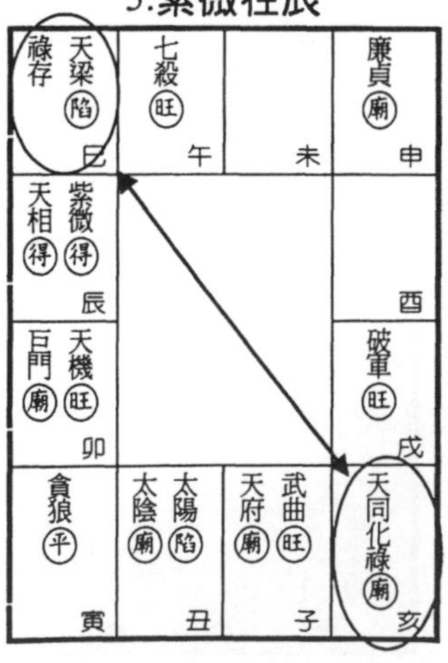

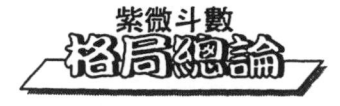

己年生 『雙祿重逢』之形式

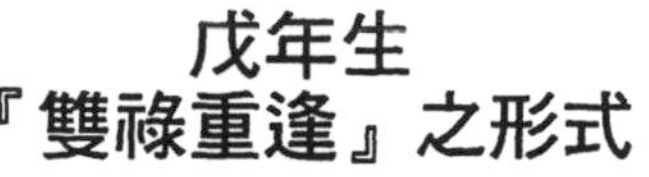

戊年生 『雙祿重逢』之形式

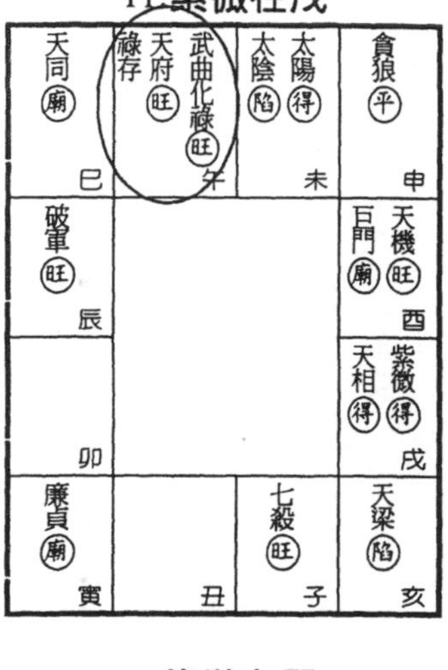

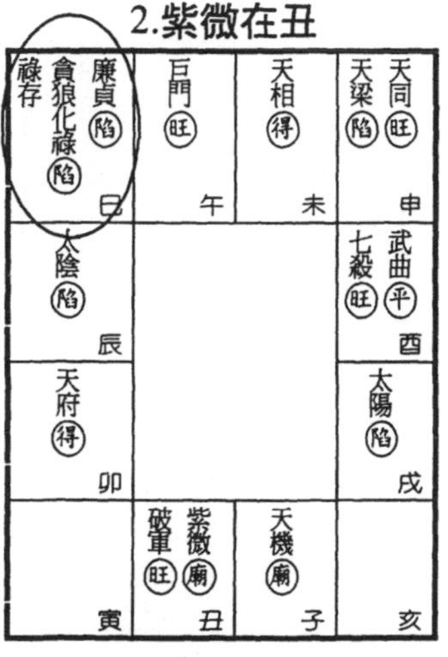

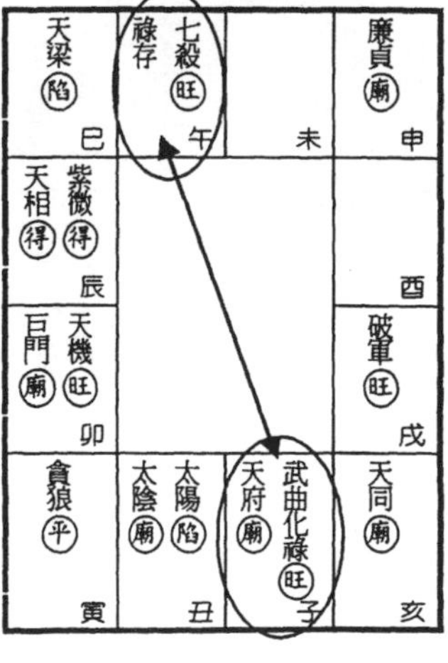

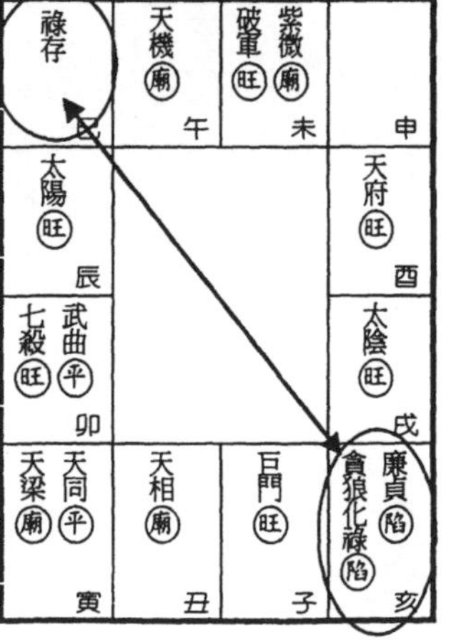

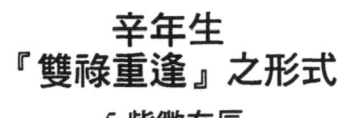

辛年生 『雙祿重逢』之形式

5.紫微在辰

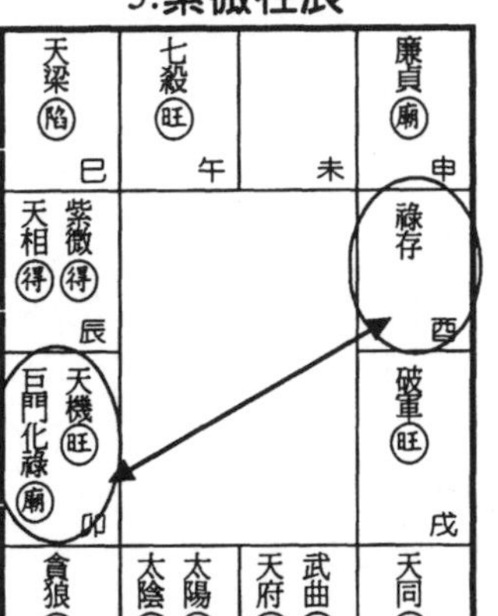

庚年生 『雙祿重逢』之形式

6.紫微在巳

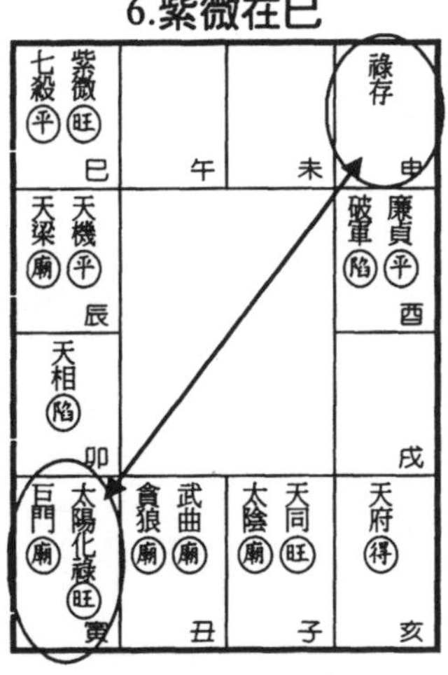

11.紫微在戌

天同(廟) 巳	武曲(旺) 天府(旺) 午	太陽(得) 太陰(陷) 未	貪狼(平) 申
破軍(旺) 辰			天機(旺) 巨門化祿(廟) 祿存 酉
卯			紫微(得) 天相(得) 戌
廉貞(廟) 寅	丑	七殺(旺) 子	天梁(陷) 亥

12.紫微在亥

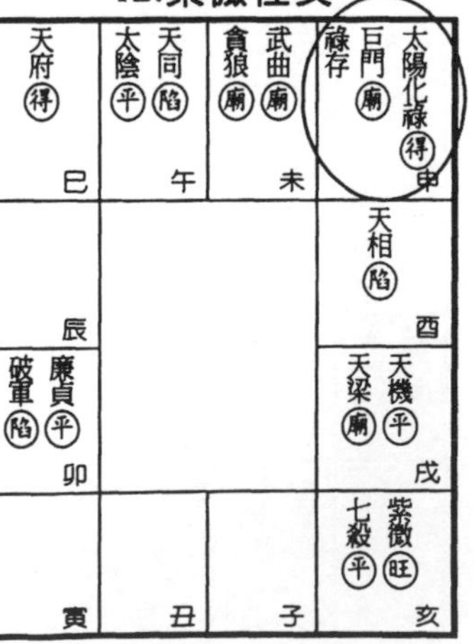

癸年生『雙祿重逢』之形式

3.紫微在寅

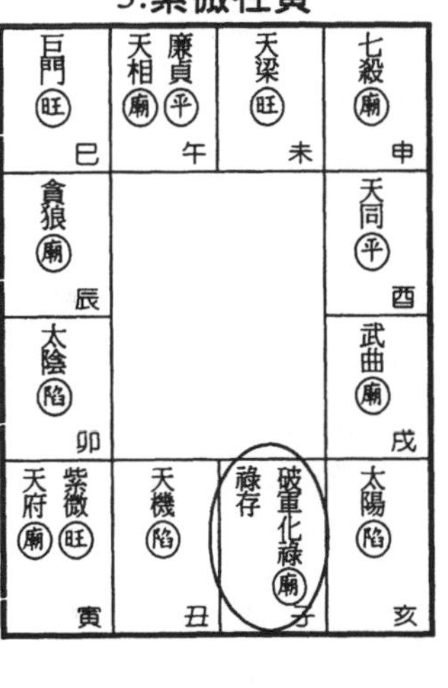

壬年生『雙祿重逢』之形式

5.紫微在辰

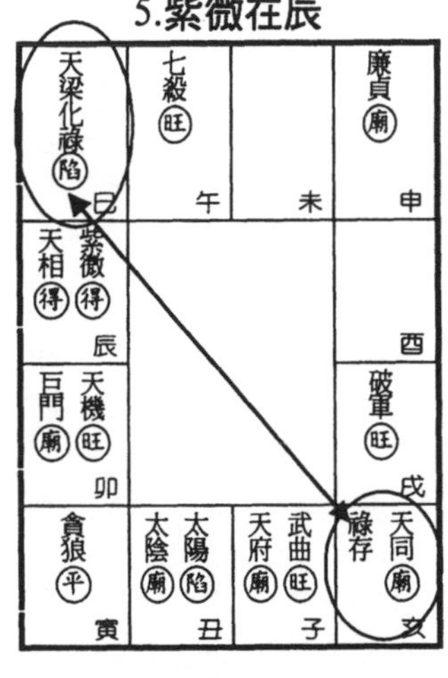

9.紫微在申

太陽 旺 巳
破軍化祿 廟 午
天機 陷 未
天府 得 紫微 旺 申
武曲 廟 辰
太陰 旺 酉
天同 平 卯
貪狼 廟 戌
七殺 廟 寅
天梁 旺 丑
祿存 天相 廟 廉貞 平 子
巨門 旺 亥

11.紫微在戌

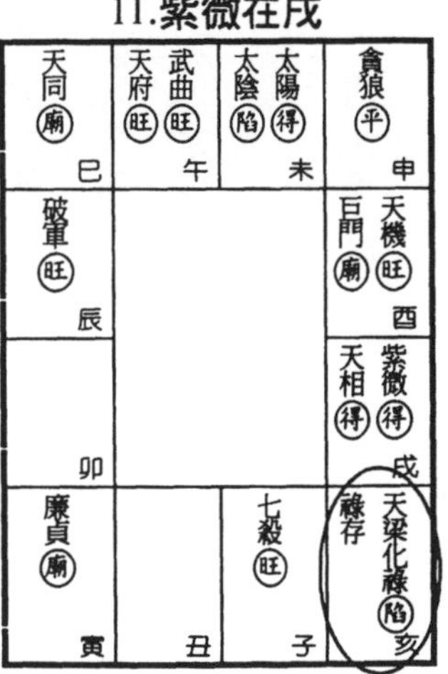

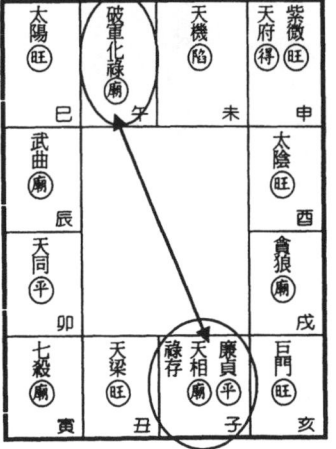

123 祿馬交馳

『祿馬交馳』格局出自『諸星問答論』之『問武曲星所主若何？』全句是：『與祿馬交馳發財遠郡。』

『祿馬交馳』格局也出自『八字學』中之格局。在斗數中，則專指『財星加化祿加天馬』之格局。例如武曲化祿加天馬。祿存為五行屬土之星，較為保守、頑固、安土重遷，不喜歡變化活動。故『祿馬交馳』之祿，不會是『祿存』之祿，而是『化祿』。另一方面祿存加財星武曲，只會限制及縮小了武曲之財。反不如武曲化祿之財大，才容易爆發。而且化祿要在寅、申、巳、亥四馬地才更靈活。

『祿馬交馳』之格局以『武曲化祿、天相、天馬』在寅、申宮，較為合格。巳、亥宮如果有武曲化祿，必和破軍同宮，則有『因財被劫』的危險，武曲化祿居平，被居平的破軍所破耗，也無法發財遠鄉了。故以前者為合格。

『祿馬交馳』格局之形式

1.紫微在子

太陰(陷) 巳	貪狼(旺) 午	天同(陷) 巨門(陷) 未	武曲化祿(得) 天相(廟) 天馬 申 命
廉貞(平) 天府(廟) 辰			太陽(平) 天梁(得) 酉
卯			七殺(廟) 戌
破軍(得) 寅	丑	紫微(平) 子	天機(平) 亥

7.紫微在午

天機(平) 巳	紫微(廟) 午	未	破軍(得) 申
七殺(廟) 辰			酉
太陽(廟) 天梁(廟) 卯			廉貞(平) 天府(廟) 戌
命 武曲化祿(得) 天相(廟) 天馬 寅	天同(陷) 巨門(陷) 丑	貪狼(旺) 子	太陰(廟) 亥

124. 堆金積玉

『堆金積玉』格局出自『太微賦』。全句是:『祿存守於田財堆金積玉。』

『堆金積玉』格專指祿存在田宅宮或財帛宮之格局。其實此格局有問題。祿存星是被前羊後陀所夾，被『羊陀所夾』，故為有刑剋之狀況。因此祿存主孤單、保守、驚駭，只有自己一人之吃食(糧食)，可保命，但不富。當祿存入人之命宮時，多為養子或遺腹子，或家貧遭棄之人。與六親不合。這種性質之星曜，即使在田宅宮，則必有羊陀在官祿宮及福德宮。即使在財帛宮，也必有羊陀在子女宮及疾厄宮，這些都是有健康不好，及本命窮的格局，因此何來堆金積玉?

這只不過是古人以為祿存也是祿星，而錦上添花之格局而已。實無實質之幫助於人。

125. 爛穀堆金

『爛穀堆金』格局出自『重補斗數穀率』。全句是：『太陽會文昌於官祿金殿傳臚，祿合守田財為爛穀堆金。』

『爛穀堆金』格局是指田宅宮或財帛宮有太陽、文昌、祿存或化祿同宮者稱之。也就是說有『陽梁昌祿』格直接在田宅宮存在，或直接在財帛宮存在者，稱為『爛穀堆金』。須要『陽梁昌祿』在同一宮位出現，則必為在卯宮，或酉宮的『陽梁昌祿』格，並以在卯宮的『陽梁昌祿』同宮為最合格。因為如果是在酉宮的陽梁帶祿存，加文昌，必有文昌化忌同宮為破格（這是辛年生人，有祿存在酉之故）。因此以庚年生，有『太陽化祿、天梁、文昌』在卯宮而為田宅宮或財帛宮者最佳。這是庚年生，貪狼坐命子宮的人，和庚年生，空宮坐命，有同巨相照的人（具有『明珠出海』格），

這兩個命格的人，會有『爛穀堆金』的財富。

『爛穀堆金』格局之形式

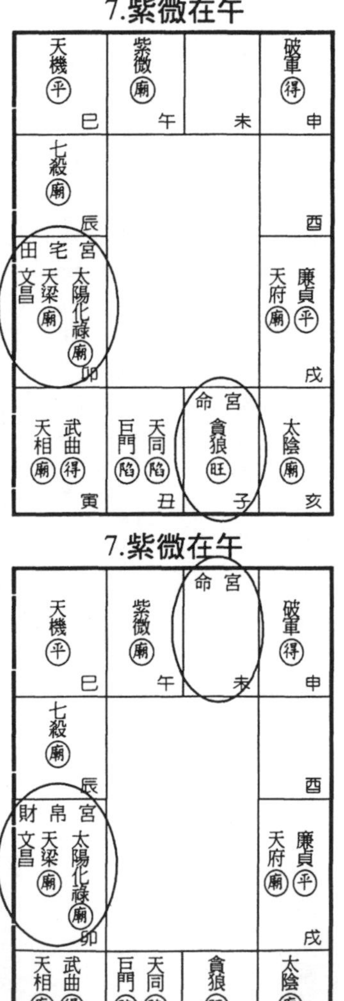

126. 祿逢梁蔭

『祿逢梁蔭』格局出自『形性賦』。全句是：『祿逢梁蔭抱私財益與他人。』

『祿逢梁蔭』格是指天梁、又帶化祿坐命的人容易徇私、偏袒自己人。天梁化祿入命宮的人，本身就會帶有包袱。其出生就有一些詭譎現象，像是帶有使命，要來延續某些人的利益或生命似的。天梁化祿還是有財祿，其人多有虔誠之信仰，大概也是上帝派他們來此世界上照顧某些人吧！前總統李登輝就是此命格的人。

127. 合祿拱祿

『合祿拱祿』格出自『斗數骨髓賦』。全句是：『合祿拱祿定為巨擘之臣。』訣云：『合祿拱祿堆金玉，爵位高遷衣紫袍。』

『合祿拱祿』格是指：

① 在命、財、官等三合宮位中有祿存及化祿，稱『合祿』。

② 在對宮有祿存、化祿，稱『拱祿』。

此二者皆主富貴。雖是如此，但化祿主財與人緣機會的圓滑多得，而祿存會限制財的大小，尤其在對宮狀況，會直接限制，甚至將財縮小至衣食之祿而已，這是因保守而限制的。是故，要做巨擘之臣，最好還是要強勢的化權、化祿在命、財、官等宮較好。此格局也意義不大。

128. 祿居奴僕

『祿居奴僕』格局出自『太微賦』。全句是:『祿居奴僕縱有官也奔馳。』

『祿居奴僕』格局是指財祿之星居於僕役宮，即使事業發達也會奔波不停。表示朋友多，人緣機會多，關係好。也會為朋友之事跑來跑去，奔波不停。例如庚年生，有太陽化祿在僕役宮的人，事業會做得不錯，會跑來跑去。譬如前總統陳水扁先生即有此太陽化祿在僕役宮，以前為了選舉之事會跑來跑去。同時這也是他的事業之事。

其實，**有權、祿在僕役宮居旺廟以上的位置**，都會『有官也奔馳。』

有一位朋友，命坐申宮為『祿存』坐命，對宮有『太陽化祿、巨門』相照，其人的僕役宮有『武曲化權、貪狼』，其人三十五歲靠朋友而暴發。他的朋友創造發明了一些物品，由他合夥策劃上市賣出，結果發了大財。他常常在世界各地飛來飛去，不但要忙發明品的事情，也要忙朋友與團隊之間相互摩擦的事情。他是很有辦法在男性朋友之間協調安撫的。因為他的遷移宮裡就有『太陽化祿居旺』。表示能與男性合諧圓融的相處。男性也會有利於他。男性一看到他就喜歡及相信他。自然他也常為了朋友彼此間的爭執而出面調停。每次還非他出馬不行，否則很難平定風波。這就是權祿在奴僕宮之狀況。

129. 面對面朝斗格

『面對面朝斗格』出自『斗數骨髓賦』。全句是：『面對面朝斗格，子、午宮逢祿存是也。』詩曰：『祿存對面在遷移，子午逢之利祿宜。德合吉壤人敬重，雙全富貴福稀奇。』

『面對面朝斗格』即是指：在子、午宮為遷移宮，又有祿存居宮內之格局。

我在前面說過，祿存是顆保守的星，為羊陀所夾，本身只有自己的衣食之祿。有此星在遷移宮時，他會膽小、保守，少與人來往，因為疾厄宮會有擎羊（相照父母宮），僕役宮會有陀羅（相照兄弟宮）。說到『德合吉壤人敬重』，可能是他怕人，看到人裝做一副很嚴肅的，很矜持的樣子，並不是真的受人敬重。說到『雙全富貴福稀奇』，古人以為有衣食溫飽即是富貴，有此祿存在遷移宮的人，其工作型態也很保守，做完事就回家，很少在外逗留或應酬，因此很會享自己的福，有此福的人不少，能算稀奇嗎？

因此，『面對面朝斗格』對人之意義不如書中解釋的那麼好。讀者可自己體會之。

財祿夾馬

『財祿夾馬』格局出自『定富貴貧賤十等論』中之『定富局』之格局。

『財祿夾馬』即是指：命宮有天馬，再有武曲財星、以及祿存相夾命宮的命格。此格局只有好聽而已，無實質幫助。因為相夾的力量，不及本宮的財祿好。

命坐天馬，表示命宮必會在四馬宮寅、申、巳、亥。天馬是乙級星曜，是月系星，以人之出生月而安之。

天馬所在之宮位	
生月	所在宮位
一月、五月、九月	申宮
二月、六月、十月	巳宮
三月、七月、十一月	寅宮
四月、八月、十二月	亥宮

如果是用財星武曲和祿存相夾天馬的命格，有例(一)有丁年、己年生，祿存在午宮和破軍同宮，武曲在辰宮，相夾巳宮的『太陽、天馬』命格。這是二月、六月、十月生的人所有之『太陽、陀羅、天馬』命格。己年生還有武曲化祿在兄弟宮。這是兄弟主富，而不是他主富。

例(二)如果『太陽、陀羅、天馬』在亥宮，則戌宮有武曲。子宮有『破軍化祿、祿存』來相夾亥宮，其兄弟有錢，父母是保守又破耗，沒錢還愛找錢花。父母有離異現象，其人更不富。

例(一)

9.紫微在申

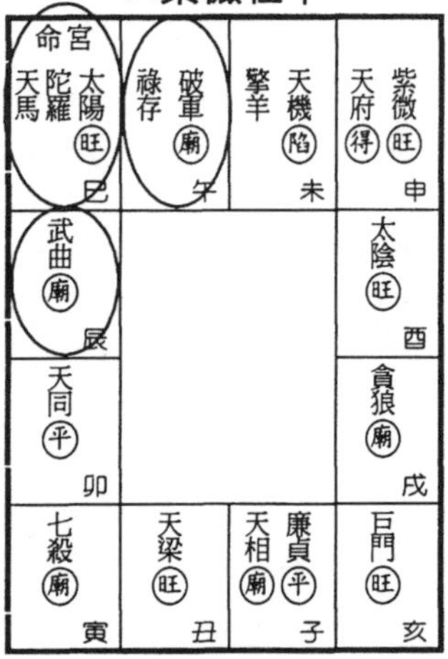

命宮 太陽(旺) 陀羅 天馬 巳	破軍(廟) 祿存 午	天機(陷) 擎羊 未	紫微(旺) 天府(得) 申
武曲(廟) 辰			太陰(旺) 酉
天同(平) 卯			貪狼(廟) 戌
七殺(廟) 寅	天梁(旺) 丑	廉貞(平) 天相(廟) 子	巨門(旺) 亥

例(二)

3.紫微在寅

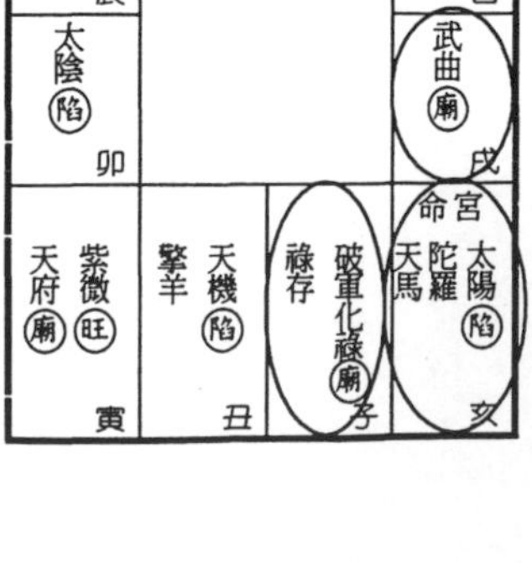

巨門(旺) 巳	廉貞(平) 天相(廟) 午	天梁(旺) 未	七殺(廟) 申
貪狼(廟) 辰			天同(平) 酉
太陰(陷) 卯			武曲(廟) 戌
紫微(旺) 天府(廟) 寅	天機(陷) 擎羊 丑	破軍化祿(廟) 祿存 子	命宮 太陽(陷) 陀羅 天馬 亥

例(三)乙年生人，『太陽、巨門、天馬』在寅宮坐命，有武曲、貪狼在丑宮，而『天相陷落、祿存』在卯宮來相夾寅宮。這也是兄弟有錢，有好運，而父母較窮，其人愛東跑西跑，可能一事無成，不富。

例(四)辛年生，有『太陽化權、巨門化祿、天馬』在申宮，有『武曲、貪狼』在未宮，有『天相陷落、祿存』在酉宮相夾申宮的命宮，此命格有強勢的口才及說服力，但仍是兄弟較富有，自己能力沒那麼強，而且愛東跑西跑，四處奔波，常一事無成。

例(三)

6.紫微在巳

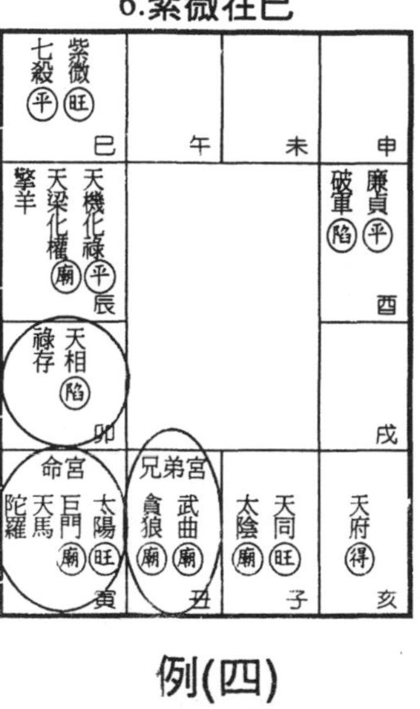

紫微旺 七殺平 巳
午
未
廉貞平 破軍陷 申
天機化祿平 天梁化權廟 擎羊 辰
酉
天相陷 祿存 卯
戌
命宮 太陽旺 巨門廟 天馬 陀羅 寅
兄弟宮 武曲廟 貪狼廟 丑
天同旺 太陰廟 子
天府得 亥

例(四)

12.紫微在亥

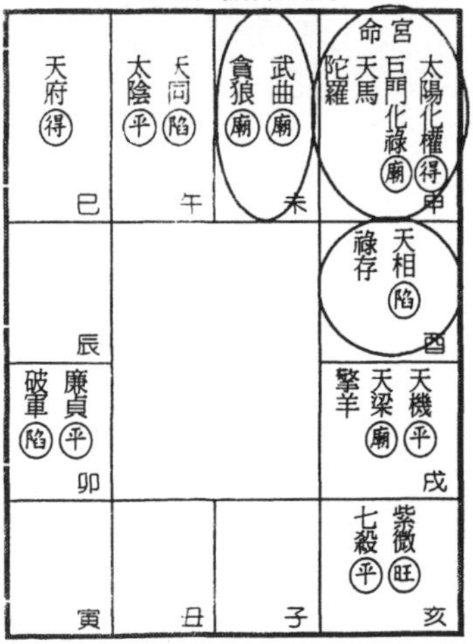

天府得 巳	天同陷 太陰平 午	武曲廟 貪狼廟 未	命宮 太陽化權得 巨門化祿廟 天馬 陀羅 申
辰			天相陷 祿存 酉
廉貞平 破軍陷 卯			天機平 天梁廟 擎羊 戌
寅	丑	子	紫微旺 七殺平 亥

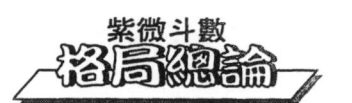

131. 兩重天祿

『兩重天祿』格出自『斗數骨髓賦』。全句是：『呂后專權兩重天祿、天馬。』

『兩重天祿』格即是指有祿存，又逢天馬的命格。此格與前面『雙祿重逢』相似。因命宮有天馬，其命宮必在四馬宮(寅、申、巳、亥)，又呂后為政治人物，必與紫、廉、武等星命格有關，故其命格為『廉貞化祿、祿存』在寅宮的命格，其福德宮有破軍化權。

實際上，有這種『兩重天祿、天馬』的格局還有①丙年生，『天同化祿、祿存、天馬』在巳宮的命格。②戊年生，『廉貞、貪狼化祿、祿存、天馬』在巳宮的命格。③庚年生，有『太陽化祿、巨門、祿存、天馬』在申宮的命格。④壬年生，有『天梁化祿、祿存、天馬』在亥宮的命格。

這些命格都不能如呂后般專權。

其實命格中有化權較能握有權力，有化祿只是圓滑而已，有祿存會縮小其人的野心。故『兩重天祿』格是否真的有利於政治掌權，這是有待考察的，至今仍少看到類似命格的政治人物來證明此格局之有用，故正執疑中！

132. 風雲際會

『風雲際會』格局出自『定富貴貧賤十等論』中之『定雜局』。

原書解釋是：該人身宮、命宮雖弱，但二逢祿馬是也。古人以祿馬與財，是命中富貴象徵，常沒弄清楚祿有多少？財有多少？而一概以富貴論斷之，故有很多格局是錦上添花，言過其實，不準確的。況且很多註釋是後人添加上去的，常有畫蛇添足之狀況。有些格局也是後人刻意添加創造的，這也是紫微斗數格局太多，為後人詬病的地方。

『風雲際會』格局，照道理應該是講在運限中突發的好運而已。如果是化權、化祿居廟旺的運程，『權祿相逢』又在旺地，在大運流年、流月逢到，必有一翻作為，可稱之『風雲際會』。

①**例如己年生，有『武曲化祿、貪狼化權』在丑、未宮的人，**在牛年或羊年逢到此運，則有『風雲際會』的人生。這是第一等的『風雲際會』。

②**又例如丁年生，有『天同化權、太陰化祿在子宮，雙星居旺、廟的人，**在子年有好運，升官發財很容易，這是第二等的『風雲際會』。

③**又例如辛年生，有『太陽化權、巨門化祿』在寅宮居旺、廟，**能靠口才、是非而得祿，也能競選民意代表，這是第三等的『風雲際會』。

命坐申宮的人，也可能有一點好運。

這三個格局全在『紫微在巳』命盤格式中。

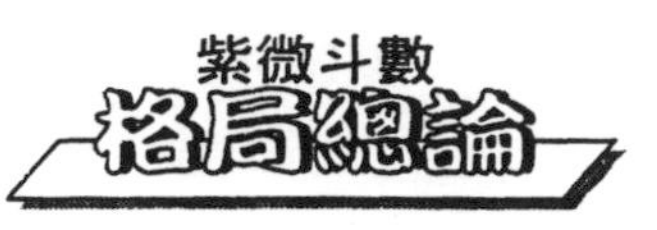

『風雲際會』格局之形式

例(一)己年生的人

6.紫微在巳

紫微旺 七殺平 巳	午	未	申
天機平 天梁廟 辰			廉貞平 破軍陷 酉
天相陷 卯			戌
太陽旺 巨門廟 寅	武曲化祿廟 貪狼化權廟 丑	天同旺 太陰廟 子	天府得 亥

例(二)丁年生的人

6.紫微在巳

紫微旺 七殺平 巳	午	未	申
天機平 天梁廟 辰			廉貞平 破軍陷 酉
天相陷 卯			戌
太陽旺 巨門廟 寅	武曲廟 貪狼廟 丑	天同化權旺 太陰化祿廟 子	天府得 亥

例(三)辛年生的人

6.紫微在巳

紫微旺 七殺平 巳	午	未	申
天機平 天梁廟 辰			廉貞平 破軍陷 酉
天相陷 卯			戌
太陽化權旺 巨門化祿廟 寅	武曲廟 貪狼廟 丑	天同旺 太陰廟 子	天府得 亥

133. 祿馬佩印

『祿馬佩印』格局出自『定富貴貧賤十等論』中之『定貴局』。『祿馬佩印』格原出自四柱推命、八字學之中之格局，斗數之人也拿來用，但意思卻完全不一樣了。而是以天馬、祿存星及天相印星同宮者稱之。

目前合此格的有：

① **甲年生**，有『武曲化科、天相、祿存、天馬』在寅宮的命格。(例一)

② **庚年生**，有『武曲化權、天相、祿存、天馬』在申宮的命格。(例二)

③ **丙年或戊年生**，有『天相、祿存、天馬』在巳宮的命格。(例三)

④ **壬年生**，有『天相、祿存、天馬』在亥宮的命格。(此命格因對宮有武曲化忌、破軍相照，最為窮困。)(例四)

『祿馬佩印』格局之形式

1.紫微在子例(二)

巳	午	未	申
太陰(陷)	貪狼(旺)	天同(陷) 巨門(陷)	命宮 武曲化權(得) 天相(廟) 祿存 天馬
辰 廉貞(平) 天府(廟)			酉 太陽(平) 天梁(得)
卯			戌 七殺(廟)
寅 破軍(得)	丑	子 紫微(平)	亥 天機(平)

7.紫微在午例(一)

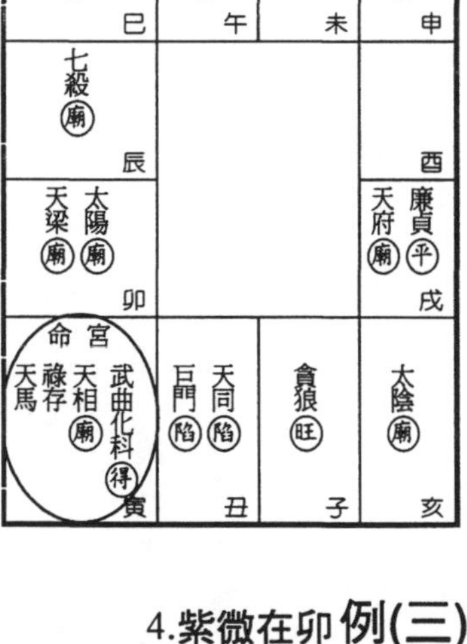

巳	午	未	申
天機(平)	紫微(廟)		破軍(得)
辰 七殺(廟)			酉
卯 太陽(廟) 天梁(廟)			戌 廉貞(平) 天府(廟)
寅 命宮 武曲化科(得) 天相(廟) 祿存 天馬	丑 天同(陷) 巨門(陷)	子 貪狼(旺)	亥 太陰(廟)

10.紫微在酉例(四)

巳	午	未	申
武曲化忌(平) 破軍(平)	太陽(旺)	天府(廟)	天機(得) 太陰(平)
辰 天同(平)			酉 紫微(旺) 貪狼(平)
卯			戌 巨門(陷)
寅	丑 廉貞(平) 七殺(廟)	子 天梁(廟)	亥 命宮 天相(得) 祿存 天馬

4.紫微在卯例(三)

巳	午	未	申
命宮 天相(得) 祿存 天馬	天梁(廟)	廉貞(平) 七殺(廟)	
辰 巨門(陷)			酉
卯 紫微(旺) 貪狼(平)			戌 天同(平)
寅 天機(得) 太陰(旺)	丑 天府(廟)	子 太陽(陷)	亥 武曲(平) 破軍(平)

134. 明祿暗祿

『明祿暗祿』格出自『定富貴貧賤十等論』中之『定貴局』。也出自『斗數骨髓賦』。全句是：『明祿暗祿錦上添花。』

『明祿暗祿』格，如果按照『紫微斗數全書』中小字所加之註釋來看，其意義是大不同的。因為書上小字註釋是說：『假如甲年生人安命亥宮，值化祿星守在命宮，又天祿(祿存)在寅，則寅與亥六合，故曰『明祿暗祿』。

如果是甲年生，會有『廉貞化祿居陷、貪狼居陷坐命亥宮』為命宮，寅宮為田宅宮為『天同、天梁、祿存』。這些祿，不論是廉貞化祿居陷（祿少），亦或是同、梁、祿存，也祿不多，只有一棟房地產。以祿來論也屬一般平民之祿。再則，此格局被列為『定貴格』之中，若有文昌在辰、戌、寅、申等宮出現，會有折射的『陽梁昌祿』格，也還能主貴。若無貴格，

則等而下之，為低下平民之命格了，故此格局意義不大。

『明祿暗祿』之形式

8.紫微在未

巳	天機(廟) 午	紫微(廟) 破軍(旺) 未	申
太陽(旺) 辰			天府(旺) 酉
武曲(平) 七殺(旺) 卯			太陰(旺) 戌
天同(平) 天梁(廟) 祿存 寅	天相(廟) 丑	巨門(旺) 子	命宮 廉貞化祿(陷) 貪狼(陷) 亥

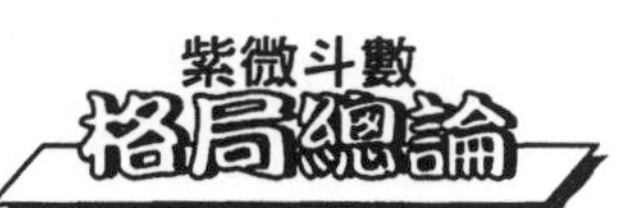

祿逢兩殺

『祿逢兩殺』格局出自『定富貴貧賤十等論』中之『定貧賤局』。

『祿逢兩殺』格指祿存坐空亡及逢天空、地劫兩星，稱之。

天空、地劫同宮，必是在巳宮或亥宮會形成的。在巳宮時，是午時生的人，在亥宮時，是子時生的人。

因此有此『祿逢兩殺』格局的人，必是丙年、戊年生，又生在午時的人，會有『祿存與天空、地劫』同在巳宮。而壬年、子時生的人，會有『祿存與天空、地劫』同在亥宮。此格局同時也是『祿逢沖破』的格局。

『祿逢兩殺』格之形式

丙年、戊年生於午時

命宮 祿存 天空 地劫 巳	午	未	申
辰			酉
卯			戌
寅	丑	子	亥

壬年、子時生人

巳	午	未	申
辰			酉
卯			戌
寅	丑	子	命宮 祿存 天空 地劫 亥

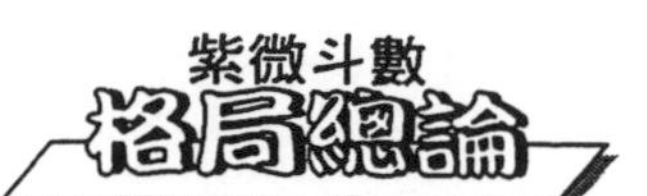

136. 祿衰馬困

『祿衰馬困』格局出自『定富貴貧賤十等論』中之『定雜局』。『祿衰馬困』格指運限走到七殺、祿存，又逢劫空的運程稱之。例如：

『紫殺、祿存、天空、地劫』同宮的運程，是丙、戊年生人，又生於午時，為『紫微在巳』命盤格式的命理格局時，會擁有如此的運限。如果是『紫微在亥』命盤格式，走『紫殺、祿存、天空、地劫』的運限，就是壬年、子時生的人會走的。

例如在寅、申宮的『七殺、祿存加天空或地劫』，也是『祿衰馬困』。因為：七殺逢祿存巳時『祿逢沖破』了，再加一個天空或地劫，更加刑剋。如果是在巳、亥宮有『天空、地劫』一起同宮，則祿更空無所有了。寅、申、巳、亥四宮就是四馬地。故有此稱呼，以比喻財窮之意。

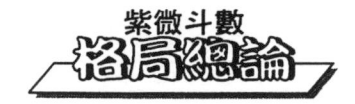

『祿衰馬困』格局之形式

9.紫微在申

太陽(旺) 巳	破軍(廟) 午	天機(陷) 未	紫微(旺) 天府(得) 地劫 申
武曲(廟) 辰			太陰(旺) 酉
天同(平) 卯			貪狼(廟) 戌
七殺(廟) 祿存 天空 天馬 寅	天梁(旺) 丑	廉貞(平) 天相(廟) 子	巨門(旺) 亥

3.紫微在寅

巨門(旺) 巳	廉貞(平) 天相(廟) 午	天梁(旺) 未	七殺(廟) 祿存 天空 天馬 申
貪狼(廟) 辰			天同(平) 酉
太陰(陷) 卯			武曲(廟) 戌
紫微(旺) 天府(廟) 地劫 寅	天機(陷) 丑	破軍(廟) 子	太陽(陷) 亥

12.紫微在亥

天府(得) 巳	天同(陷) 太陰(平) 午	武曲(廟) 貪狼(廟) 未	太陽(得) 巨門(廟) 申
辰			天相(陷) 酉
廉貞(平) 破軍(陷) 卯			天機(平) 天梁(廟) 戌
寅	丑	子	紫微(旺) 七殺(平) 祿存 天空 地劫 天馬 亥

6.紫微在巳

紫微(旺) 七殺(平) 祿存 天空 地劫 天馬 巳	午	未	申
天機(平) 天梁(廟) 辰			廉貞(平) 破軍(陷) 酉
天相(陷) 卯			戌
太陽(旺) 巨門(廟) 寅	武曲(廟) 貪狼(廟) 丑	天同(旺) 太陰(廟) 子	天府(得) 亥

祿逢沖破

『祿逢沖破』格出自『太微賦』。全句是：『祿逢沖破，吉處藏凶。』

『祿逢沖破』格局即是：無論在命格中，命、身、各宮有祿存或化祿被煞星羊、陀、火、鈴、劫、空、化忌沖破，或遇殺、破之星沖破，皆稱為『祿逢沖破』。『祿逢沖破』之後則無財或財少，易窮，或無法得財。在運限中，行『祿逢沖破』的運程，則主窮運。如果『祿逢沖破』在人之命、財、官、遷、身等宮，則主本命窮。

138. 祿倒馬倒

『祿倒馬倒』格局出自『斗數骨髓賦』。全句是：『祿倒馬倒，忌太歲之合劫空。』

『祿倒馬倒』格是指在四馬宮，有祿存遇劫空，而流年又走到此宮，容易發生災難及財空，稱之。

有『祿倒馬倒』格局的會是：

① **甲年及卯、酉時生人**，有『祿存、天空』或『祿存、地劫』在寅宮，對宮又有另一個地劫或天空在申宮相照的格局。

② **庚年及卯、酉時生人**，有『祿存、天空』或『祿存、地劫』在申宮的格局。也會有另一個地劫或天空在寅宮相照的格局。

③ **丙年或戊年、午時生**，有『祿存、天空、地劫』同在巳宮的格局。

④ **壬年子時生**，有『祿存、天空、地劫』同在亥宮的格局。以上會形成『祿倒馬倒』之格局。

139. 天祿天馬

『天祿天馬』格出自『斗數骨髓賦』。全句是：『天祿天馬驚人甲地。』

『天祿天馬』格指在寅、申、巳、亥四馬宮有祿存所能形成之『陽梁昌祿』格，才能有驚人甲第。如果文昌的位置不佳居陷，也無法有驚人甲地。

因此，此格局仍是表面文章錦上添花之意。

140. 祿文拱命

『祿文拱命』格局出自『太微賦』。全句是『祿文拱命貴而且賢。』

『祿文拱命』格局是指化祿或祿存在命宮，有文昌在對宮。或是文昌在命宮，祿星在對宮(遷移宮)，稱之拱命。有此格局者也要具有完備的『陽梁昌祿』格才行，也才有富貴。因此命局的三合、四方宮位也要有太陽、天梁二星存在才行。否則光靠祿星和文昌相拱命宮，仍是不可能達到貴而且賢的。另一個重要條件，還要文昌居旺。整個『陽梁昌祿』格在旺位，才能做到。

偏財運風水大解析

法雲居士⊙著

偏財運風水就是『暴發運風水』！
偏財運風水格局與一般風水不同，
好的偏財運風水格局會使人發富得到大富貴，邪惡的偏財運風水格局會使人泯滅人性，和黑暗、死亡、悽慘事件有關。
人人都希望擁有偏財運風水寶地，但殊不知在偏財運風水之後還隱藏著不為人知的黑暗恐怖面。
如何運用好的偏財運風水促使自己成就大富貴，而不致落入壞的偏財運風水的陷阱中，這就是一門大學問了。
法雲老師運用很多實例幫你來瞭解偏財運風水精髓，更會給你最好的建議，讓你促發，並平安享用偏財用所帶來的富貴！

第十六章　屬於羊、陀、火、鈴、天空、地劫的格局

『羊、陀、火、鈴是四殺。擎羊星化氣曰刑。陀羅化氣曰忌。在數主凶厄。羊陀又稱夭壽殺。人遇之稱為掃帚星。火、鈴二星遇貪狼能有『火貴格』，有暴發運之外，其他的羊、陀、火、鈴遇祿星皆會刑財，遇吉星皆有傷剋。遇煞星，疾厄災病侵擾不斷。因此，這一章中之格局大多為凶格。

馬頭帶箭

『馬頭帶箭』格出自『斗數骨髓賦』。全句是：『馬頭帶箭非夭折則主刑傷。』

『**馬頭帶箭**』**格**是專指擎羊坐命午宮。對宮有『天同、太陰』相照的命格。其他的不是。有此格局之人，武職能威震邊疆做大將軍。文職不宜，但有貴格者(具有『陽梁昌祿』格者)亦能任掌刑罰之官。前法務部長城仲模先生即是此命格的人。其人因擎羊居陷之故，個子小，但因遷移宮為『天同居旺、太陰居廟』，故能打敗群雄。

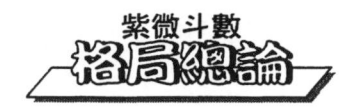

『馬頭帶箭』格局之形式

6.紫微在巳

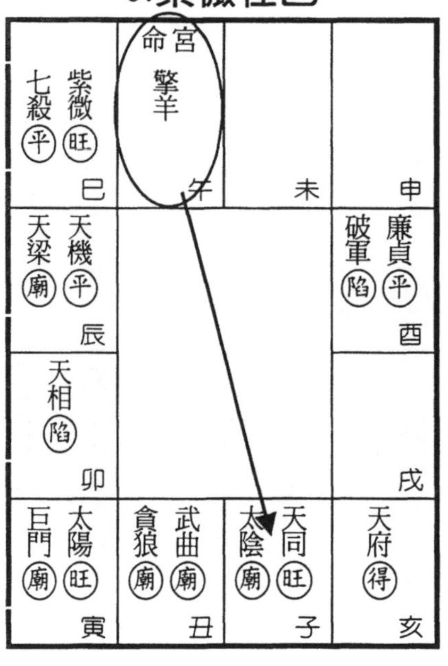

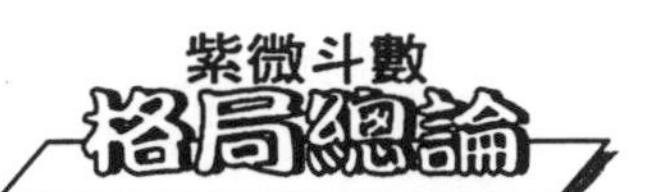

火貴格

『火貴格』出自於『斗數骨髓賦』。全句是：『論貪狼遇火名為火貴格。』

詩曰：『火遇貪狼照命宮，封侯食祿是英雄，三方倘若無凶殺，到老應知福壽隆。』

『火貴格』就是『火貪格』。『火貪格』在人命盤上，只要是火星和貪狼同宮或在對宮相照，就能形成。會讓其人有暴發運，一夕爆紅，立大功，成大業，出大名。做軍警武職在沙場上，有『火貪格』暴發時，能打勝仗而加官晉爵。文職的人，也會出大名或賺大錢。就像寫哈利波特作者羅琳一夕爆紅，或歌手一夕出名，大多因『火貪格』而一夕功成。例如比爾蓋茲、英國維京集團的老闆布蘭森，直接就是火貪坐命的人，火貪格能帶給人在事業上及金錢上很大的財富與富貴，但也要看其人的『火貪格』之等級，以及其人命格中帶財多寡而能定爆發貴運及財富的等級多寡。本命帶財多的，就能成就大事業，成為大富翁。本命帶財少的，就發了一個小財，很快恢復平靜。

『火貴格』還有一個姐妹格局，就是『鈴貪格』。由鈴星、貪狼組成，它比『火貴格』爆發時，更古怪，且爆發快，又強，會帶給人的財運更大，帶給人的功業在時間點上更古怪、稀奇。

『火貴格』等暴發格的禁忌就是有化忌和地劫、天空同宮會不發。有陀羅會慢發，有擎羊同宮時，還是會發，但有血光或刑剋之事，要小心，或不發為妙。因此癸年生，有貪狼化忌的人，或有文昌化忌或文曲化忌、武曲化忌和貪狼同宮的人，則不發。

『火貴格』還有一個問題是『暴起暴落』的問題。因『火貴格』中之火星是時系星。所以爆發的時間以火星、貪狼所在之時間為準，但發得快，暴落得也快。這是各位要事先預想到的，並在暴發前後先妥善處理財務，

以防暴落後，錢財、房地產過速化為泡沫。（十二個命盤格式之『火貪格』形成與『鈴貪格』，一起在『鈴貪格』圖例中註明。）

143. 鈴貪格（二）

『鈴貪格』出自於『斗數骨髓賦』。全句是：『貪鈴並守，將相之名。』

『鈴貪格』為暴發格之一，在人命盤上，只要是鈴星和貪狼同宮或在對宮相照即可形成。但要小心化忌和天空、地劫的迫害，也會不發。

『鈴貪格』也和『火貪格』一樣，利武職的人暴發。故稱之有將相之名，能做大將軍征戰沙場。鈴星和火星本身就是『大殺將』，為凶煞之星。但遇貪狼後能導正而有用，成為暴發格，能成大業或發大財。

『鈴貪格』比『火貪格』更容易發得大，又會有奇怪的奇遇經歷，讓人拍案叫絕。命宮有『鈴貪格』的人，也比『火貪格』的人要更聰明古怪。他們的脾氣也很火爆，但當爆發的那一刻會突然按捺下來，會想：為何不跟這個令自己生氣的人玩一玩呢？於是立刻計從心生，很厲害的修理了使他生氣的人，被整的人常也覺得很無厘頭，哭笑不得。

『鈴貪格』也有『暴起暴落』的問題，及遇化忌、劫空不發的問題。

以下就是十二個命盤格式中『鈴貪格』及『火貪格』暴發之形式。

『火貪格』、『鈴貪格』格局之形式(一)

1.紫微在子

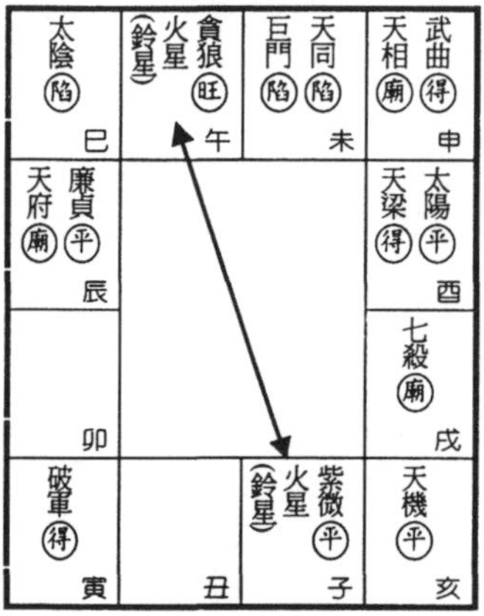

太陰(陷) 巳	貪狼(旺) 火星(鈴星) 午	天同(陷) 巨門(陷) 未	武曲(得) 天相(廟) 申
廉貞(平) 天府(廟) 辰			太陽(平) 天梁(得) 酉
卯			七殺(廟) 戌
破軍(得) 寅	丑	紫微(平) 火星(鈴星) 子	天機(平) 亥

2.紫微在丑

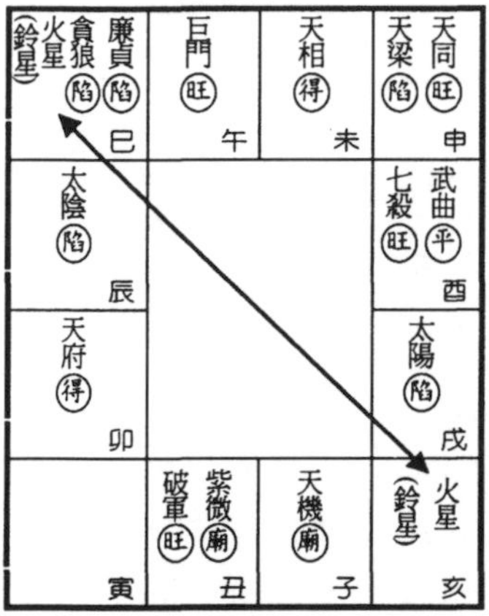

廉貞(陷) 貪狼(陷) 火星(鈴星) 巳	巨門(旺) 午	天相(得) 未	天同(旺) 天梁(陷) 申
太陰(陷) 辰			武曲(平) 七殺(旺) 酉
天府(得) 卯			太陽(陷) 戌
寅	紫微(廟) 破軍(旺) 丑	天機(廟) 子	火星(鈴星) 亥

3.紫微在寅

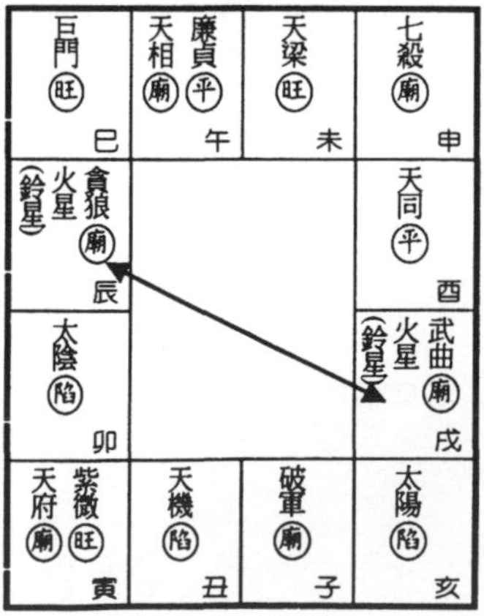

巨門(旺) 巳	廉貞(平) 天相(廟) 午	天梁(旺) 未	七殺(廟) 申
貪狼(廟) 火星(鈴星) 辰			天同(平) 酉
太陰(陷) 卯			武曲(廟) 火星(鈴星) 戌
紫微(旺) 天府(廟) 寅	天機(陷) 丑	破軍(廟) 子	太陽(陷) 亥

4.紫微在卯

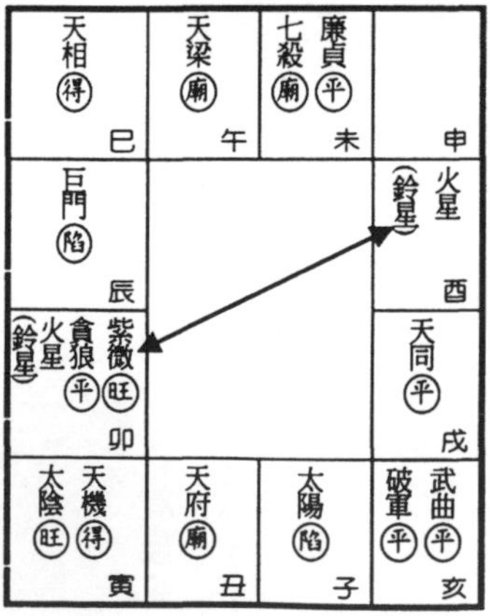

天相(得) 巳	天梁(廟) 午	廉貞(平) 七殺(廟) 未	申
巨門(陷) 辰			火星(鈴星) 酉
紫微(旺) 貪狼(平) 火星(鈴星) 卯			天同(平) 戌
天機(得) 太陰(旺) 寅	天府(廟) 丑	太陽(陷) 子	武曲(平) 破軍(平) 亥

『火貪格』、『鈴貪格』格局之形式(二)

5.紫微在辰

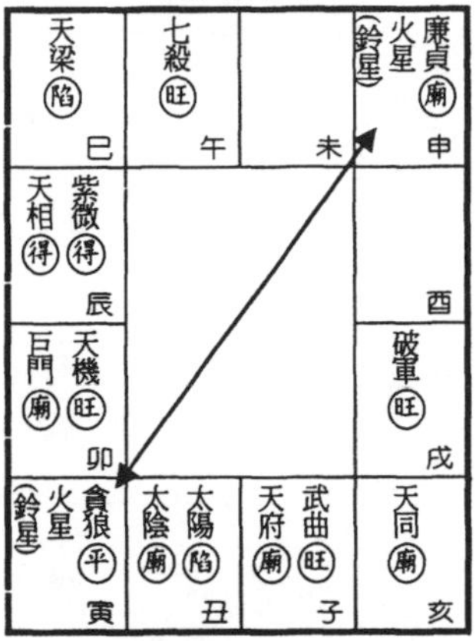

天梁(陷) 巳	七殺(旺) 午	未	廉貞(廟) 火星(鈴星) 申
紫微(得) 天相(得) 辰			酉
天機(旺) 巨門(廟) 卯			破軍(旺) 戌
貪狼(平) 火星(鈴星) 寅	太陽(陷) 太陰(廟) 丑	武曲(旺) 天府(廟) 子	天同(廟) 亥

6.紫微在巳

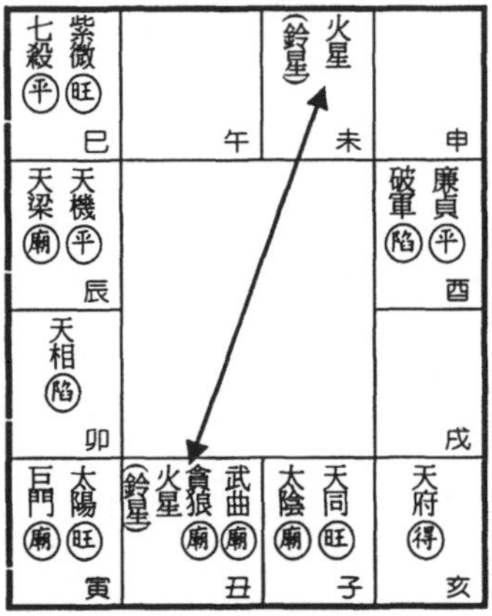

紫微(旺) 七殺(平) 巳	午	火星(鈴星) 未	申
天機(平) 天梁(廟) 辰			廉貞(平) 破軍(陷) 酉
天相(陷) 卯			戌
太陽(旺) 巨門(廟) 寅	武曲(廟) 貪狼(廟) 火星(鈴星) 丑	天同(旺) 太陰(廟) 子	天府(得) 亥

7.紫微在午

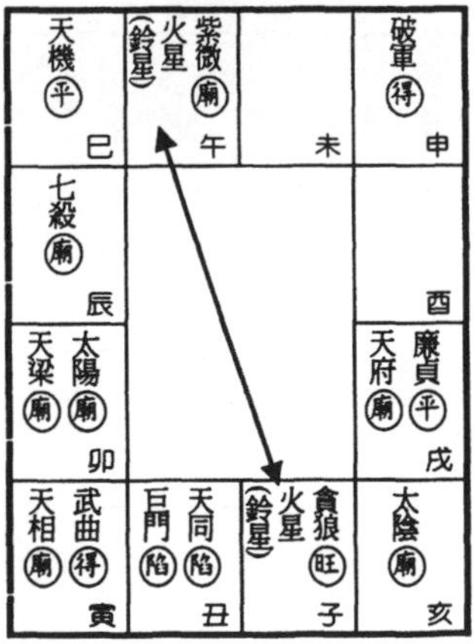

天機(平) 巳	紫微(廟) 火星(鈴星) 午	未	破軍(得) 申
七殺(廟) 辰			酉
太陽(廟) 天梁(廟) 卯			廉貞(平) 天府(廟) 戌
武曲(得) 天相(廟) 寅	天同(陷) 巨門(陷) 丑	貪狼(旺) 火星(鈴星) 子	太陰(廟) 亥

8.紫微在未

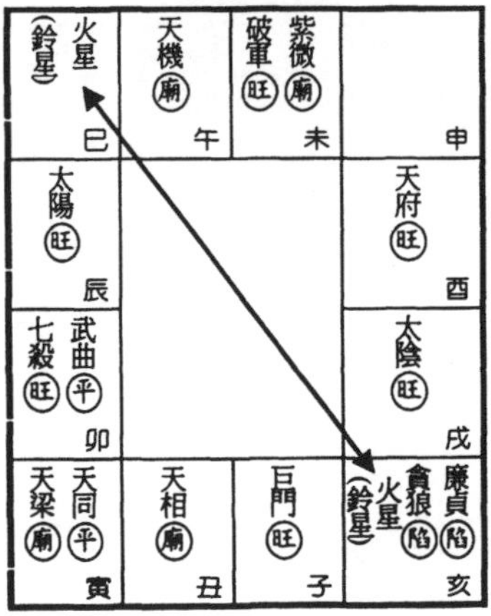

火星(鈴星) 巳	天機(廟) 午	紫微(廟) 破軍(旺) 未	申
太陽(旺) 辰			天府(旺) 酉
武曲(平) 七殺(旺) 卯			太陰(旺) 戌
天同(平) 天梁(廟) 寅	天相(廟) 丑	巨門(旺) 子	廉貞(陷) 貪狼(陷) 火星(鈴星) 亥

『火貪格』、『鈴貪格』格局之形式(三)

10.紫微在酉

武曲(平) 破軍(平) 巳	太陽(旺) 午	天府(廟) 未	天機(得) 太陰(平) 申
天同(平) 辰			紫微(旺) 貪狼(平) 火星 (鈴星) 酉
火星 (鈴星) 卯			巨門(陷) 戌
寅	廉貞(平) 七殺(廟) 丑	天梁(廟) 子	天相(得) 亥

9.紫微在申

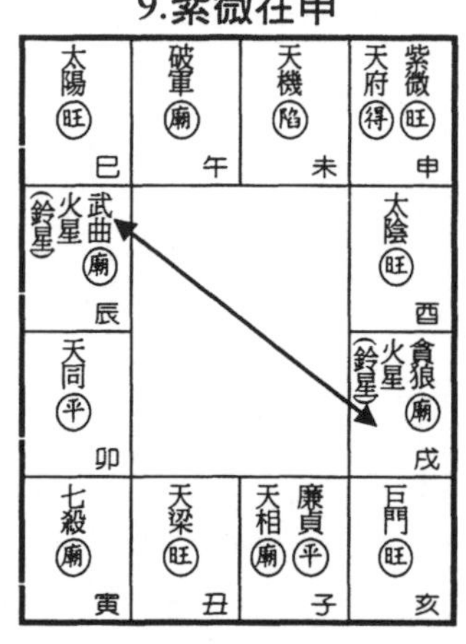

12.紫微在亥

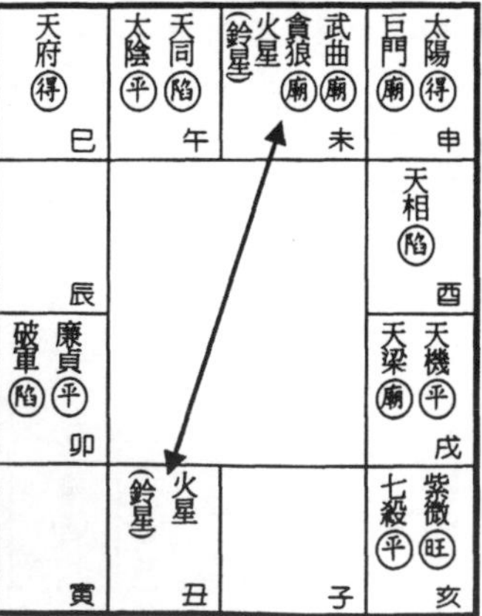

11.紫微在戌

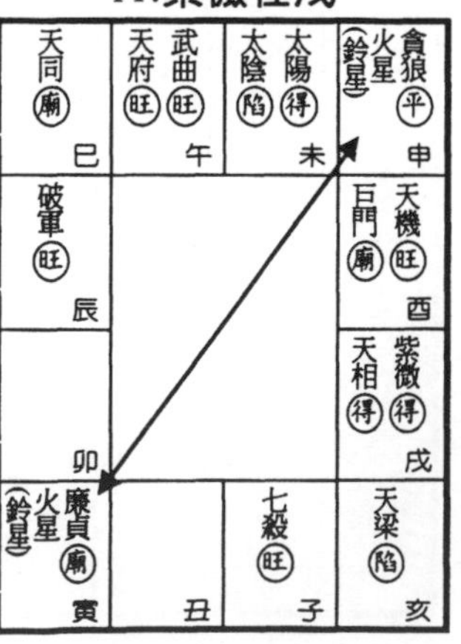

天同 廟 巳
武曲 旺 天府 旺 午
太陽 得 太陰 陷 未
貪狼 平 火星 (鈴星) 申
破軍 旺 辰
天機 旺 巨門 廟 酉
卯
紫微 得 天相 得 戌
廉貞 廟 火星 (鈴星) 寅
丑
七殺 旺 子
天梁 陷 亥

144. 腰駝背曲

『腰駝背曲』格局出自『論諸星同位垣各同所宜，分別富貴貧賤夭壽。』中之『羊鈴』部份。全句是：『羊陀鈴火守身命，腰駝背曲之人。』

『腰駝背曲』格局是指：在人的命宮或身宮有擎羊、陀羅、鈴星、火星等四煞時，其人會有刑傷、傷殘之狀況。為羅鍋或背脊彎曲，駝背之人。此為脊椎骨有傷之故。『擎羊、火星』及『擎羊、鈴星』，及『陀羅、火星』、『陀羅、鈴星』等坐命，或身宮有以上諸形式的，皆可能會發生。如果再有化忌更凶。例如：『天同化權、巨門化忌』『權忌相逢』在命宮，對宮有擎羊的人，也要小心有脊椎骨的病變或傷殘。

145 羊火同宮

『羊火同宮』格局出自『論諸星同位垣各同所宜，分別富貴貧賤夭壽。』中之『羊鈴』部份。全句是：『羊火同宮威權壓眾。』

『羊火同宮』格是指：『有擎羊、火星入命宮，但須在辰、戌、丑、未宮四墓宮為佳。因擎羊在墓宮居廟，雖凶狠，但能有權威煞氣而壓眾、服眾。火星以在寅、午、戌居廟，在申、子、辰居陷，故以擎羊、火星在戌宮，或丑宮，最能居旺廟了。但若以加化權，使命勢增強則以以下這兩個命格則是居旺廟。

(例一)以乙年生，羊、火坐命辰宮，對宮有天機、天梁化權相照的命格，以及(例二)羊、火坐命未宮，對宮有武曲、貪狼化權相照的命格，才真正能威權壓眾呢！

『羊火同宮』格局之形式

(例一)

6.紫微在巳

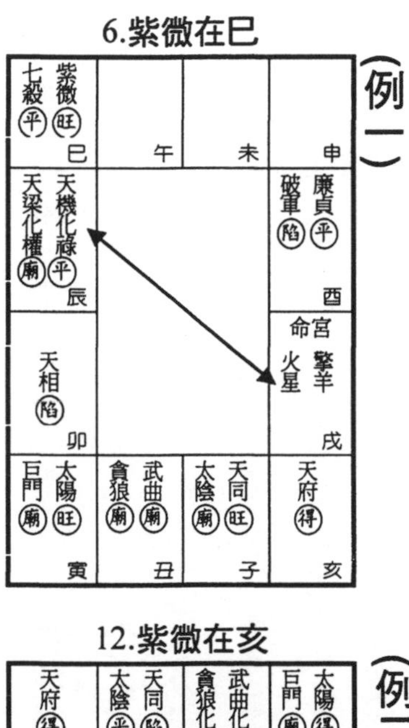

紫微(旺) 七殺(平) 巳
午
未
申
天機化祿(平) 天梁化權(廟) 辰
廉貞(平) 破軍(陷) 酉
天相(陷) 卯
命宮 擎羊 火星 戌
太陽(旺) 巨門(廟) 寅
武曲(廟) 貪狼(廟) 丑
天同(旺) 太陰(廟) 子
天府(得) 亥

(例二)

12.紫微在亥

天府(得) 巳	天同(陷) 太陰(平) 午	武曲化祿(廟) 貪狼化權(廟) 未	太陽(得) 巨門(廟) 申
辰			天相(陷) 酉
廉貞(平) 破軍(陷) 卯			天機(平) 天梁(廟) 戌
寅	命宮 擎羊 火星 丑	子	紫微(旺) 七殺(平) 亥

羊陀夾忌

『羊陀夾忌』格出自『論諸星同位垣各同所宜，分別富貴貧賤夭壽。』中之『羊鈴』部份。全句是：『羊陀夾忌是敗局。』

『羊陀夾忌』格，是指擎羊一宮，陀羅在後一宮，相夾有化忌星在位的一宮。因為是前羊、後陀的關係。此化忌必和祿存同宮。同時此種狀況，各宮都有，但也最容易在寅、申、巳、亥四個宮位發生也最凶。例如甲年是太陽化忌，若在寅宮，則必有『羊陀夾忌』之惡格。前高雄市議員林滴娟即是此格夥命。這是甲年生『紫微在巳』命盤格式所擁有的。

甲年生人，『羊陀夾忌』在寅宮，夾『太陽化忌』，由午、辰二宮相夾。是『紫微在巳』命盤格式的人會遇到的。

乙年生人，『羊陀夾忌』在卯宮，夾『太陰化忌』，由辰、寅二宮相夾，是『紫微在寅』命盤格式的人會遇到的。

丙年生人，『羊陀夾忌』在巳宮，夾『廉貞化忌』，由午、辰二宮相夾，是『紫微在丑』命盤格式的人會遇到的。

丁年生人，『羊陀夾忌』在午宮，夾『巨門化忌』，由午、巳二宮相夾，是『紫微在丑』命盤格式的人會遇到的。

戊年生人，『羊陀夾忌』在巳宮，夾『天機化忌』，由午、辰二宮相夾，是『紫微在午』命盤格式的人會遇到的。

己年生人，『羊陀夾忌』在午宮，夾『文曲化忌』，由巳、未二宮相夾，為己年生各盤中之寅時生人會遇到的。

庚年生人，『羊陀夾忌』在申宮，夾『太陰化忌』，由未、酉二宮相夾，

是『紫微在亥』命盤格式的人會遇到的。

※我派之四化(化權、化祿、化科、化忌)，庚年為武曲化權、太陽化祿、天同化科、太陰化忌。因天同為福星，不會化忌，故只有太陰化忌。

辛年生人，『羊陀夾忌』在酉宮，夾『文昌化忌』，由戌、申二宮相夾，是辛年生各盤中之丑時生人會遇到的。

壬年生人，『羊陀夾忌』在亥宮，夾『武曲化忌』，由子、戌二宮相夾，是『紫微在卯』命盤格式的人會遇到的。

癸年生人，『羊陀夾忌』在子宮，夾『貪狼化忌』，由丑、亥二宮相夾，是『紫微在午』命盤格式的人會遇到的。

『羊陀夾忌』格局之形式

丙年生

2.紫微在丑

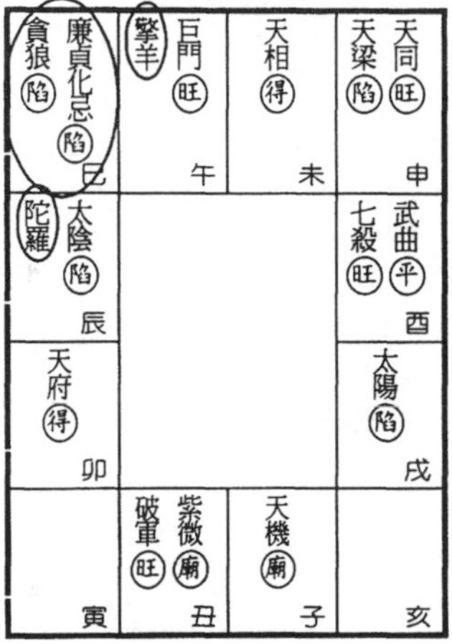

廉貞化忌(陷) 貪狼(陷) 巳	擎羊 巨門(旺) 午	天相(得) 未	天同(旺) 天梁(陷) 申
太陰(陷) 陀羅 辰			武曲(平) 七殺(旺) 酉
天府(得) 卯			太陽(陷) 戌
寅	紫微(廟) 破軍(旺) 丑	天機(廟) 子	亥

甲年生

6.紫微在巳

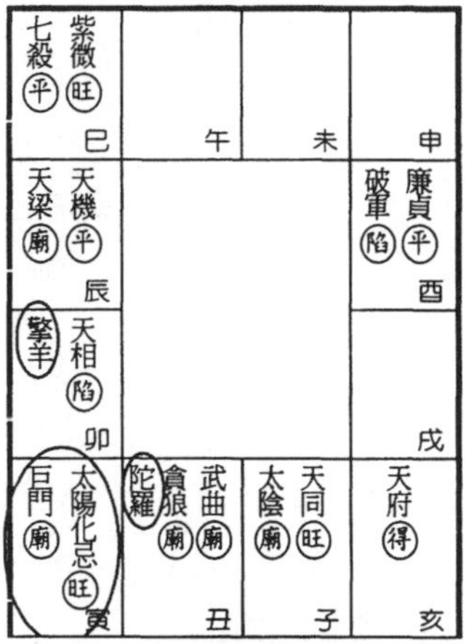

紫微(旺) 七殺(平) 巳	午	未	申
天機(平) 天梁(廟) 辰			廉貞(平) 破軍(陷) 酉
天相(陷) 擎羊 卯			戌
太陽化忌(旺) 巨門(廟) 寅	武曲(廟) 貪狼(廟) 陀羅 丑	天同(旺) 太陰(廟) 子	天府(得) 亥

丁年生

2.紫微在丑

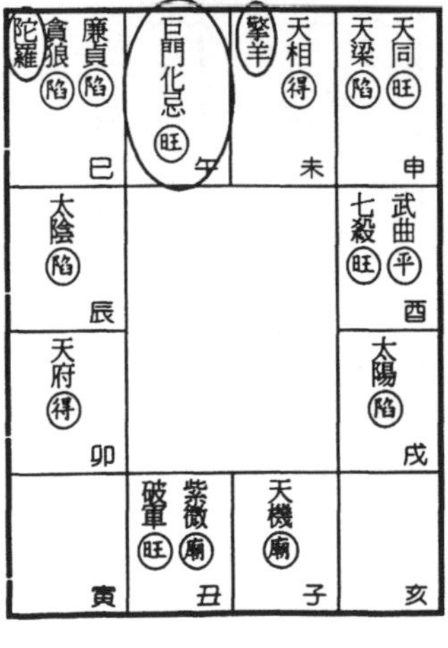

廉貞(陷) 貪狼(陷) 陀羅 巳	巨門化忌(旺) 午	天相(得) 擎羊 未	天同(旺) 天梁(陷) 申
太陰(陷) 辰			武曲(平) 七殺(旺) 酉
天府(得) 卯			太陽(陷) 戌
寅	紫微(廟) 破軍(旺) 丑	天機(廟) 子	亥

乙年生

3.紫微在寅

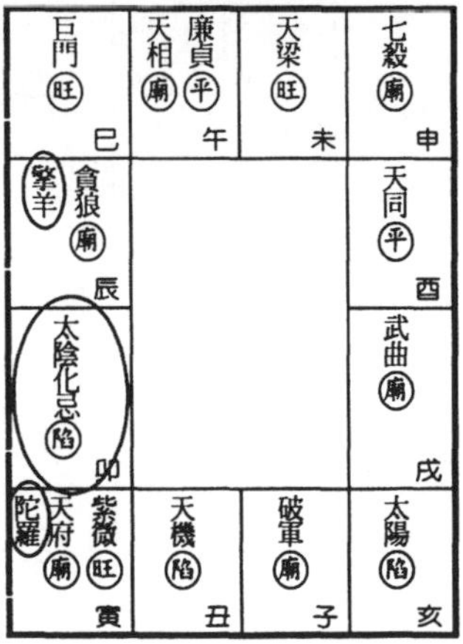

巨門(旺) 巳	廉貞(平) 天相(廟) 午	天梁(旺) 未	七殺(廟) 申
貪狼(廟) 擎羊 辰			天同(平) 酉
太陰化忌(陷) 卯			武曲(廟) 戌
紫微(旺) 天府(廟) 陀羅 寅	天機(陷) 丑	破軍(廟) 子	太陽(陷) 亥

『羊陀夾忌』格局之形式

庚年生

10.紫微在酉

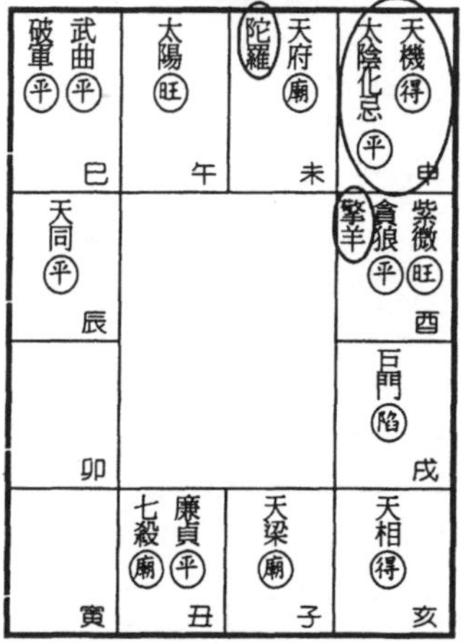

武曲(平) 破軍(平) 巳	太陽(旺) 午	天府(廟) 陀羅 未	天機(得) 太陰化忌(平) 申
天同(平) 辰			紫微(旺) 貪狼(平) 擎羊 酉
卯			巨門(陷) 戌
寅	廉貞(平) 七殺(廟) 丑	天梁(廟) 子	天相(得) 亥

戊年生

7.紫微在午

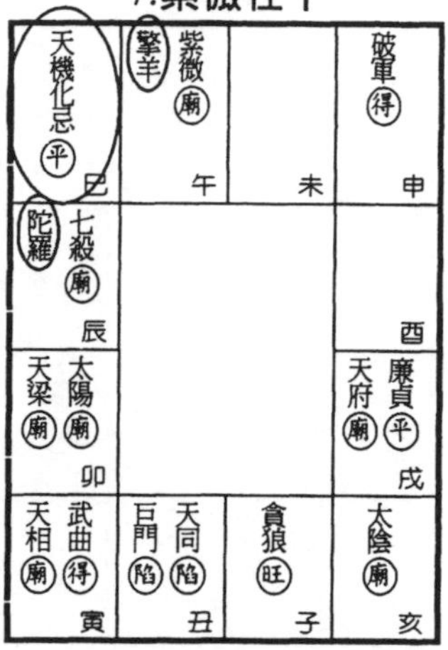

天機化忌(平) 巳	擎羊 紫微(廟) 午	未	破軍(得) 申
七殺(廟) 陀羅 辰			酉
太陽(廟) 天梁(廟) 卯			廉貞(平) 天府(廟) 戌
武曲(得) 天相(廟) 寅	天同(陷) 巨門(陷) 丑	貪狼(旺) 子	太陰(廟) 亥

辛年生

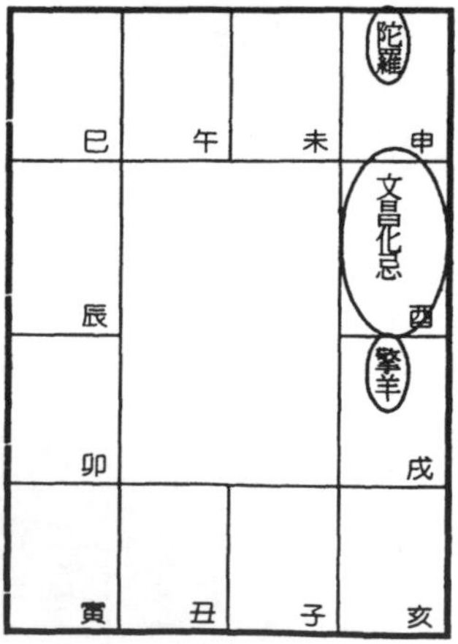

巳	午	未	陀羅 申
辰			文昌化忌 酉
卯			擎羊 戌
寅	丑	子	亥

己年生

陀羅 巳	文曲化忌 午	擎羊 未	申
辰			酉
卯			戌
寅	丑	子	亥

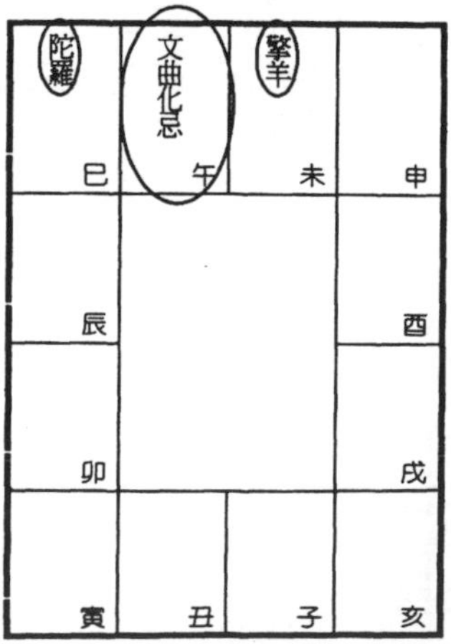

『羊陀夾忌』格局之形式

癸年生

7.紫微在午

天機(平) 巳	紫微(廟) 午	未	破軍(得) 申
七殺(廟) 辰			酉
太陽(廟) 天梁(廟) 卯			廉貞(平) 天府(廟) 戌
武曲(得) 天相(廟) 寅	天同(陷) 巨門(陷) 擎羊 丑	貪狼化忌(旺) 子	太陰(廟) 陀羅 亥

壬年生

4.紫微在卯

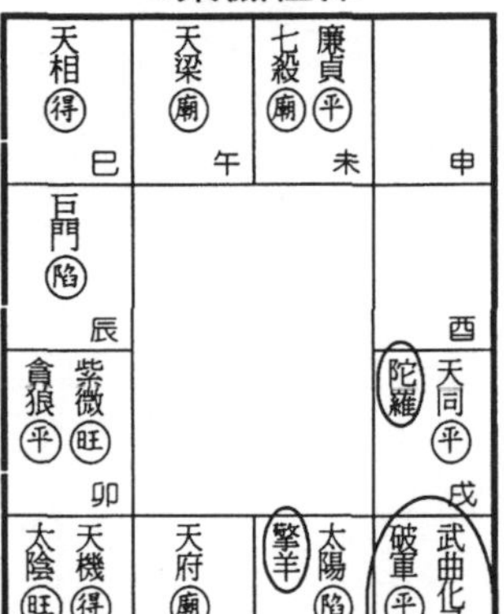

天相(得) 巳	天梁(廟) 午	廉貞(平) 七殺(廟) 未	申
巨門(陷) 辰			酉
紫微(旺) 貪狼(平) 卯			天同(平) 陀羅 戌
天機(得) 太陰(旺) 寅	天府(廟) 丑	太陽(陷) 擎羊 子	武曲化忌(平) 破軍(平) 亥

147. 羊火下格

『羊火下格』格局出自『論諸星同位垣各同所宜，分別富貴貧賤夭壽。』中之『鈴星』部份。全句是：『擎羊、火、鈴為下格。』

『羊火下格』是指：『擎羊、火星』坐命，或『擎羊、鈴星』坐命或在身宮，皆主下賤。尤其居陷地者，主貧賤，夭折、邪惡、狠毒。擎羊在子、午、卯、酉等宮居陷。火、鈴在寅、午、戌居廟，在申、子、辰等宮居陷。故子宮之『擎羊、火、鈴』同宮時最毒。

148. 火鈴名振諸邦

『火鈴名振諸邦』格局出自『論諸星同位垣各同所宜，分別富貴貧賤天壽。』中之『火星』部份。全句是：『火鈴相遇名振諸邦。』

『火鈴名振諸邦』格局是指火星居廟，或鈴星居廟的人，能有暴發格，會有大成就，而名振諸邦。火星、鈴星是在寅、午、戌等宮居廟，才有用。同時也要看對宮有何相照的吉星能對其有幫助。如果對宮的星曜居陷或兼帶煞星多，也是不吉，也會沖剋嚴重。因此，火、鈴坐命，最好是對宮有武曲、貪狼相照的形式，可形成『雙暴發格』。也真能從武職名振諸邦。

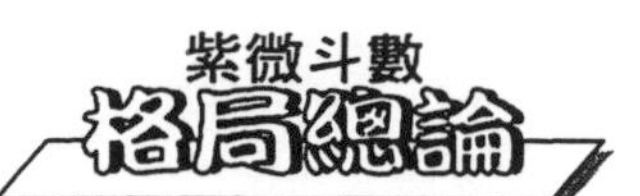

149. 火鈴夾命

『火鈴夾命』格出自『論諸星同位垣各同所宜，分別富貴貧賤夭壽。』中之『火星』部份。全句是：『火鈴夾命為敗局。』

『火鈴夾命』格局是指命宮由火星和鈴星相夾。火星和鈴星為時系星，但也由年支加時支相互交叉而至。由後面圖例中可看出，凡是年支為寅午戌生人，及亥卯未生人，無論生於十二個時辰之中，每個生時都會是有火、鈴相夾之狀況。如果剛好命宮在火、鈴之間的宮位，就會被火、鈴相夾。因此生肖屬虎、馬、狗、豬、兔、羊的人命格被『火、鈴』相夾的機會頗高的。其他生肖就不會。因為火、鈴為煞星，故不喜被其相夾。『火鈴夾命』，其實就會有火星、鈴星在父母宮及兄弟宮中，父母和兄弟脾氣壞，如果父母宮或兄弟宮再有天相與火、鈴同宮，代表父母或兄弟會與黑道或不良份子有關，同時也代表你的出身不算好。『火鈴夾命』為敗局就是這個意思了。如果你的父母和兄弟不是黑道和不良份子，那也就沒什麼問題。這個格局無多大意義。

火星、鈴星排列法

甲								星級
亥卯未		巳酉丑		申子辰		寅午戌		出生年 / 星曜
鈴星		鈴星		鈴星		鈴星		本命時
戌	酉	戌	卯	戌	寅	卯	丑	子
亥	戌	亥	辰	亥	卯	辰	寅	丑
子	亥	子	巳	子	辰	巳	卯	寅
丑	子	丑	午	丑	巳	午	辰	卯
寅	丑	寅	未	寅	午	未	巳	辰
卯	寅	卯	申	卯	未	申	午	巳
辰	卯	辰	酉	辰	申	酉	未	午
巳	辰	巳	戌	巳	酉	戌	申	未
午	巳	午	亥	午	戌	亥	酉	申
未	午	未	子	未	亥	子	戌	酉
申	未	申	丑	申	子	丑	亥	戌
酉	申	酉	寅	酉	丑	寅	子	亥

150. 貪火相逢

『貪火相逢』格出自『定富貴貧賤十等論』中之『定貴局』。

『貪火相逢』格其實就是『火貪格』。主要是指命宮有貪狼、火星二星者。能主貴，武職能創立大功勳。但現有此種命格的人多在商場上打拼。例如英國維京企業主席布蘭森先生就是『貪火相逢』坐命辰宮的人。這也是要八字好，命裡帶財多，才能形成的貴格，一生中有多次奇遇，大難不死，好運連連。

151.

『鈴羊白虎』格局出自『太微賦』。全句是：『鈴羊合於命宮遇白虎須當刑戮。』

『鈴羊白虎』格，是指『鈴星、擎羊』在命宮中，再在流年中遇到白虎星，會有遭到刑殺之事。

白虎為『流年歲前諸星』，為戊級星，太歲一年一替換，歲前諸星共有七個，白虎居第九，以年支來排列。

其實，在流年中，本命為『鈴、羊』，流年走到已十分凶險了，必有災運。白虎只是戊級星，而且戊級星要三、四個一起才能成災。故此格局仍以『鈴、羊』肆虐為最主要最嚴重。加白虎只是錦上添花而已。

152. 鈴星羅武

『鈴星羅武』格出自『斗數骨髓賦』。全句是：『鈴星羅武限至投河。』

『鈴星羅武』格是指：有鈴星、陀羅、武曲同宮在辰、戌宮者，入命亦然，在大運及流年走到時，會有因財務問題投河自殺的狀況。

『鈴星羅武』在辰宮時，是丙年及戊年生人。丙年生人還有『刑囚夾印』帶廉貞化忌在三合宮位中，是必死無疑(例一)。戊年生人，有『刑印』格局在三合宮位裡(例二)。

『鈴星羅武』在戌宮時，必是壬年生人，有『鈴星、陀羅、武曲化忌』同在宮位中，會因財務問題欠債太多而想不開投水自盡(例三)。

『鈴星羅武』格局之形式

(例一)丙年生人

9.紫微在申

太陽(旺) 巳	破軍(廟) 擎羊 午	天機(陷) 未	紫微(旺) 天府(得) 申
武曲(廟) 陀羅 鈴星 辰			太陰(旺) 酉
天同(平) 卯			貪狼(廟) 戌
七殺(廟) 寅	天梁(旺) 丑	廉貞化忌(平) 天相(廟) 子	巨門(旺) 亥

(例二)戊年生人

9.紫微在申

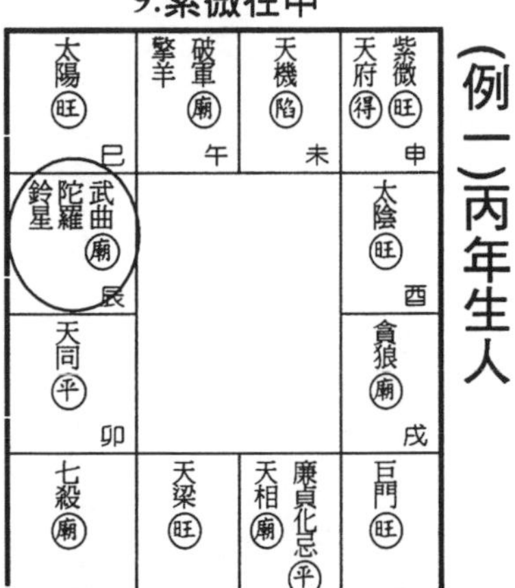

(例三)壬年生人

3.紫微在寅

巨門(旺) 巳	廉貞(平) 天相(廟) 午	天梁(旺) 未	七殺(廟) 申
貪狼(廟) 辰			天同(平) 酉
太陰(陷) 卯			武曲化忌(廟) 陀羅 鈴星 戌
紫微(旺) 天府(廟) 寅	天機(陷) 丑	破軍(廟) 擎羊 子	太陽(陷) 亥

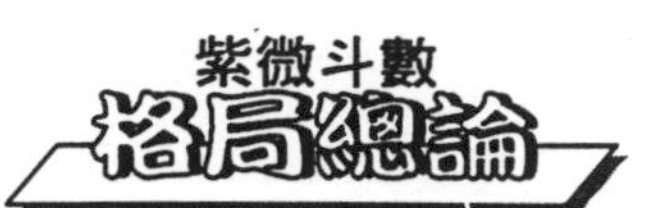

擎羊入廟

『擎羊入廟』格局出自『定富貴貧賤十等論』中之『定貴局』。

『擎羊入廟』格局主要是指擎羊獨坐命宮，又居於辰、戌、丑、未宮居廟者。其人性格強勢，陰險毒辣，有計謀，做武職能為大將軍，征戰沙場，能為國立功，故為貴格，為武貴。但不利文職，故文職不算此格。

當擎羊獨坐命宮時，亦屬空宮坐命之範圍。擎羊在辰宮或戌宮坐命時，對宮必為『天機、天梁』相照。

擎羊獨坐辰宮，是乙年生人，其對宮有『天機化祿、天梁化權』相照，命勢很強，足智多謀，可為公僕，但福德宮為『天同、太陰化忌』雙星居陷，表示財少，又頭腦不清，因此也會犯下狠毒之事。

擎羊坐命戌宮，是辛年生人，對宮是『天機、天梁』相照，其人財帛

宮為空宮，官祿宮為『太陽化權、巨門化祿』，因此其人的工作能力強，事業有成。為多計謀於工作上之人。刑剋還不太重，只是要小心自己的身體而已。

擎羊坐命丑、未宮的命格，會有九種，逐一不同，成就也不一樣。

此九種命格是：

①擎羊坐於丑宮，對宮是『武曲、貪狼化忌』相照。（為癸年生人。）
②擎羊坐於未宮，對宮是『武曲、貪狼』相照。（為丁年生人。）
③擎羊坐於未宮，對宮是『武曲化祿、貪狼化權』相照。（為己年生人。）
④擎羊坐於丑宮，對宮是『太陽、太陰化科』相照。（為癸年生人。）
⑤擎羊坐於未宮，對宮是『太陽、太陰化祿』相照。（為丁年生人。）
⑥擎羊坐於未宮，對宮是『太陽、太陰』相照。（為己年生人。）
⑦擎羊坐於丑宮，對宮是『天同、巨門化權』相照。（為癸年生人。）

⑧ 擎羊坐於未宮，對宮是『天同化權、巨門化忌』相照。(為丁年生人。)

⑨ 擎羊坐於未宮，對宮是『天同、巨門』相照。(為己年生人。)

這其中以擎羊坐命未宮，對宮有『武曲化祿、貪狼化權』相照最為厲害。此命格的人才能真正主貴，有成就為此格合格者。其他命格皆刑剋重，多傷災，奸險無用。

『擎羊入廟』最優合格之格局
(己年生人)

6.紫微在巳

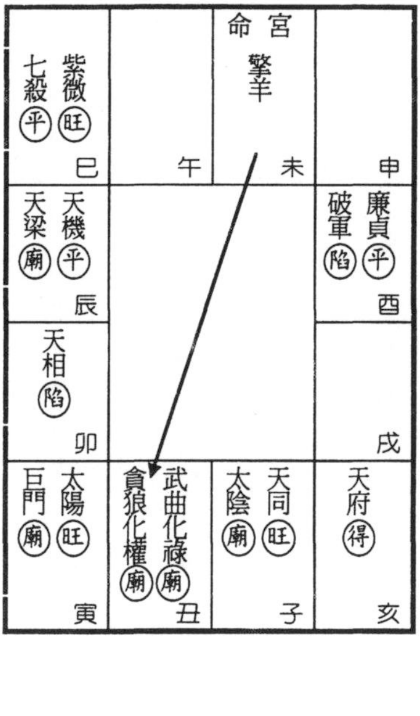

紫微(旺) 七殺(平) 巳	午	命宮 擎羊 未	申
天機(平) 天梁(廟) 辰			廉貞(平) 破軍(陷) 酉
天相(陷) 卯			戌
太陽(旺) 巨門(廟) 寅	武曲化祿(廟) 貪狼化權(廟) 丑	天同(旺) 太陰(廟) 子	天府(得) 亥

154. 暗狼聲沉

『暗狼聲沉』格局出自『形性賦』。全句是：『吞炭裝啞兮暗狼聲沉。』

『暗狼聲沉』格局是指人之命格中有火星、鈴星居陷，其人聲音沙啞、粗劣、低沉，彷如砂紙摩擦東西之聲音，如此形貌、聲形的人，有狼子之心，奸險狡詐，此命格主下賤。須多防範，勿受其害。

155. 萬里無雲

『萬里無雲』格出自『定富貴貧賤十等論』中之『定貴局』。

『萬里無雲』格是指『天空』獨坐西宮為命宮，對宮有太陽、天梁相照的命格，稱之。天空坐命的人會清高，非常聰明，大公無私，對錢財不在意、看輕，但有遠大抱負，能成就大事業的人。因遷移宮為『陽梁』，表示外在環境中有許多貴人幫忙，與照顧，周圍環境又是主貴的環境，故能成就大事業。此格局主貴，至今只有　國父孫中山先生一人為此命格。故能推翻封建制度，創立民國，並成為我國之國父。此命格是特有的形式，其他的狀況並不是。

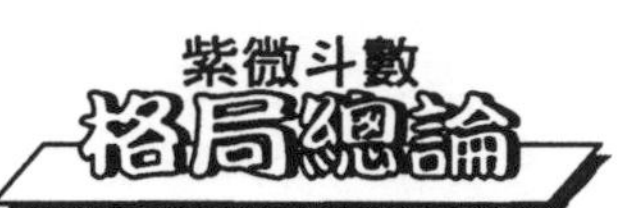

『萬里無雲』格局之形式

7.紫微在午

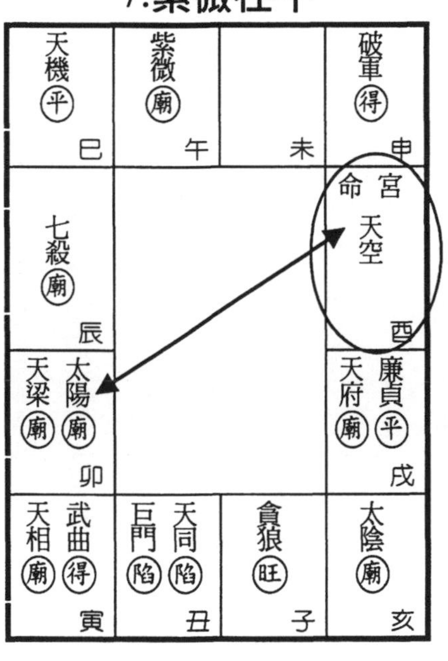

劫空臨財

『劫空臨財』格局出自『論諸星同位垣各同所宜，分別富貴貧賤夭壽。』中之『劫空』部份。全句是：『劫空臨財福之鄉生來貧賤。』

『劫空臨財』格是指『天空、地劫』二星在財帛宮或福德宮者稱之。

『天空、地劫』當中，倘若只有一個星在財帛宮或福德宮時，此時還不算很空，只是會頭腦短暫性的空空，容易遭劫財，或耗財，但狀況還不嚴重。例如在丑、卯、辰、午、未、酉、戌、子等宮時，不算太嚴重。

『天空、地劫』二星在寅宮或申宮相互對照時，須有人從旁協助，也能有益存錢或幫忙事業、家庭。但『天空、地劫』同坐於巳宮或亥宮時，是午時及子時生的人，如此就可能萬事空空，財運空空了。

當『天空、地劫』同宮於巳宮或亥宮，其為財帛宮，表示其人手上常空空，沒有錢，自己也不管錢，也會常無工作，賺不了什麼錢。**其為福德宮時**，表示財的來源不好，其人常腦袋空空，容易有精神疾病，無福氣可言。**其為官祿宮時**，表示常沒有工作，或做不長，其人清高，喜歡做義工、白做工的工作，人生會一事無成。同時也容易不婚，**其為夫妻宮**，表示內心空空，做人很單純，常不想事情，更討厭複雜的事情，也會不婚，感情常空白。**其為田宅宮**，表示無房地產，家中常無人在家，家裡人丁稀少，家人感情冷淡，也表示家無衡產，存不住錢，容易花掉。田宅宮是人之財庫，有空劫時，財庫空空如野。如果是女性的田宅宮有『空劫』同宮，其人會有子宮之病變，而致子息空空，因此其女子也不會想結婚。因為分泌之賀爾蒙也少或無，也無慾求結婚。**其為子女宮時**，表示無子女，也易不婚。**其為父母宮時**，表示無父母，其人會生癌症。**其為兄弟宮時**，表示無兄弟。**其為僕役宮時**，表示無朋友，不想與人交往。**其為疾厄宮時**，表示會生癌症，身體差，同時也會無父母，父母早亡。因疾厄宮與父母宮相對照之故。由此表示，『劫空』臨財福之鄉會貧賤窮困是必然現象了。

157. 劫空臨限

『劫空臨限』出自『論諸星同位垣各同所宜，分別富貴貧賤夭壽。』中之『劫空』部份。全句是：『劫空臨限楚王喪國綠珠亡。』

『劫空臨限』格局是指：有『地劫、天空』在運限之中。一般『運限』指大運而言，有時也指流年。以前的人也看小限。但是常常有許多人把小限的資料和流年搞混時，根本無法弄清運程好壞了。故我建議大家不要看『小限』，把『小限去掉』！如此只用大運、流年、流月、流日、流時，甚至流分，就可把運程算得一清二楚，分秒不差了。因此在這裡，『劫空臨限』應代表大運或流年。『臨限』代表『命限』。也就是當大運及流年走到『地劫、天空』二星的運限時，楚霸王項羽會丟了國家及妻子虞姬自刎於烏江旁，窮途末路了。『綠珠』是西晉石崇寵妾梁綠珠，美艷善吹笛。石崇為她建立百丈高樓『苑綺樓』，可『極目南天』，以解思鄉之情。趙王司馬倫垂涎綠珠美色，請求相贈，石崇不允獲罪，綠珠跳樓身亡。這些都是因為命限逢『空劫』而亡的呀！因此子時和午時生人要小心！因命盤中會有天空、地劫同宮於亥宮、巳宮之故。

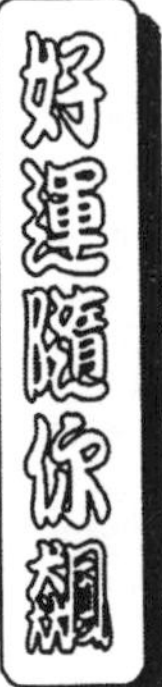

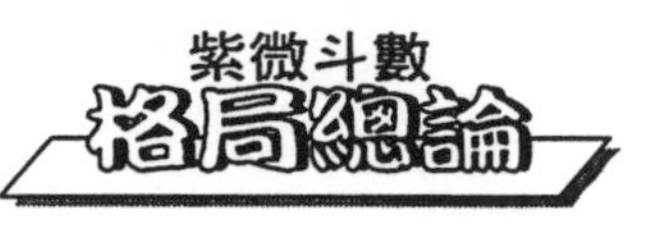

158.

『半天折翅』格出自『斗數骨髓賦』。全句是：『生逢天空猶如半天折翅。』

『半天折翅』格即是指羊陀相夾『天空、地劫』在巳宮或亥宮之格局，有化忌在內更凶。當羊陀相夾『劫空』時，必有祿存與地劫、天空之同宮，是『祿逢沖破』。故會很年輕就死亡，此狀況像鳥兒在天上飛到一半受傷，翅膀折斷，掉落地面而亡一般。二十多年前，有位藝人湛蓉便擁有此格局，二十三歲遭盜匪姦殺而亡。

凡是戊年、丙年生，又生於午時的人，以及壬年生又生於子時的人要小心有此格局。格局在巳宮者，巳年會亡有災。格局在亥宮者，亥年有災會亡。非常危險，**尤其戊年、午時生，命盤是『紫微在午』命盤格式的人。**會有『天機化忌、祿存、天空、地劫』被羊陀所夾。**丙年午時生人，命盤是『紫微在丑』命盤格式的人**，會有『廉貞化忌、貪狼、祿存、天空、地劫』被羊陀所夾。**尤其是壬年子時生人，命盤格式是『紫微在卯』的人**，會有『武曲化忌、破軍、祿存、天空、地劫』被羊陀所夾。此三種命格為『半天折翅』格中最凶者，要小心流年及大運三重逢合的事情，早做預防。

『半天折翅』格在命盤上就算。

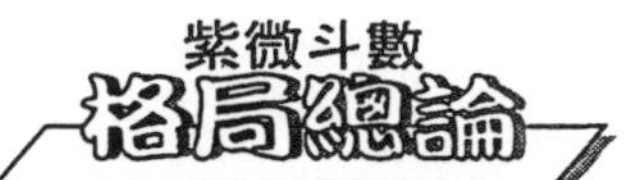

『半天折翅』之最惡形式

戊年生人

7.紫微在午

天機化忌(平) 祿存 天空 地劫 巳	紫微(廟) 擎羊 午	未	破軍(得) 申
七殺(廟) 陀羅 辰			酉
太陽(廟) 天梁(廟) 卯			廉貞(平) 天府(廟) 戌
武曲(得) 天相(廟) 寅	天同(陷) 巨門(陷) 丑	貪狼(旺) 子	太陰(廟) 亥

丙年生人

2.紫微在丑

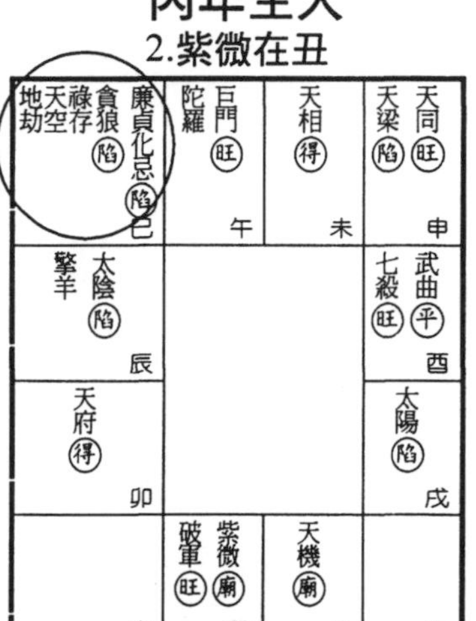

壬年生人

4.紫微在卯

天相(得) 巳	天梁(廟) 午	廉貞(平) 七殺(廟) 未	申
巨門(陷) 辰			酉
紫微(旺) 貪狼(平) 卯			天同(平) 陀羅 戌
天機(得) 太陰(旺) 寅	天府(廟) 丑	太陽(陷) 擎羊 子	武曲化忌(平) 破軍(平) 祿存 天空 地劫 亥

159. 劫空夾命

『劫空夾命』格局出自『論諸星同位垣各同所宜，分別富貴貧賤夭壽。』中之『劫空』部份。全句是：『劫空夾命為敗局。』

『劫空夾命』格局多發生在劫空在『午、辰』，相夾巳宮命宮，這是巳時及未時生人，或劫空在『子、戌』宮相夾亥宮，此是丑時及亥時生的人。

如果命宮被劫空相夾，表示父母宮及兄弟宮中各有一個天空、地劫。表示從小與父母、兄弟緣份淡。不常在一起，或彼此思想及磁場不一樣，有些談不來。但狀況並不嚴重，只是來自家庭的助力少。你可能較孤獨，或向外發展。只要你的命宮不是空宮，命宮的星又居旺廟，自然無懼『劫空夾命』了。只不過，父母宮有一個天空、地劫時，也要小心會有生癌症的問題。早些買醫療險，及小心健康，才能保命改運。

160. 命空限空

『命空限空』格局出自『斗數骨髓賦』。全句是：『命空限空無吉湊功名蹭蹬。』

『命空限空』格是指命宮為空宮時，當大運、流年又走到空宮的位置，三合、對宮無吉星相照時，是考試考不上，也無法做官的。

命宮是空宮的人，常容易茫然，或喜歡發呆，頭腦空空，精神不振。再加上大運、流年之運限又走到此宮位，更是茫然、沒精神，讀不好書，自然考不上，也升不了官了。因此空宮坐命者常要小心自己行運至本命宮時，應振作精神，多運動，保持頭腦清晰，才能有好運。

161. 空亡得用

『空亡得用』格局出自『太微賦』。全句是：『空亡定要得用，天空最為要緊。』

『空亡得用』格是指在論命中有『金空則鳴』、『火空則發』之說。例如『天空、地劫』坐於巳宮為命宮者，主其人會大放異彩，一生中有名聲響亮出名之事，這是『金空則鳴』。『火空則發』是指有『火星和天空』同宮坐命在未宮，對宮有武貪相照的命格，易大發主貴，或主富，但不長久。這兩種命格是『空亡得用』。

其他如『水空則泛』、『木空則折』、『土空則陷』的命格則不吉，有大凶，易夭折。例如『水空則泛』是『天空、地劫』坐命亥宮，稱之。

『木空則折』是指天空或地劫坐於寅宮，對宮有另一個地劫或天空相

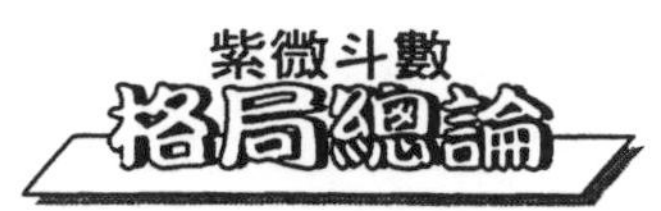

照，如果遷移宮中之星落陷，又煞多，則會夭折。

『土空則陷』是指在辰、戌、丑、未宮有天空坐命，因為天空在四墓宮，天空受到限制，為真空，會有塌陷之危，也會夭折。並且當天空在辰宮或戌宮時，必有地劫在福德宮，也表示無福、無財，命易早亡。當天空在丑宮或未宮時，其財帛宮會有地劫，也是財少，命易早亡之格局。

『空亡得用』之格局

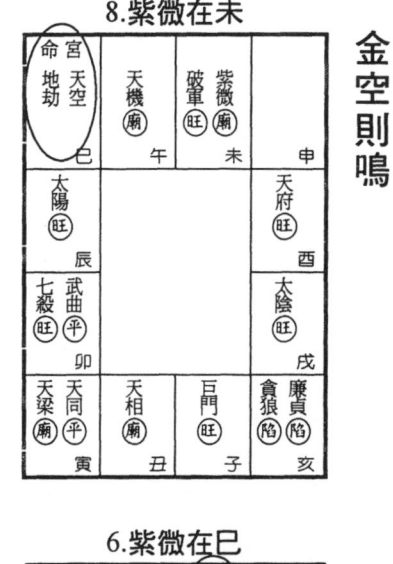

金空則鳴

8.紫微在未

命宮 天空 地劫 巳	天機(廟) 午	紫微(廟) 破軍(旺) 未	申
太陽(旺) 辰			天府(旺) 酉
武曲(平) 七殺(旺) 卯			太陰(旺) 戌
天同(平) 天梁(廟) 寅	天相(廟) 丑	巨門(旺) 子	廉貞(陷) 貪狼(陷) 亥

火空則發

6.紫微在巳

紫微(旺) 七殺(平) 巳	午	命宮 天空 火星 未	申
天機(平) 天梁(廟) 辰			廉貞(平) 破軍(陷) 酉
天相(陷) 卯			戌
太陽(旺) 巨門(廟) 寅	武曲(廟) 貪狼(廟) 丑	天同(旺) 太陰(廟) 子	天府(得) 亥

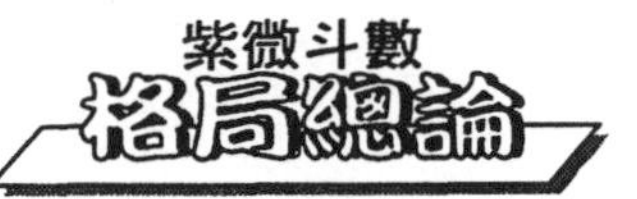

162. 運遇空劫

『運遇空劫』格局出自『斗數骨髓賦』。全句是：『運遇地劫天空，阮籍有貧窮之苦。』

『運遇空劫』格局是指大運、流年及流月逢到天空、地劫的運程時，會有貧窮之苦。

※阮籍為魏末晉初的『竹林七賢』之一，好玄學、老莊詩文，雜以儒學，思想清高，不喜作官，好吟唱，放浪形骸，品逸清高，有文名。最後佯狂避世。著有『大人先生傳』、『達莊論』等。

『運遇空劫』格是指當這麼不在乎錢財的人，又遇到空劫運時，一樣會為貧窮而難過之意。

163. 限行劫地

『限行劫地』格局出自『斗數骨髓賦』。全句是：『石崇豪富限行劫地以亡家。』

『限行劫地』格是指運限(大運及流年)走到地劫之運程。

『地劫運』如果只有一個地劫運再加吉星的話，其實感覺不深刻，沒怎麼感覺到。但地劫和天空在寅、申宮相對照時的『地劫運』，因有天空相照的關係，就十分明顯、萬事不順，容易成空了。

如果是巳宮、亥宮，有天空、地劫一起同宮的話，則萬事成空。石崇要亡家，勢必是『天空、地劫』同宮在巳、亥宮，或是大運、流年逢地劫帶羊、陀、火鈴等三個煞星以上的運限，會亡家。

※ **石崇是西晉時人**。晉書記載：石崇在荊州『劫遠使商客，致富不貲。』他擁兵自重來搶劫往來商旅而致富。曾做過南中郎將、荊州刺史等官。石崇致富後，生活豪奢，性殘忍，好斬人首。最後因愛寵妾綠珠，得罪趙王司馬倫，被斬首而亡。

『限行劫地』格指石崇的大運、流年已逢到劫空帶羊陀、火鈴，所有的煞星都聚集到一起的宮位運限時，一定會敗亡。

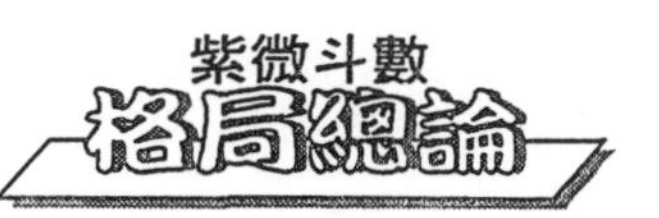

164. 浪裡行船

『浪裡行船』格局出自『斗數骨髓賦』。全句是：『命中遇劫恰如浪裡行船。』

『浪裡行船』格是專指『地劫、天空』坐命巳宮或亥宮，對宮有『廉貞、貪狼』相照的命格。其餘不是。

『浪裡行船』格會讓其人一生如驚濤駭浪一船，起起伏伏，不安穩，不順暢。此命格只宜做僧道，修身養性，且常有生命之憂，生死無常。

『浪裡行船』格局形容這種命格的人，在運限上常會逢到不吉之事，讓人驚恐過度。

『浪裡行船』格局之形式

2.紫微在丑

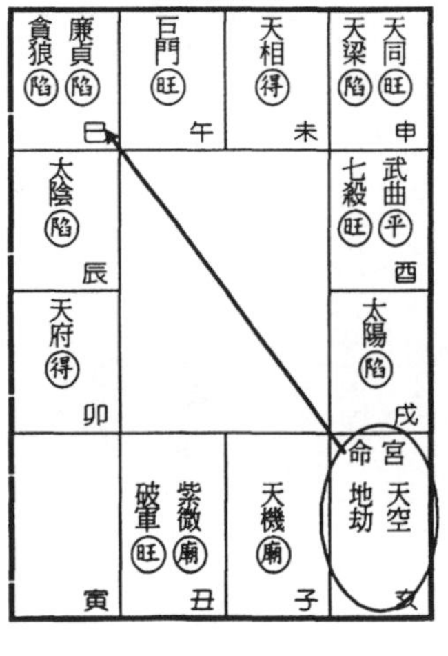

8.紫微在未

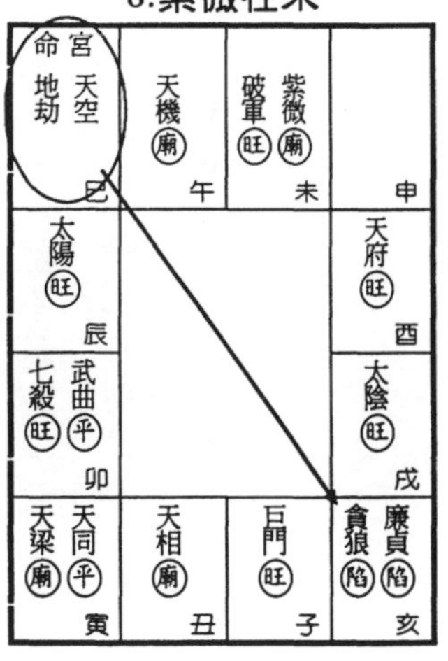

165. 夾空夾劫

『夾空夾劫』格出自『斗數骨髓賦』。全句是：『夾空夾劫主貧賤，夾羊陀為乞丐。』

『夾空夾劫』格若在人命宮，則其父母宮與兄弟宮有天空及地劫。表示與父母、兄弟緣淺，或無兄弟姐妹。一生之中，也較無法得到父母及兄弟的幫助。同時也表示父母及兄弟也都不富裕，其人自然也會窮困了。

下一句『夾羊陀為乞丐』，命夾羊陀，則為祿存坐命者。有自己之衣食之祿，除非祿又逢沖破，否則倒不一定會做乞丐的。

166. 兩重華蓋

『兩重華蓋』格局出自『定富貴貧賤十等論』中之『定貧賤局』。

『兩重華蓋』格局出自八字學之中，以八字地支上有戌人見戌，未人見未，丑人見丑，辰人見辰，為『疊逢華蓋』。主其人喜孤獨寂寞，會離群索居，不喜與人來往，也易為僧道之人。墓庫逢華蓋為『兩重華蓋』。

在斗數中，以辰、戌、丑、未四墓宮，再逢『祿空』之格局，為『兩重華蓋』。墓宮不會有祿存進入，只會有化祿居墓宮。例如『武曲化祿、天空』在辰宮或戌宮出現，就是『兩重華蓋』。『貪狼化祿加天空』或『貪狼化祿加地劫』在辰、戌宮出現，也是『兩重華蓋』。又例如『天機化祿、天梁化權、天空』在辰、戌宮出現，亦為『兩重華蓋』。又例如『天同化祿、巨門、天空』及『天同化祿、巨門、地劫』在丑、未宮出現，是『兩

重華蓋』。又例如『太陽、太陰化祿、天空』或『太陽、太陰化祿、地劫』在丑、未宮亦是。又例如『太陽化祿、太陰化忌、天空』或『太陽化祿、太陰化忌、地劫』在丑、未宮，也是。又例如『天梁化祿、天空』或『天梁化祿、地劫』在丑、未宮也為『兩重華蓋』。亦或是『太陰化祿、天空』或『太陰化祿、地劫』在辰、戌宮皆是此格。

有此格者，大運及流年走到，自然而然會不喜與人來往，喜歡孤獨。因為人緣機會少了，也容易無工作，主窮困的命格與運程。如果為僧道之人，反而孤獨無懼，主享福、壽長、無事可忙。

凡有此格者，多六親相剋，不吉。

167. 生不逢時

『**生不逢時**』格出自『**定富貴貧賤十等論**』中之『**定貧賤局**』。

『**生不逢時**』格是指『天空、地劫』坐命巳、亥宮，對宮有廉貪俱陷落相照之命格。此命格有很多個格局名稱，如『浪裡行船』格，例如『半天折翅』格的主體也是此格局，有這麼多格局名稱，主要也是指本命逢空劫，思想和命運易成空，環境也不好，難有作為之故。

『生不逢時』之形式

8.紫微在未

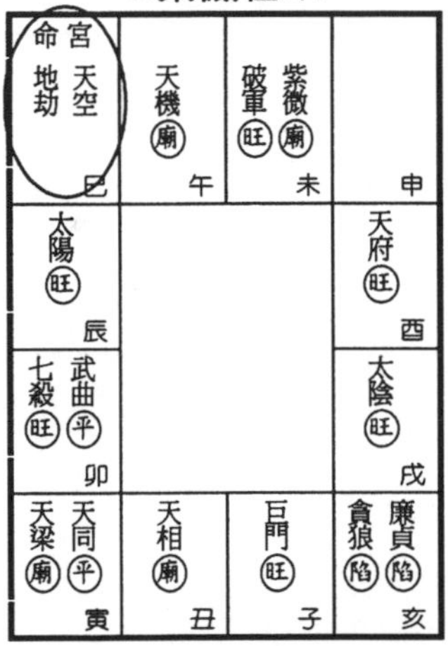

巳	午	未	申
命宮 天空 地劫	天機(廟)	紫微(廟) 破軍(旺)	
辰 太陽(旺)			**酉** 天府(旺)
卯 武曲(平) 七殺(旺)			**戌** 太陰(旺)
天同(平) 天梁(廟)	天相(廟)	巨門(旺)	廉貞(陷) 貪狼(陷)
寅	丑	子	亥

2.紫微在丑

巳	午	未	申
廉貞(陷) 貪狼(陷)	巨門(旺)	天相(得)	天同(旺) 天梁(陷)
辰 太陰(陷)			**酉** 武曲(平) 七殺(旺)
卯 天府(得)			**戌** 太陽(陷)
	紫微(廟) 破軍(旺)	天機(廟)	命宮 天空 地劫
寅	丑	子	亥

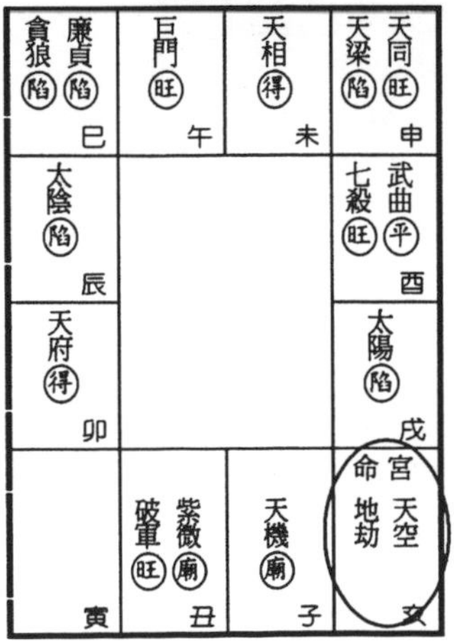

馬落空亡

『馬落空亡』格局出自『太微賦』。全句是：『馬落空亡，終身奔走。』

『馬落空亡』格是指命宮在四馬宮寅、申、巳、亥等宮，命宮中又有天空、地劫等星。稱之。

『天空和地劫』在寅、申宮時為相照的。故命宮有天空在寅，則有地劫在遷移宮相照命宮。命宮有天空在申，有地劫在寅相照命宮亦是。(例一)(例二)

『天空和地劫』在巳宮及亥宮，為『天空、地劫』雙星並坐之狀態。是故『**天馬和天空、地劫**』同宮入命在巳宮或亥宮，即是此現象。(例三)(例四)

天馬在夫妻宮，代表家中有賢內助，會幫忙打拼相助事業。但**如果天馬在寅、申宮和天空或地劫同宮為夫妻宮**，對宮也會有另一個地劫或天空相照，這是夫、官二宮皆為『馬落空亡』，自然是終身奔走無力，東忙西忙，沒有正確目標，皆為一場空了。**如果『天馬和空、劫』在巳、亥宮並坐**，為『馬落空亡』，自古以馬為財，故也是財落空亡，故無財，也會終身奔走，也是一事無成了。

『馬落空亡』之形式

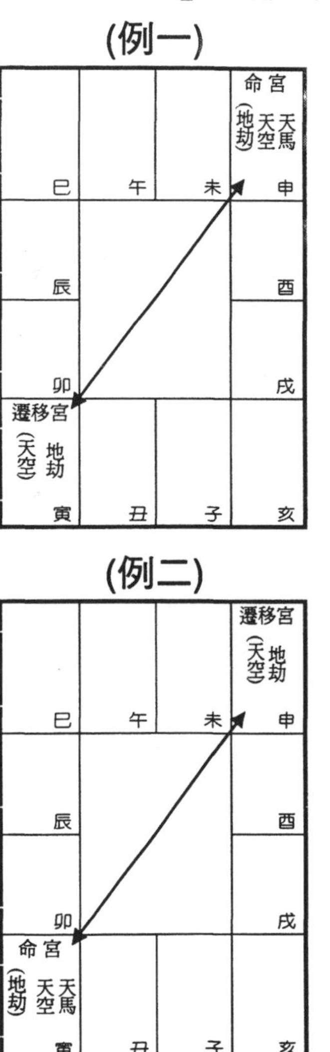

『馬落空亡』之形式

(例三)

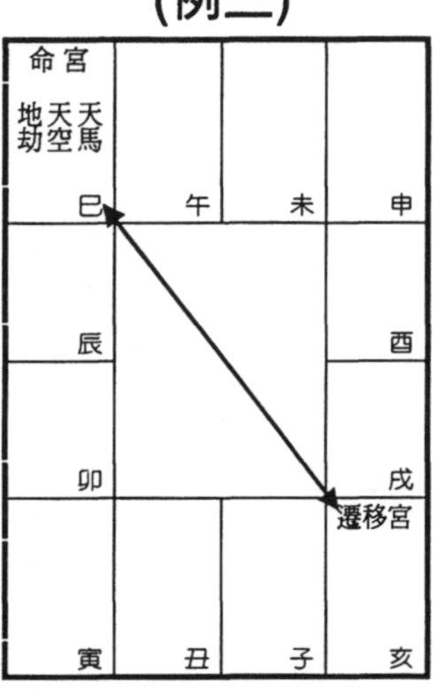

(例四)

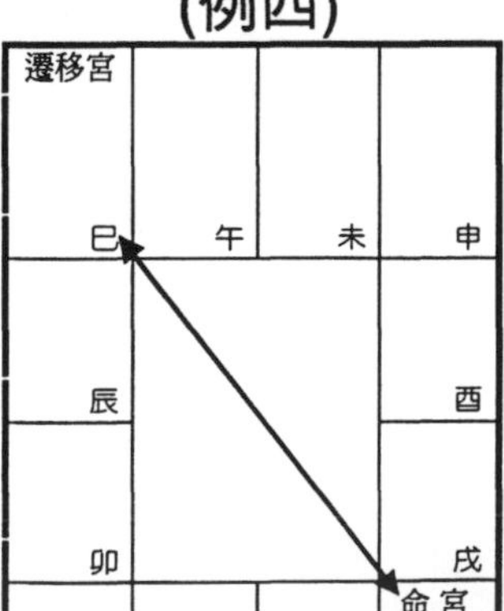

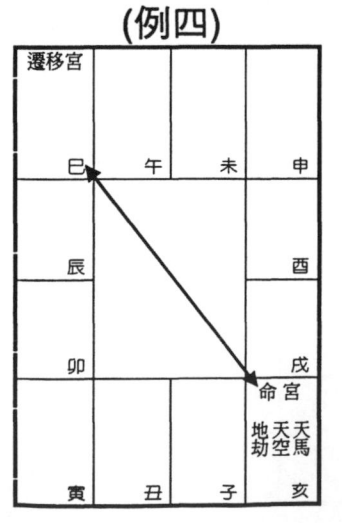

169. 命裡逢空

『命裡逢空』格局出自『斗數骨髓賦』。全句是：『命裡逢空不飄流即主疾苦。』

『命裡逢空』格是指命宮中無正曜，只有天空星獨坐，主聰明絕頂，清高，不重錢財，一生志向高，不與常人相同。本身無多少財富，也會財來財去，一生無著，喜奔走飄流，居無定所。不然就身懷疾病之苦而終。例如國父孫中山先生為天空坐命酉宮為『萬里無雲』格的人，但一生奔走革命，六十歲因肝病夭亡。最近也看到一個命宮為『天空』單星坐命卯宮，對宮有『天機化忌、巨門』相照的朋友的命格。為了蓋民宿欠下親朋好友及銀行、地下錢莊等，非常多的錢財。這些財力是他根本無法清還的，目前的大運又在此『天機化忌、巨門』運程上，我想他最後也會因病而死，人死債爛來了卻這些債務了。這就是『命裡逢空』格局所說的：『不飄流即主疾苦』了。

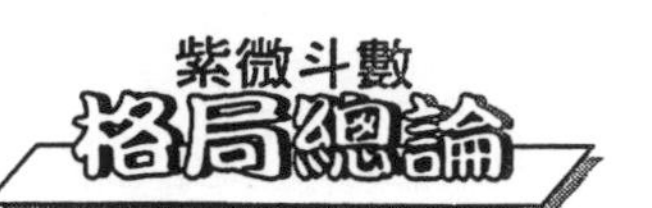

火鈴巨暗

『火鈴巨暗』格局出自『形性賦』。全句是：『擎羊身體遭傷，若遇火鈴巨暗必生異痣。』

『火鈴巨暗』格局是指在人命宮中有『火星、巨門』或『鈴星、巨門』的命格，其人身上或臉上就會有異痣或胎記了。如果再加擎羊，會帶有傷疤，及開刀的傷痕。暗星指的也是巨門星。

以前我算過一個朋友的命格是『巨門、鈴星』坐於亥宮的命格，其人臉上有一半都是青綠色的胎記。十分古怪！但其人桃花特別強，當時那人已四十多歲了，常有女人喜歡他，就借錢兩、三佰萬元給他開自助餐店，一家開一開要倒了，再向另一個女人借幾佰萬，又到他地再開自助餐店，又倒了，又再找其他的女性借錢再轉到別處再開。如此，數年間已欠下數十個女人的錢，並追著向他討債。當時他是說：想斬斷這些桃花。但是我想是根本不可能的，因為他根本沒有工作的能力，只有用桃花向女人借貸的本領。如果不再去騙另一個女人，只有束手待斃的可能，他怎會不賴活著呢？難道真有氣節去選擇『好死』嗎？否則他就不會騙這麼多女人了呀！

所以說，『火鈴、巨門』雖會在人臉上、身上留下斑痕、痣或胎記，但並不影響其人的桃花人緣好。

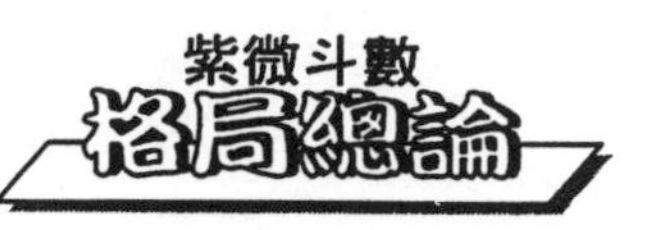

羊陀迭併

『羊陀迭併』格局出自『談星要論』中之論『羊陀迭併』。

『羊陀迭併』格局是指大運、流年、流月逢到擎羊或陀羅運有三次逢合者。例如：甲年生，擎羊在卯，而大運、流年、流月三重逢合在卯宮者，有刑傷嚴重之性命之災。此稱為『擎羊迭併』。如果為陀羅運，由大運、流年、流月三重逢合者，也主傷災，有性命之憂，為『陀羅迭併』。此二者稱為『羊陀迭併』。

紫微命理子女教育篇

紫微斗數
格局總論

第十七章　屬於昌曲、左右、魁鉞的格局

文昌、文曲、左輔、右弼、天魁、天鉞為六吉星。文昌、文曲二星主科甲，主文章之宿。守身命，居旺，遇吉星，主人悠閑儒雅，有機變，聰明博學，能成名，入任從官，能做公吏。也能科甲及第，富貴全美。

文昌五行屬金、文曲五行屬水在巳、酉、丑為居廟，在寅、午、戌居陷，申、子、辰居旺。文昌在卯、亥、未居平。文曲在卯、亥、未居旺。

左輔、右弼為帝極主宰之星。左輔五行屬土，右弼五行屬水。失君為無用，在官祿宮主爵位，在夫妻宮主二婚與雙妻。

天魁為天乙貴人。為司科名之宿，又為和合之神，為陽貴人。日生人

主貴。**天鉞為玉堂貴人**。也主科名及和合之神，為陰貴人，夜生者主貴。魁鉞與昌曲左右及日月加會，主早年揚名，娶美妻。女人有此命為貴婦。流年行限走到，吉事很多，增財、陞官、添丁、科考皆吉。但四十歲之後逢之在四墓宮，卻不做貴人論，以不吉論。

172. 昌曲夾命

『昌曲夾命』格局出自『論諸星同位垣各同所宜，分別富貴貧賤夭壽。』中之『文昌文曲』部份。全句是：『昌曲夾命最為奇。』

『昌曲夾命』格是指吉格，但不可居陷，則不吉。

昌曲夾命只有在寅時、辰時、申時、戌時能形成。

寅時，文昌在申，文曲在午，相夾未宮。(文昌居旺、文曲居陷)

辰時，文昌在午，文曲在申，相夾未宮。(文昌居陷、文曲居旺)

申時，文昌在寅，文曲在子，相夾丑宮。(文昌居陷、文曲居旺)

戌時，文昌在子，文曲在寅，相夾丑宮。(文昌居旺、文曲居陷)

由以上可看出在所謂之夾命中，文昌和文曲總有一個居陷位，『昌曲夾命』根本沒有意義，除非有『陽梁昌祿』格，否則無法主貴。因此算是無用之格局。

173. 左輔文昌

『左輔文昌』格局出自『斗數骨髓賦』。全句是：『左輔文昌會吉星，尊居八坐。』

『左輔文昌』格局是指有此二星坐命或身宮，三合宮位再有吉星拱照，其人會有高位。如果單是就左輔、文昌在命宮，此命格仍算是空宮坐命，其三合宮位必有天府、天相三合照守。但也要看對宮遷移宮是否為吉星居旺？才真為吉祥。

不過，左輔、文昌都是輔星，還是以和正曜之吉曜居旺同宮為佳。因為若只有左輔、文昌在命身宮的人，容易是離宗庶出，或是別人養大之人，命運不算是真好，也須靠自己的努力，要尊居八座是十分辛苦而未必能達成的。

174. 衣錦惹天香

『衣錦惹天香』格出自『太微賦』。全句是：『臨官文曜號為衣錦惹天香。』

『衣錦惹天香』格是指有文昌、文曲在丑宮居廟旺之位，為福德宮。現今**以命宮、身宮有文昌、文曲同坐丑宮稱之**。因『衣錦惹天香』在『太微賦』中與前句呼應。前句是：『帝坐命庫則曰金輿扶御輦』，前句之意是有紫微入命宮，就稱為有金車可扶搖直上至皇帝身旁之地位。這主要講的是事業成就。因此後句之『臨官文曜號、衣錦惹天香』之『衣錦惹天香』也是指穿紫衣據有高位之意。如果文昌、文曲是在福德宮的話，其人會貌美好淫、懶惰、好享福，是難有大作為的。故以命宮有文昌、文曲，較能有成就。

另外，『**臨官文曜**』一句中，『文曜』指文昌、文曲，自然無問題。但臨官有兩種意思，一種是臨官為長生十二神之一。這是代表運氣的起落升降，至『臨官』時，運氣最旺，到『帝旺』時會旺極而衰。『臨官、帝旺』是代表運氣旺度或星曜旺度的二個最高點。在此格局中，臨官可代表長生十二神中的獨立星曜。也可代表旺度的記號。以我的個人意見則以『文昌、文曲居廟旺』稱之，以代表星曜旺度的記號來稱之為恰當。因為臨官如果單獨作為星曜的話，它的影響力不大，須三、四顆，甚至五顆星一起才稍有影響力，有代表意義，故一般少談論它。

『衣錦惹天香』格局主格式有三種，但必須擁有完美的『陽梁昌祿』格，真正會讀書，有考運，才能真正算得上『衣錦惹天香』，及能近天顏有高官厚祿。

1 **是『紫微在子』命盤格式中，命坐丑宮有文昌、文曲**，對宮有『天同、巨門』相照的命格。丙年酉時生的人能合格。(例一)

2 **是『紫微在戌』命盤格式中，命坐丑宮有文昌、文曲**，對宮有『太陽、太陰』相照的命格。戊年酉時生的人能合格。(例二)

3 **是『紫微在亥』命盤格式中，命坐丑宮有文昌、文曲**，對宮有『武曲、貪狼』相照的命格。戊年、庚年酉時生的人能合格。(己年因有文曲化忌在命宮不合格)(例三)

『衣錦惹天香』格之形式

(例一)

1.紫微在子

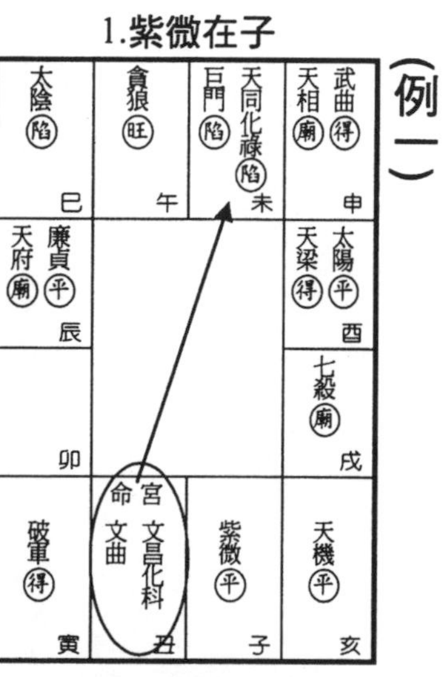

(例二)

11.紫微在戌

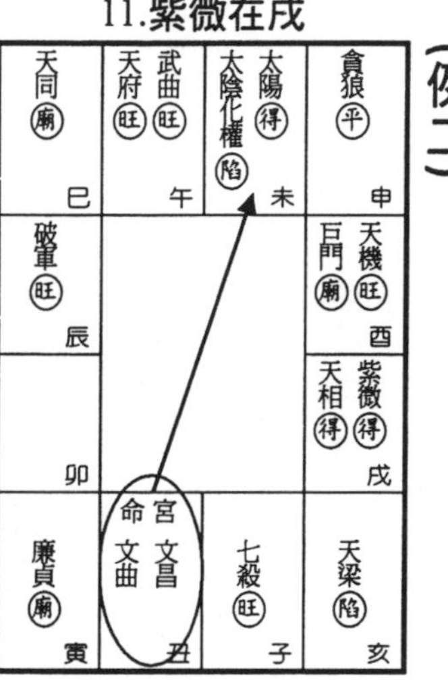

(例三)

12.紫微在亥

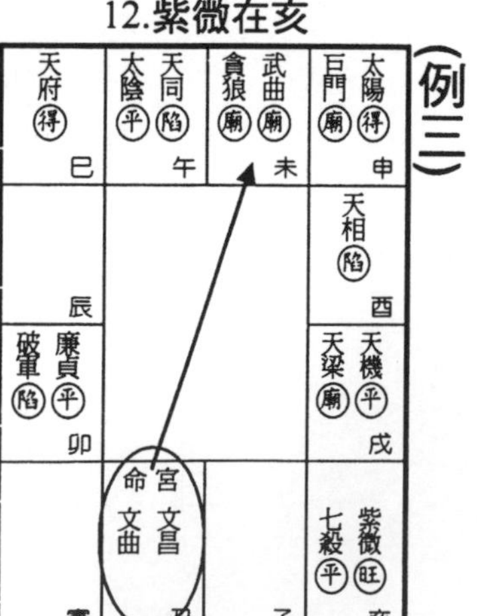

175. 魁星臨命

『魁星臨命』格局出自『斗數骨髓賦』。全句是：『魁星臨命位列三台。』

『魁星臨命』格局是指天魁星入命宮。『三台』是指現今行政院長或監察院長、考試院長之職。天魁入命自然是主吉。但不見得有天魁星入命宮者，個個都位列三台。必須八字與紫微皆具有貴格才行。不過現今行政院長吳敦義確是天魁坐命，而對宮有『武曲、貪狼化祿』相照的人，也確實位到三台了。

吳敦義先生 命盤

官祿宮	僕役宮	遷移宮	疾厄宮
天府 祿存 文曲 丁巳	天同 太陰化權 擎羊 戊午	武曲 貪狼化祿 天鉞 己未	太陽 巨門 庚申
田宅宮 陀羅 左輔 丙辰	陽男 金四局		財帛宮 天相 文昌 辛酉
福德宮 廉貞 破軍 火星 《身宮》乙卯	戊子 乙卯 甲午 乙丑		子女宮 天機化忌 天梁 右弼 天空 壬戌
父母宮 甲寅	命宮 天魁 天姚 乙丑	兄弟宮 地劫 甲子	夫妻宮 紫微 七殺 鈴星 癸亥

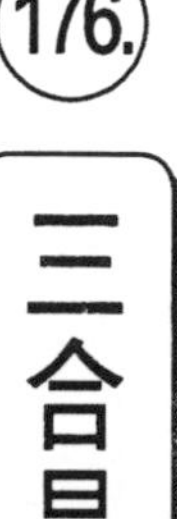

176. 三合昌曲

『三合昌曲』格局出自『斗數骨髓賦』。全句是：『楊妃好色三合文曲文昌。』

『三合昌曲』格局是丑時、巳時、未時、亥時生人，文昌、文曲會在三合的位置上。丑時生人，文昌在酉、文曲在巳，皆居廟。巳時生人，文昌在巳，文曲在酉，也皆居廟位。未時生人，文昌在卯居平，文曲在亥居旺。亥時生人，文昌在亥居平，文曲在卯居旺。因此以昌曲在巳、酉二宮為好。但是昌曲在三合位置時，桃花並不見得有那麼重。

古人認為楊貴妃桃花重、淫亂，是昌曲的關係。**據考證楊貴妃命格應該是『天相、文昌、文曲』在丑宮坐命之命格**，而不是『三合昌曲』。只有文昌、文曲同坐丑宮或未宮，才算是桃花格局。此『骨髓賦』也是後人添加之作，未考證就擅自斷言，應有所警惕才是！

魁鉞同行

『魁鉞同行』格局出自『太微賦』。全句是：『魁鉞同行位居台輔。』

『魁鉞同行』格是指天魁、天鉞會同宮或在對宮相照，成一直線的位置。『同行』之意即在同一線上，則不是同宮、即是在對宮沖照，會在一直線上。如此，則會有高位，居台輔之位。前面在176格局中之『魁星臨命』中舉行政院長吳敦義之命盤，請參考之，即為天魁在命宮，天鉞在遷移宮照守，即為『魁鉞同行』格，也位居台輔之職(有三台之貴)。

178. 左右朝垣

『左右朝垣』格出自『太微賦論格局』。詩云：『天星左右最高明，若在三方祿位興，武職高登應顯佐，文人名譽列公卿。』

『左右朝垣』格是指有左輔、右弼在三合方位朝拱，則稱之。會有財祿與高位，武職、文職皆宜。

左輔、右弼是月系星，會在三合位置出現時，是二月生人，左輔在巳，右弼在酉。**生於六月**，左輔在酉，右弼在巳宮。**生於八月**，左輔在亥，右弼在卯宮。**生於十二月**左輔在卯宮，右弼在亥宮。左輔是五行屬戊土的星曜，右弼五行是屬水的星曜。因此以二月之左輔在巳宮，右弼在酉宮為最旺。倘若左輔、右弼又入人之命、財、官三合宮位之中，以入財、官之位，再加吉星朝向命宮為佳。則有平輩貴人幫助事業而財官雙美。左輔、右弼不宜入人之命宮，會有被他人養大，異姓延生之可憐命格。

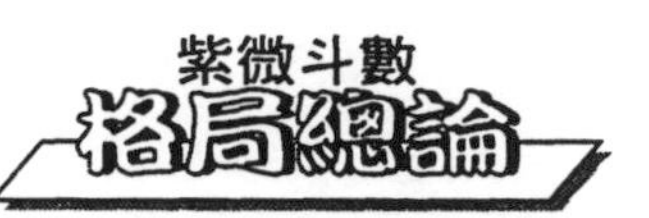

179. 輔弼拱主

『輔弼拱主』格出自『定富貴貧賤十等論』中之『定貴局』。

『輔弼拱主』格局是指紫微坐命，而有左輔、右弼在三合宮位來相拱，稱之。例如：二月及六月生人，左輔、右弼位於巳宮、酉宮，若要相拱紫微，則必是『紫微在丑』命盤格式，才有可能有此格局了。例如：八月、十二月生人，則左輔、右弼在卯、亥二宮，則會相拱『紫微在未』命盤格式。是故，『輔弼拱主』格局就是『紫微、破軍』在丑宮或未宮又生於二月、六月、八月、十二月的人才會逢得到了。

『輔弼拱主』格局之形式

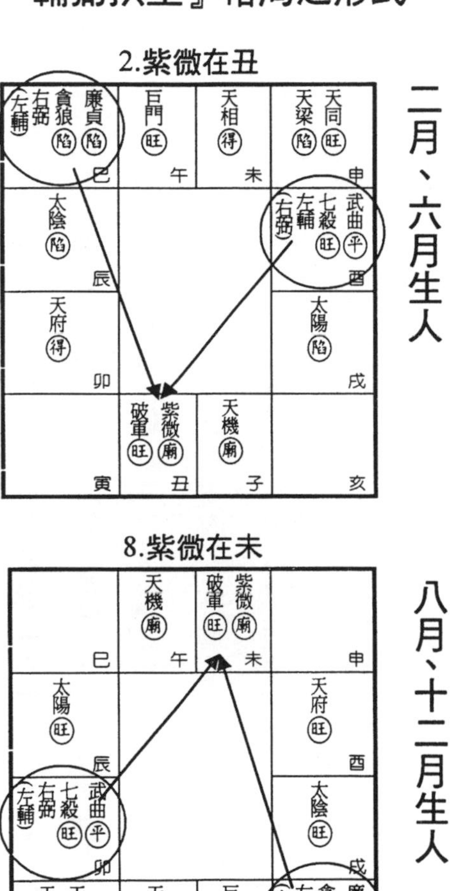
2.紫微在丑
廉貞陷 貪狼陷 右弼 (左輔) 巳
巨門旺 午
天相得 未
天同旺 天梁陷 申
太陰陷 辰
武曲平 七殺旺 左輔 (右弼) 酉
天府得 卯
太陽陷 戌
寅
紫微廟 破軍旺 丑
天機廟 子
亥
二月、六月生人
8.紫微在未
巳
天機廟 午
紫微廟 破軍旺 未
申
太陽旺 辰
天府旺 酉
武曲平 七殺旺 右弼 (左輔) 卯
太陰旺 戌
天同平 天梁廟 寅
天相廟 丑
巨門旺 子
廉貞陷 貪狼陷 左輔 (右弼) 亥
八月、十二月生人

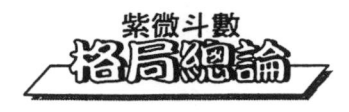

離宗庶出

『離宗庶出』格局出自『論諸星同位垣各同所宜，分別富貴貧賤夭壽。』之『左輔、右弼』之部份。全句是：『左右單守照命宮離宗庶出。』

『離宗庶出』格局，是指左輔或右弼單獨坐於命宮及身宮者，其人會有做人養子，或為妾室所生之人，或是父母再嫁娶後所生之人。此命格的人，多半與父母緣薄，多由他人帶領養大，人生較孤苦。

181. 文星朝命

『文星朝命』格局出自『斗數骨髓賦』論『文星朝命格』。詩曰：『文昌文曲最榮華，值此須生富貴家，更得三方祥曜拱，卻如錦上又添花。』

『文星朝命』格是指有文昌、文曲在遷移宮朝向命宮之命格。會有富貴。昌曲同宮並坐，以在丑、未宮時為準，是卯、酉時生人會有的格局。並以文昌、文曲在丑宮居廟為最合格，如此才會有富貴。但要注意，昌曲與破軍會形成窮的格局。因此在丑宮的『紫破、文昌、文曲』也是不主富的，但可取貴。

坐貴向貴

『坐貴向貴』格局出自『斗數骨髓賦』之『定貴局』。

『坐貴向貴』格專指命宮有天鉞，而天魁星在對宮相照，或是命宮有天魁星，有天鉞星相照之命格。前面175格局之吳敦義先生命盤中即有此『坐貴向貴』之格局。讀者可參考之。

183. 文星暗拱

『文星暗拱』格居出自『斗數骨髓賦』。全句是：『文星暗拱，賈誼允矣登科。』

『文星暗拱』格居是指：有文昌、文曲在財、官、遷等宮拱照命宮。

例如：文昌、文曲二星在子時、午時生人命盤中，會分別在辰、戌宮相對照，為沖照。

文昌、文曲在丑時、巳時生人之命盤中，會在巳宮、酉宮成三合照守丑宮。

文昌、文曲在未時、亥時生人之命盤中，會在卯宮、亥宮成三合照守未宮。

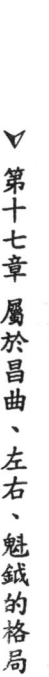

因此命宮在辰、戌、丑、未宮，就有可能有『文星暗拱』之格局了。但仍以昌曲皆廟為最佳及有利之格局。故以丑時、巳時生人為最佳之『文星暗拱』之格局。但也需同宮之星曜俱旺，才能真正有富貴。

184. 昌曲破軍

『昌曲破軍』格局出自『斗數骨髓賦』。全句是：『昌曲破軍逢刑剋多勞碌。』

『昌曲破軍』格局是指文昌、文曲、破軍同宮坐命或在對宮相照命宮者，會刑剋多，主窮困勞碌，且有水厄。

其實，**如果對宮有文昌、天相**，也會造成窮困與水厄之刑剋。因天相必和破軍相對照，因此，若文昌、文曲、天相同宮，也是會窮困及水厄的。要小心流年走到勿到水邊、游泳、坐船都不宜。其他如『紫破、文昌、文曲』、『武破、文昌』、『武破、文曲』、『廉破、文昌』、『廉破、文曲』、『紫相、文昌』、『紫相、文曲』、『廉相、文昌』、『廉相、文曲』、『武相、文昌』、

『武相、文曲』等格局皆屬於『昌曲破軍』格局之內的窮困與水厄的問題，大家宜提早防範之。

易經六十四卦詳析

法雲居士⊙著

這是一本欲瞭解《易經六十四卦》中每一幅卦義的工具書。

易經主要的內容與境界在於理、象、數。象是卦象，數是卦數。『數』中還有陰陽、五行等主要元素。因此要瞭解六十四卦的內容，必須從基本的爻畫排列方式與稱謂開始瞭解，以及爻畫間的『時』、『位』、『比』、『應』等關係，最後能瞭解孔子所說的：『易簡而天下之理得矣。』

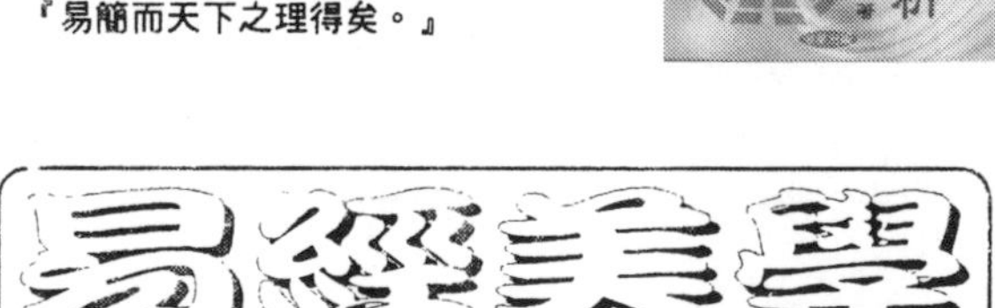

易經美學

法雲居士⊙著

《易經》不只是一本卜筮之書，其內容深邃、義理豐富，並且蘊含鮮明的『意象』，並開中國美學史上之先河，首先提出『立象以盡意』的命題。

《易經》的陰陽、剛柔二元論，更是哲學上辨證思想的源頭。

要瞭解中國文化的真諦，就必須從《易經》開始，首先瞭解《易經美學》的內容，你就會瞭解中國文化的精髓。

185. 昌曲夾墀

『昌曲夾墀』格局出自『斗數骨髓賦』。全句是：『昌曲夾墀男命貴而且顯。』

『昌曲夾墀』格是指文昌、文曲相夾『太陽、太陰』的命格。**文昌和文曲能形成相夾未宮時**，是寅時、辰時生人。文昌及文曲分別在午宮跟申宮來相夾未宮。

文昌跟文曲能相夾丑宮時，是申時和戌時生人。文昌及文曲分別在子宮和寅宮相夾丑宮。

相夾不如入宮坐命好。丹墀指月亮(太陰)。故『昌曲夾墀』是指文昌、文曲相夾在丑、未宮的『太陽、太陰』。如此反而不美，因為就無法形成『陽梁昌祿』格的貴格了。在考試、升官運上會差了一大截，如何能貴而且顯呢？是故，此格局只是錦上添花的格局而已。

186. 桃花浪熀

『桃花浪熀』格局出自『諸星問答論』。全句是：『文曲臨身，命中作科第之客，桃花浪熀入仕無疑。』

『桃花浪熀』格是指文曲居酉宮獨坐命宮是也。因文曲屬水，居酉宮，金水相生，故桃花多，其人也好色，小圓臉，容易沉緬女色。本身會多才多藝，口才好，會討巧賣乖，在男女關係上較複雜，關係好，能入仕做官。台灣政壇上有章孝嚴先生為文曲坐命酉宮者，正為此『桃花浪熀』格，也曾有緋聞事件幾乎耽誤了前途。

187. 公吏之格

『公吏之格』出自『諸星問答論』。全句是：『文曲與廉貞共處必做公吏。』

『公吏之格』指廉貞與文曲同宮坐命者稱之。此人易做低階公務員。公吏為公門胥吏。尤其是『文曲、廉貞』坐命寅宮或申宮的人合於此格。

188. 文桂文華

『文桂文華』格局出自『斗數骨髓賦』。全句是：『文桂文華九重貴顯。』

『文桂文華』格是指文桂為文昌星。文華指文曲星。而『文昌、文曲』雙星並坐丑、未宮者，稱之。

此命格有六種形式：

① **『文昌、文曲』坐命丑宮**，命宮皆居廟，對宮有『武曲、貪狼』相照的形式。（此為『紫微在亥』命盤格式）（例一）

② **『文昌居平、文曲居旺』在未宮坐命**，對宮有『武曲、貪狼』相照的形式。（此為『紫微在巳』命盤格式）（例二）

③ **『文昌、文曲』皆居廟在丑宮坐命**，對宮有『太陽、太陰』相照的形式。（此為『紫微在戌』命盤格式）（例三）

④ **『文昌居平、文曲居旺』在未宮坐命**，對宮有『日月』相照的形式。（此為『紫微在辰』命盤格式）（例四）

⑤ **『文昌、文曲』皆居廟在丑宮坐命**，對宮有『天同陷、巨門陷』相照的形式。（此為『紫微在子』命盤格式）（例五）

⑥ **『文昌居平、文曲居旺』在未宮**，對宮有『同巨』相照的形式。（此為『紫微在午』命盤格式）（例六）

『文桂文華』格之形式

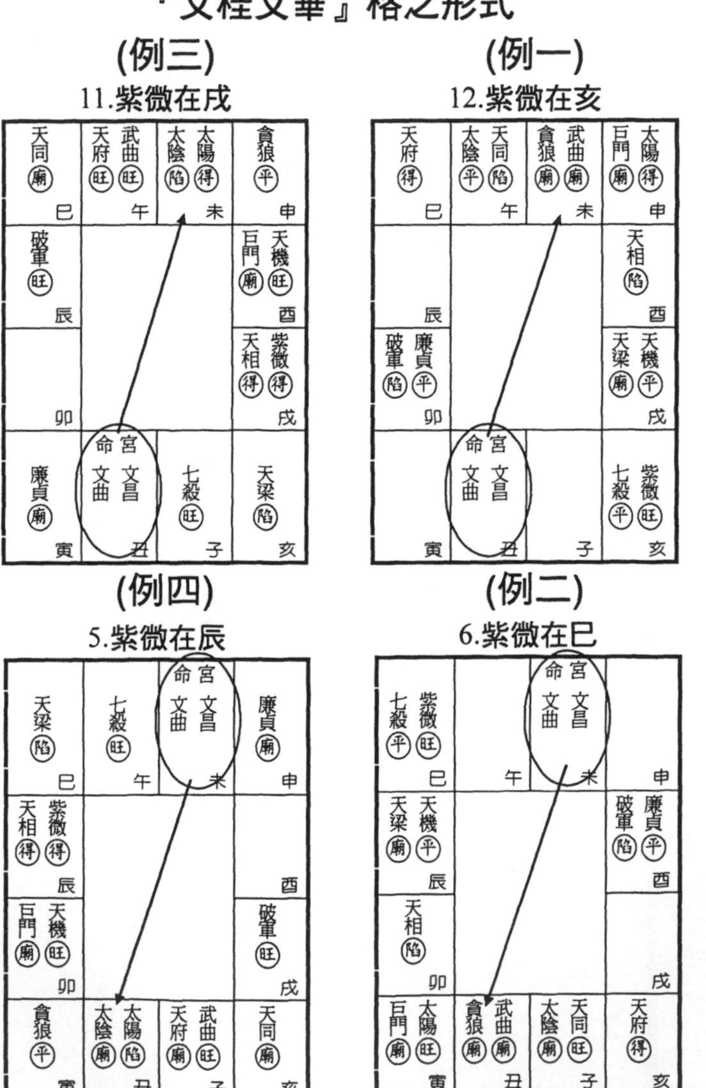
(例三)
11.紫微在戌
天同 廟 巳
武曲 旺 天府 旺 午
太陽 得 太陰 陷 未
貪狼 平 申
破軍 旺 辰
天機 旺 巨門 廟 酉
卯
紫微 得 天相 得 戌
廉貞 廟 寅
命宮 文昌 文曲 丑
七殺 旺 子
天梁 陷 亥
(例一)
12.紫微在亥
天府 得 巳
天同 陷 太陰 平 午
武曲 廟 貪狼 廟 未
太陽 得 巨門 廟 申
辰
天相 陷 酉
廉貞 平 破軍 陷 卯
天機 平 天梁 廟 戌
寅
命宮 文昌 文曲 丑
子
紫微 旺 七殺 平 亥
(例四)
5.紫微在辰
天梁 陷 巳
七殺 旺 午
命宮 文昌 文曲 未
廉貞 廟 申
紫微 得 天相 得 辰
酉
天機 旺 巨門 廟 卯
破軍 旺 戌
貪狼 平 寅
太陽 陷 太陰 廟 丑
武曲 旺 天府 廟 子
天同 廟 亥
(例二)
6.紫微在巳
紫微 旺 七殺 平 巳
午
命宮 文昌 文曲 未
申
天機 平 天梁 廟 辰
廉貞 平 破軍 陷 酉
天相 陷 卯
戌
太陽 旺 巨門 廟 寅
武曲 廟 貪狼 廟 丑
天同 旺 太陰 廟 子
天府 得 亥

『文桂文華』格之形式

(例六)

7.紫微在午

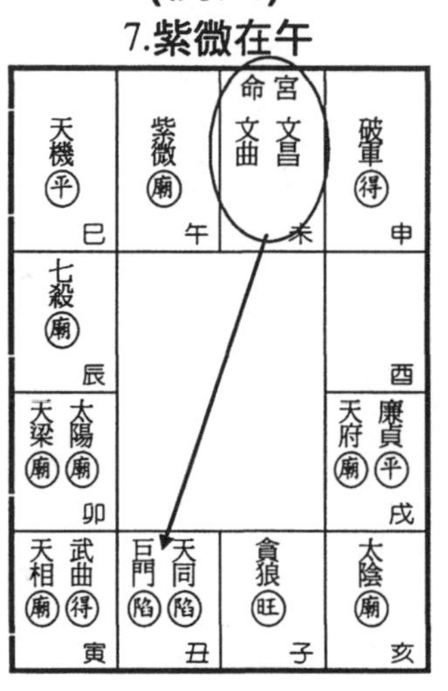

(例五)

1.紫微在子

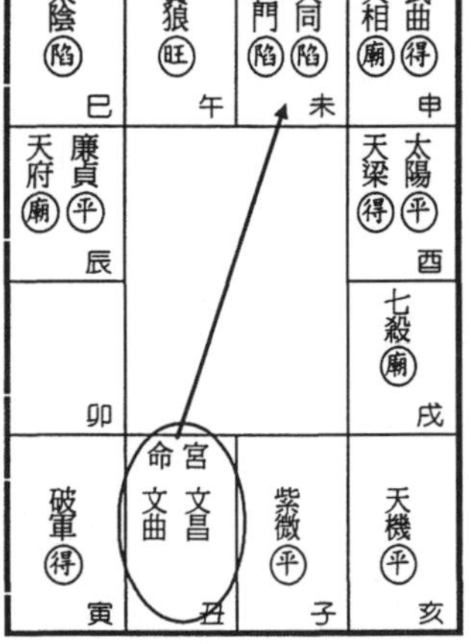

189. 玉袖天香

『玉袖天香』格出自『論諸星同位垣各同所宜，分別富貴貧賤夭壽。』中之『文昌文曲』部份。全句是：『昌曲吉星居福德謂之玉袖天香。』

『玉袖天香』格專指在福德宮有文昌、文曲一起並坐於丑、未宮的格局。此格局主貌美、好淫、懶惰、靠裙帶關係而有衣食。如果此格局中再有『紫微、破軍』同入宮中，其人主窮困，會靠姿色依靠別人過日子，或賣淫維生。此格局雖懶惰、享福，但不為吉格。

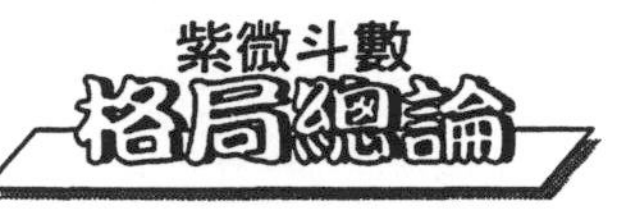

190. 左右貞羊

『左右貞羊』格出自『論諸星同位垣各同所宜，分別富貴貧賤夭壽。』中之『左輔右弼』部份。全句是：『左右貞羊遭刑盜。』

『左右貞羊』格局是指有『左輔、右弼、廉貞、擎羊』在命盤上，必會遭刑剋傷災及盜匪侵害。此四星會碰面，必在丑、未宮同宮（是四月、十月生人）。在辰、戌宮時，是正月、七月生的人，有一顆左輔或右弼星會在財帛宮。

在丑、未宮的『左右貞羊』格是有『廉貞、七殺加左輔、右弼、擎羊』所形成的，實際上就是『廉殺羊』『路上埋屍』格再加左輔、右弼，更加凶狠受傷受剋，而且多了盜匪侵害一災而已。（例一）、（例二）

在辰、戌宮的『左右貞羊』格是有『廉貞、天府加左輔及擎羊』所形成的，七殺、右弼在對宮相照(例三)、(例四)。也是『廉殺羊』格局再加左、右，而且多盜匪侵害一災。此格局是因擎羊居廟，會傷殘、死亡、出大量之血。左輔、右弼是助星、輔星，會助善也助惡。在此是幫助受刑剋、受傷，及幫助惡人更凶而已。是故『左右貞羊』是個比『路上埋屍』更惡之格。

此格局只要在命盤上出現，即會遭受刑剋傷害，不必是在命宮。故有此格局者，要算好流年、流月，找貴人陪伴，以防災。

『左右貞羊』格之形式

1.紫微在子(例三)

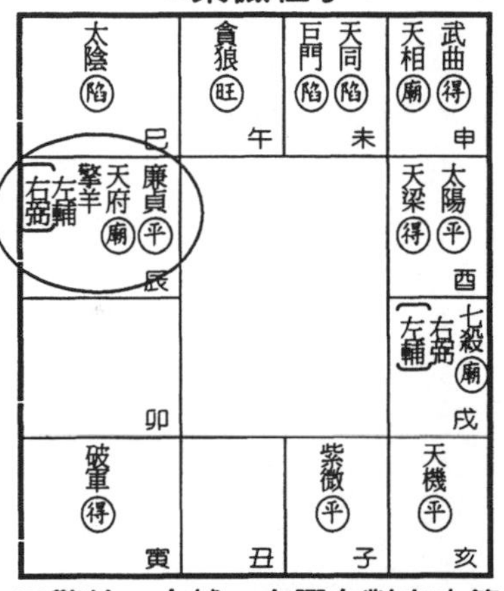

※擎羊、左輔、右弼在對宮也算

4.紫微在卯(例一)

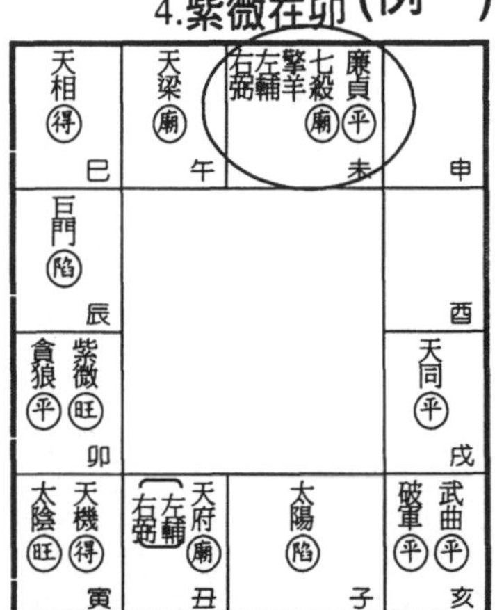

※擎羊、左輔、右弼在對宮也算

7.紫微在午(例四)

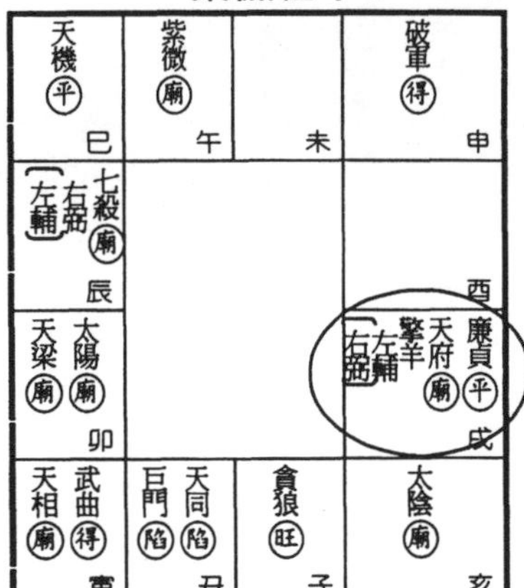

※擎羊、左輔、右弼在對宮也算

10.紫微在酉(例二)

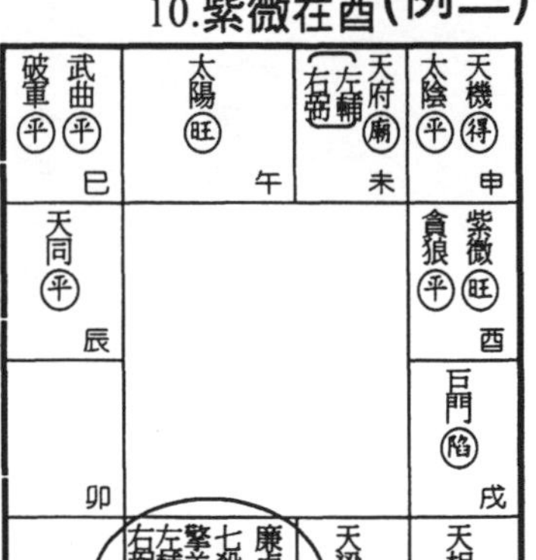

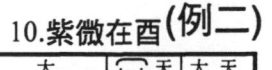

※擎羊、左輔、右弼在對宮也算

191. 左右魁鉞

『左右魁鉞』格局出自『論諸星同位垣各同所宜，分別富貴貧賤夭壽。』中之『左輔右弼』部份。全句是：『左右魁鉞為福壽。』

『左右魁鉞』格局是指有其中三星在命宮則福壽長矣。若要合此格局必是有『左、右、魁』三星在丑，天鉞在未宮相照。或是『左輔、右弼、天鉞』在未，對宮有天魁相照的這兩種格局形式。因為『左輔、右弼』同宮必是四月及十月生人。而天魁、天鉞二星以年干來分佈之。只有甲年、戊年、庚年為天魁在丑，天鉞在未的形式。故這些年、月生人才會有福壽多的吉象。

天魁、天鉞星排列圖

年干 \ 諸星	天魁 (甲級星)	天鉞 (甲級星)
甲	丑	未
乙	子	申
丙	亥	酉
丁	亥	酉
戊	丑	未
己	子	申
庚	丑	未
辛	午	寅
壬	卯	巳
癸	卯	巳

左魁右相

『左魁右相』格局出自『女命骨髓賦』。全句是：『左輔、天魁為福壽，右弼天相福來臨。』

『左魁右相』格局是指命宮及身宮中有左輔、天魁入宮之人，多福且壽。而命格中有右弼及天相星入宮之人，多福及安享。此四星主平安榮昌。

※　**左輔、右弼為月系星。**天魁、天鉞為干系星，以年干排之。故要年、月配得好，才能同在一宮中。此四星以丑宮或未宮最易同宮及相遇。

193. 左右夾命

『左右夾命』格局出於『論諸星同位垣各同所宜，分別富貴貧賤夭壽。』中之『左輔右弼』部份。全句是：『左右夾命方貴格。』

『左右夾命』格局是指有左輔、右弼在兩旁相夾命宮。此會是三月、五月、十一月生的人會有的現象。

三月生人，命宮須在未宮，左輔在午、右弼在申，相夾之。

五月生人，命宮須在未宮，左輔在申、右弼在午，相夾之。

九月生人，命宮須在丑宮，左輔在子、右弼在寅，相夾之。

十一月生人，命宮須在丑宮，左輔在寅、右弼在子，相夾之。

左輔、右弼相夾命宮，代表著父母輩和兄弟輩有助力。但父母宮及兄弟宮必須有吉星，無有煞星才成。否則會更增加父母及兄弟之惡及刑剋。

就不一定有貴命了。

另外，左右在父母與兄弟宮時，代表自己由他人養大，與父母不親，其實真正會得到父母的助力很少。再之，**凡是『夾命』而要主貴的狀況，多半是錦上添花，不符實際的狀況**，而且其本人也感受不到主貴的實際效益。

194. 魁鉞重逢

『魁鉞重逢』格局出自『論諸星同位垣各同所宜，分別富貴貧賤夭壽。』中之『魁鉞』部份。全句是：『魁鉞重逢殺湊痼疾尤多。』

『魁鉞重逢』是指天魁、天鉞在對宮相對照，稱重逢，會在丑、未宮相照重逢。如果再有殺湊，指擎羊、陀羅、火星、鈴星、天空、地劫為六煞，若有這些星與之同位垣，則有痼疾發病之狀況，問題很多。魁鉞入命者算是空宮坐命的人，而且天魁、天鉞為柔弱之吉星，最怕羊陀、火鈴、空劫這些煞星同宮或相照來侵害，必會有傷剋、疾病。其實這些疾病就是羊陀、火鈴、空劫之疾病。

天魁代表肝病。**天鉞代表**肝、膽、脾、胃、肺部有濕疾。

擎羊代表頭風、大腸、肝病、四肢無力症、脊椎骨之毛病，破相可延壽。

陀羅代表肺弱、皮膚病、口齒有傷、蛀牙、破相、手足傷災。

火、鈴代表皮膚病、青春痘、發燒、發炎、燒燙傷。

天空、地劫代表癌症。暗疾寄生之病。

195. 昌曲廉貞

『昌曲廉貞』格局出自『斗數骨髓賦』。全句是：『文昌、文曲會廉貞，喪命夭年。』

『昌曲廉貞』格局是指：有『文昌或文曲和廉貞、貪狼』在巳、亥宮安命即是。因『廉貪』二星俱陷落，再加文昌或文曲，主政事顛倒，頭腦不清，運氣不佳，易早喪命。雖說如此，但也不盡然如此，某些有此格局的人，仍桃花多，悠遊忙碌於花叢之中呢！

196. 墓逢左右

『墓逢左右』格局出自『斗數骨髓賦』。全句是：『墓逢左右，尊居八座之貴。』

『墓逢左右』是指在辰、戌、丑、未等四墓宮有左輔、右弼入宮安坐。此格局若在命、財、官、遷等宮，主吉，有高位。但此格中必須有吉星居旺同宮或照守，才真正能得吉祥尊貴。

再則，左輔五行屬土，在墓宮尤佳。但右弼五行屬水，在墓宮被剋，因此也只有一半之助力。故也並不見得全然主貴了。

197. 左右昌曲

『左右昌曲』格局出自『論諸星同位垣各同所宜，分別富貴貧賤夭壽。』中之『左輔右弼』部份。全句是：『左右昌曲逢羊陀當生暗痣。』

『左右昌曲』格指其人為左輔、擎羊坐命，或右弼、擎羊坐命，或文曲、擎羊坐命，文昌、陀羅坐命者，會臉上、身上生暗痣或大痣、胎記等記號。

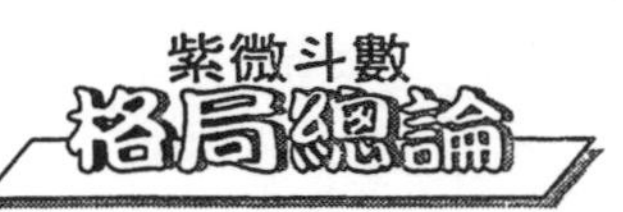

198. 魁鉞夾命

『魁鉞夾命』格局出自『論諸星同位垣各同所宜，分別富貴貧賤夭壽。』中之『魁鉞』部份。全句是：『魁鉞夾命為奇招。』

『魁鉞夾命』格局會是丙年、丁年為天魁在亥，而天鉞在酉相夾命宮戌宮。在壬年、癸年，為天魁在卯，天鉞在巳宮，相夾命宮辰宮的形式。

『魁鉞夾命』其實並無太大意義。有吉星自當在命宮居旺出現最佳。在相夾的位置，並無實質的益處。只代表父母宮及兄弟宮有吉星存在，六親關係主吉而已。

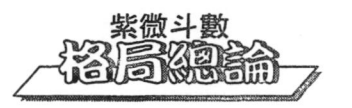

199.

『魁鉞昌曲』格局出自『論諸星同位垣各同所宜，分別富貴貧賤夭壽。』中之『魁鉞』部份。全句是：『魁鉞昌曲祿存扶，刑殺無沖台輔貴。』

『魁鉞昌曲』格局是指：『魁、鉞、昌、曲皆為六吉星申之四星。此格局指在人命宮中有魁鉞昌曲四星同坐，再加化祿星、祿存，無羊陀、火鈴、劫空沖煞，就能做大官或有院長級的職位。

其實天魁為天乙貴人，天鉞為玉堂貴人。文昌、文曲為時系星，也是時辰上的貴人。有昌曲在命宮時，其得到貴人幫助只有一個時辰的效力。也就是文昌、文曲在命宮時所代表宮位的時辰有貴人運。

天魁、天鉞不會同宮，最多在丑、未宮是對照相癸的。因此在丑宮只會有『天魁、文昌、文曲』，在未宮會有『天鉞、文昌、文曲』，兩種形式，而不會四星同宮到位。當宮中有一天魁時，則天鉞必在對宮相照。『魁鉞昌曲』坐命，算是空宮坐命的人，必須看對宮相照的星曜強不強、及財、官二位好壞，才能定其人生運程及品秩高低。並且『文昌、文曲』入命宮為桃花格局，較會妨礙人生前途。故此『魁鉞昌曲』能主貴之機率是有，但不必然有此命者皆能貴為台輔。

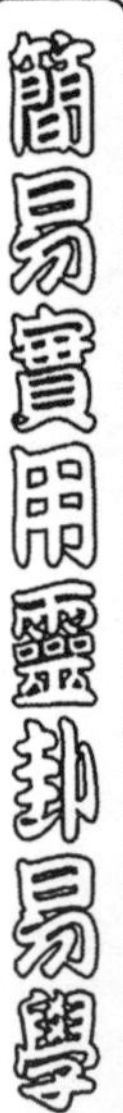

200. 昌曲凶鄉

『昌曲凶鄉』格局出自『斗數發微論』。全句是：『昌曲在凶鄉，村泉冷淡，奸謀頻設。』

『昌曲凶鄉』格局是指文昌坐於寅、午、戌宮居陷為命宮之格局。

文昌居陷在寅宮獨坐的命格，對宮有三種不同的星曜相照。

例(一)文昌坐命寅宮，對宮有『天機、太陰』相照的命格。

例(二)文昌坐命寅宮，對宮有『天同、天梁』相照的命格。

例(三)文昌坐命寅宮，對宮有『太陽、巨門』相照的命格。

以上文昌在寅宮坐命者，為申時生的人。

文昌居陷在午宮獨坐的命格，只有一種。例(四)，是對宮有『天同、太陰』相照的命格，是辰時生人。

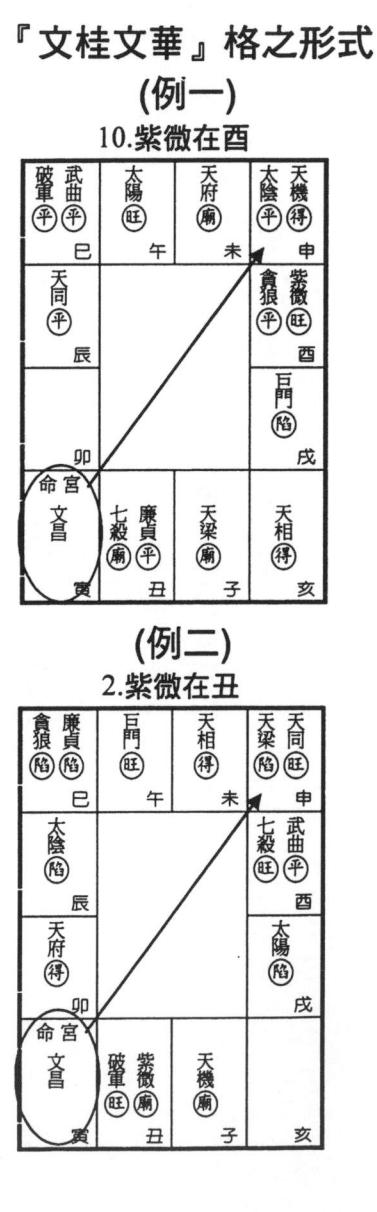

『文桂文華』格之形式

(例一)

10.紫微在酉

武曲(平) 破軍(平) 巳	太陽(旺) 午	天府(廟) 未	天機(得) 太陰(平) 申
天同(平) 辰			紫微(旺) 貪狼(平) 酉
卯			巨門(陷) 戌
命宮 文昌 寅	廉貞(平) 七殺(廟) 丑	天梁(廟) 子	天相(得) 亥

(An arrow points from 命宮 at 寅 to 申.)

(例二)

2.紫微在丑

廉貞(陷) 貪狼(陷) 巳	巨門(旺) 午	天相(得) 未	天同(旺) 天梁(陷) 申
太陰(陷) 辰			武曲(平) 七殺(旺) 酉
天府(得) 卯			太陽(陷) 戌
命宮 文昌 寅	紫微(廟) 破軍(旺) 丑	天機(廟) 子	亥

(An arrow points from 命宮 at 寅 to 申.)

文昌居陷在戌宮獨坐的命格也只有一種，例(五)，是對宮有『天機、天梁』相照的命格。是子時生人。

『文桂文華』格之形式

(例五)

6.紫微在巳

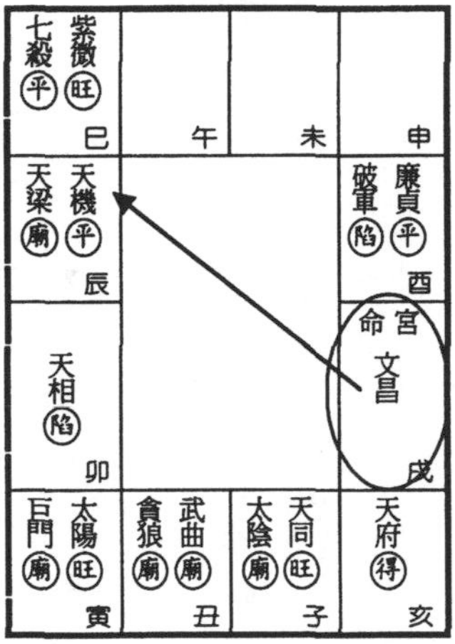

紫微(旺) 七殺(平) 巳	午	未	申
天機(平) 天梁(廟) 辰			廉貞(平) 破軍(陷) 酉
天相(陷) 卯			命宮 文昌 戌
太陽(旺) 巨門(廟) 寅	武曲(廟) 貪狼(廟) 丑	天同(旺) 太陰(廟) 子	天府(得) 亥

(例三)

12.紫微在亥

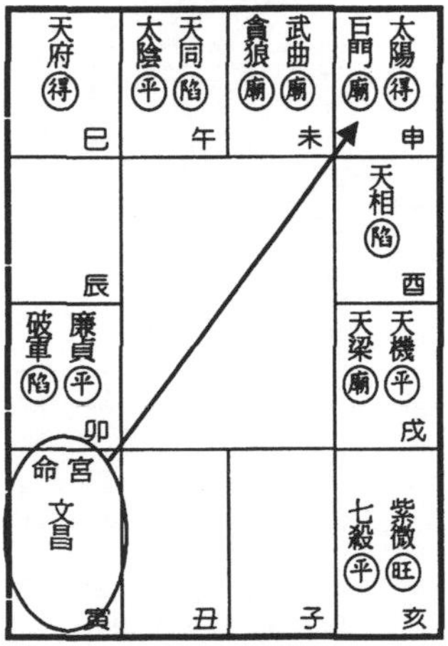

天府(得) 巳	天同(陷) 太陰(平) 午	武曲(廟) 貪狼(廟) 未	太陽(得) 巨門(廟) 申
辰			天相(陷) 酉
廉貞(平) 破軍(陷) 卯			天機(平) 天梁(廟) 戌
命宮 文昌 寅	丑	子	紫微(旺) 七殺(平) 亥

(例四)

6.紫微在巳

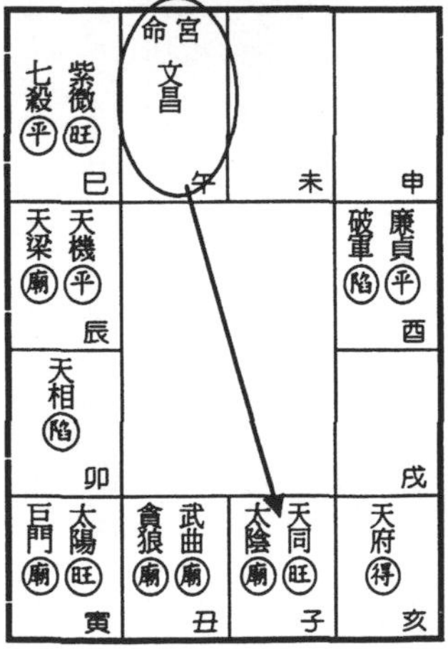

紫微(旺) 七殺(平) 巳	命宮 文昌 午	未	申
天機(平) 天梁(廟) 辰			廉貞(平) 破軍(陷) 酉
天相(陷) 卯			戌
太陽(旺) 巨門(廟) 寅	武曲(廟) 貪狼(廟) 丑	天同(旺) 太陰(廟) 子	天府(得) 亥

201. 文科拱照

『文科拱照』格局出自『論諸星同位垣各同所宜，分別富貴貧賤夭壽。』中之『文昌』部份。全句是：『文科拱照賈誼年少登科。』

『文科拱照』格指文昌星與化科星在三方拱照，主有貴格。有考試運。丙年生人本身也有文昌化科，要居廟旺之位(巳、酉、丑、申、子、辰等宮)才為有用。但此處是指三合宮位或對宮有文昌居旺及化科居旺的格局。**此『文科拱照』格局主要還是強調有『陽梁昌祿』格之主格較優**。因為十干化科所代表之意義不一樣。因此有些化科對讀書考試未必有助益，再有此種無助益之文科拱照，更增加無法貴之機緣了。例如有左輔化科、右弼化科在財、官或遷移宮，就算無加殺、破、羊、陀、火、鈴、劫、空、化忌等星，本身也代表會重考，再考，有多次未上榜經驗。如此拱照也算不吉了。

另外**武曲化科**表示很會算帳。**紫微化科**是很能復建、復元。**天機化科**是很有方法變化，很有方法表現小聰明。**天同化科**是很有方法偷懶。**文曲化科**居旺是很有方法表現口才、才藝、桃花。**太陰化科**是很有方法存錢、領薪水，以及很有方法表現溫柔美麗的女性化能力。

還有，文昌、文曲和破軍同宮或相照，會形成『窮』的格局。如此一來有這麼多條件都使『文科拱照』格並不是那麼精確的有用了。也很快會成為破格了。

202. 二曲廟垣

『二曲廟垣』格局出自『論諸星同位垣各同所宜，分別富貴貧賤夭壽。』中之『文曲』部份。全句是：『二曲廟垣逢左右將相之。』

『二曲廟垣』格是指文曲與武曲同宮居辰宮或丑宮者稱之。**如果再要**

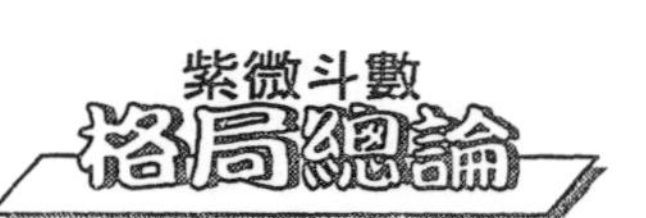

加左右，狀況會如下：

在辰宮，文曲、武曲會有一個左輔三星同宮，另一個右弼與文昌陷落在對宮(戌宮)。稱之。(例一)

在丑宮，文曲、文昌、武曲、貪狼、左輔、右弼可六星居廟同宮。(例二)

在未宮，文曲(廟)、文昌(平)、武曲、貪狼、左輔、右弼可六星同宮，有五星居廟。(例三)

此格局是否會『將相之』，很難講。因為至今未發現有此命格者居將相者。而且武曲在辰、戌、丑、未，必與貪狼在對宮相照或同宮，而貪狼遇文昌、文曲為政事顛倒、糊塗之格局。再加左輔、右弼會更加劇。而且，『文昌、文曲』並坐為桃花格局，又『左輔、右弼』並坐也為桃花格局。此二者再加貪狼之大桃花星。會有『將相之』的成就，幾乎是讓人很難置信的！

『二曲廟垣』格之形式

(例一)
9.紫微在申

(例二)
6.紫微在巳

(例三)
12.紫微在亥

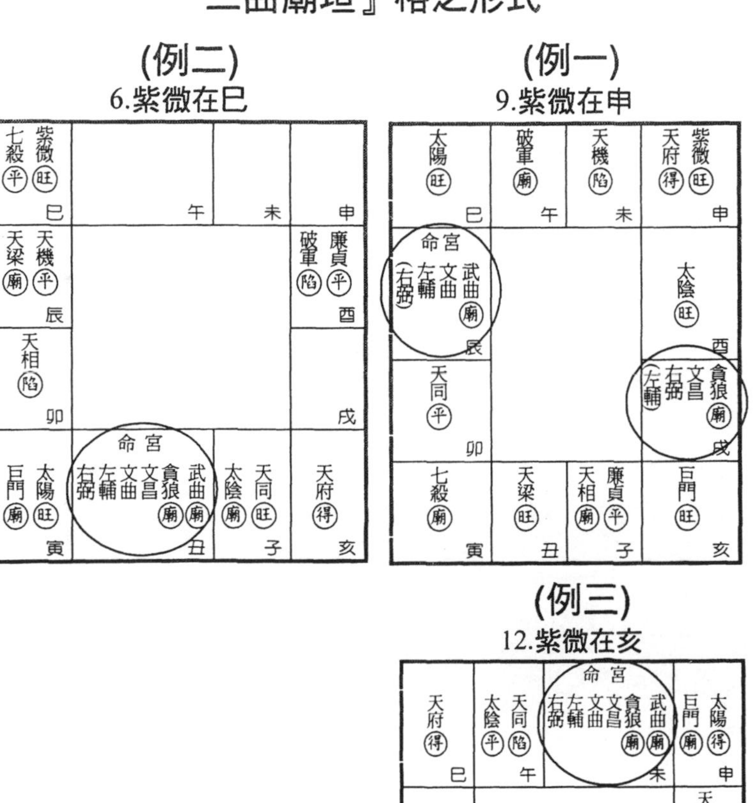

法雲居士⊙著

這是一本談如何為寵物算命的書。

每個人都希望養到替自己招財、招旺運的寵物，運氣是『時間點』運行形成的結果。

人有運氣，寵物也有運氣，如何將旺運寵物吸引到我們人的磁場中來，將兩個旺運相加到一起，使得我們人和寵物能一起過快樂祥和的日子。

讓人和寵物都能相知相惜，彷彿彼此都找對了貴人一般，這就是本書的目的。這本書不但教你算寵物的命，也讓你瞭解自己的命，知己知彼，更能印證你和寵物之間的緣份問題。

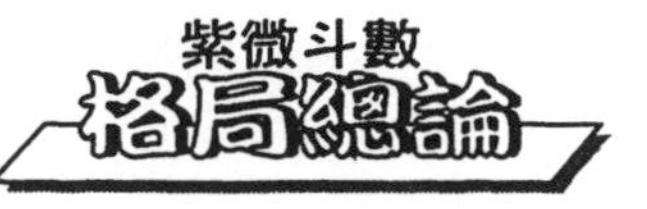

第十八章　屬於權祿科忌的格局

化權星，五行屬木，化權星為掌判生殺之神，守人之身命，主人外表氣派，思想有定息、頑固、強勢，凡事有主導權。但要看所跟隨之主星旺弱而定自身之旺弱。化權星居旺時，會加強主星所特別帶有之意義。例如巨門居旺化權，特別有口才，有說服力，也特別對是非糾紛有主導力，也較會製造是非糾紛。巨門化權居陷時，則為會製造是非糾紛，喜歡講廢話，沒有說服力。會製造混亂，自己也遭災。

化祿星，五行屬土，為福德之神，守人之身、命，主人外表圓融、討喜、人際關係好。亦要看所跟隨之主星旺弱，以定帶財多、財少。以及那方面的財。例如太陰化祿是銀行之財及薪水之財，及房地產、房租之財。居旺時，則薪水多，可存款多、收租金多、買房地產多。太陰化祿居陷時，薪水可糊口，不定能靠收租過日子，房地產不多，也進進出出、起伏不定，

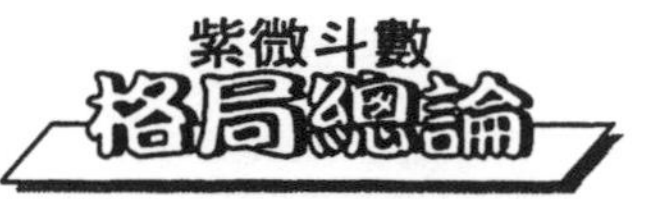

較窮，存款存不住。

化科星，五行屬木，為上界應試主掌文墨之星。守人身命，主其人外表有氣質，做事有規則、條理，會整理東西、文件，文筆佳，做事有方法。此星也以所跟隨之星曜來看旺弱。並以所跟隨之星曜所管轄事務之範圍而增加幫助之方法。例如有『武曲化科』居旺時，幫助其人會算帳，會有很多賺錢方法。如果『武曲化科』居陷時，必與殺、破同宮，則幫忙賺錢不明顯，但在武力學習上稍有顯現架勢。又例如化科與文昌一起為『文昌化科居旺』時最強，最有用，會形成文章蓋世及特別會算帳、精明、數字感特優之勢。當文昌化科居陷時，雖精明度不佳，計算能力、文筆都粗糙，但外表仍斯文，還不至於太粗俗不堪。

化忌星，五行屬水，為多管之神，守人之身、命，會一生不順利。主人文不耐久，武人則有官災、口舌之災不妨礙。但不利商人、技藝之人，會刑財、傷剋、帶疾、奔波無常。若再逢四殺、劫空，一生貧夭。

203. 科權祿主

『科權祿主』格局出自『太微賦』。詩曰：『祿權周勃命中逢，入相王朝贊聖功。迎合權星兼吉曜，巍巍富貴列三公。』

『科權祿主』格是指命宮有化科、化權加祿存星一起坐命之命格。但必須全部之星皆居旺廟之位才會有用。也才真能位列三公有富貴。能形成如此格局通常比較難。通常有祿存同宮在命宮時，又會把『權、科』縮小，變保守，亦可能會無用，只有衣食之祿，『權、科』只變為頑固而已。再加上會有祿存星所在之宮位，只有子、午、卯、酉、寅、申、巳、亥等宮，所逢之化權、化科，會同宮的機率小，又主星易為居陷，化權、化科皆不強。再加祿星更保守，無發展。因此『科權祿主』格是很難看到有發展的格局。

例如：**丙年生，祿存在巳宮，巳宮有天機化權居平，文昌化科居廟，**如此的命格最多會唸書而已，『陽梁昌祿』格也是折射的，為貴不足，只有衣食而已。能形成『科權祿主』格局的一共有四個形式，其餘三個是：

一、**戊年生，命坐巳宮，有『太陰化權居陷、右弼化科、祿存』。**

二、**辛年生，命坐酉宮，有『太陽化權居平、天梁、文曲化科居廟、祿存』。**

三、**壬年生，命坐亥宮，有『紫微化權居旺、七殺、左輔化科、祿存』。**

上述三個形式中，第一、第二為主星帶化權居陷，第三個『紫微化權』雖居旺，但三合有武曲化忌，再加上祿存會縮小紫微化權的力量，故只顧衣食修復而已，無法有大作為。

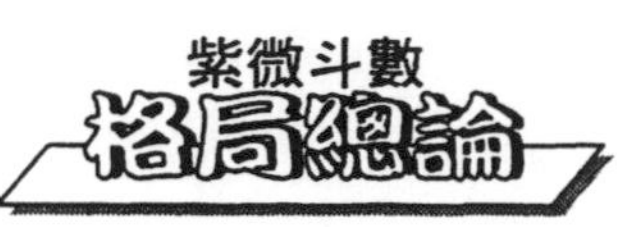

204. 權祿生逢

『權祿生逢』格局出自『定富貴貧賤十等論』之『定貴局』。

『權祿生逢』格是指命宮中有化權、化祿二星居廟旺者稱之。居陷不是。

例如：

丁年生，有『天同化權、太陰化祿』居子宮的命格，合格。(例一)

己年生，有『武曲化祿、貪狼化權』居丑、未宮的命格，合格。(例二)

辛年生，有『太陽化權、巨門化祿』居寅宮的命格，合格。(例三)

以上三個『權祿生逢』之命格主貴。全都在『紫微在巳』命盤格式之中。

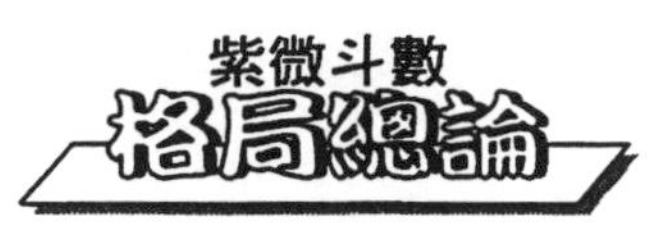

『權祿生逢』格之形式

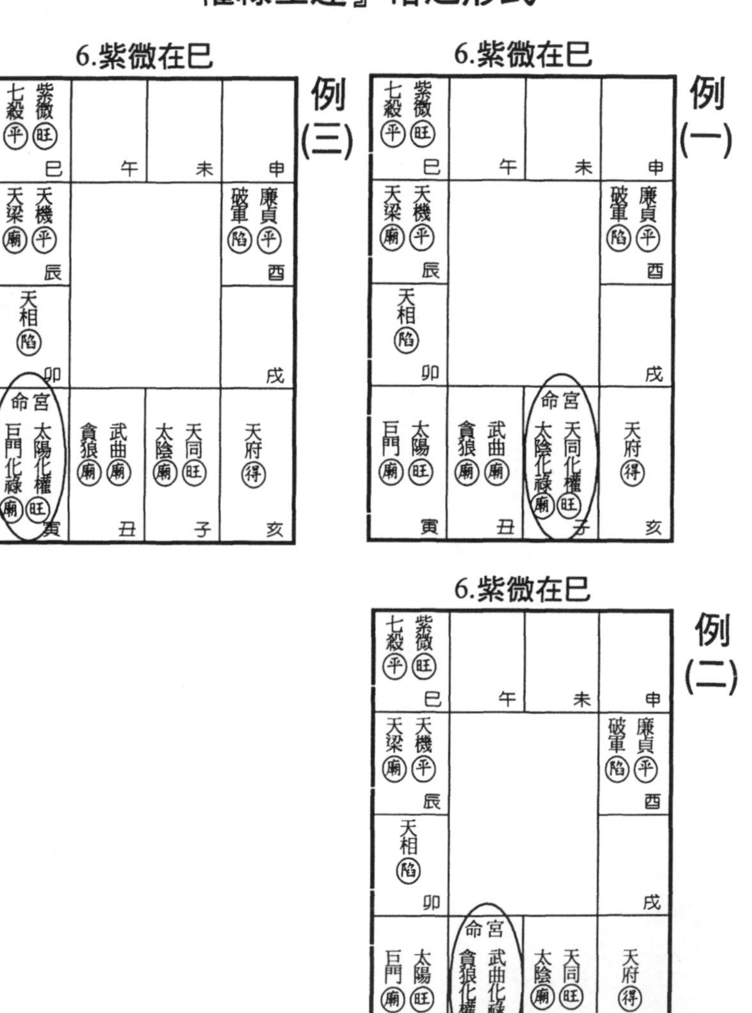
6.紫微在巳
例(一)
紫微旺 七殺平 巳
午
未
申
天機平 天梁廟 辰
廉貞平 破軍陷 酉
天相陷 卯
戌
太陽旺 巨門廟 寅
武曲廟 貪狼廟 丑
命宮 天同化權旺 太陰化祿廟 子
天府得 亥
6.紫微在巳
例(二)
紫微旺 七殺平 巳
午
未
申
天機平 天梁廟 辰
廉貞平 破軍陷 酉
天相陷 卯
戌
太陽旺 巨門廟 寅
命宮 武曲化祿廟 貪狼化權廟 丑
天同旺 太陰廟 子
天府得 亥
6.紫微在巳
例(三)
紫微旺 七殺平 巳
午
未
申
天機平 天梁廟 辰
廉貞平 破軍陷 酉
天相陷 卯
戌
命宮 太陽化權旺 巨門化祿廟 寅
武曲廟 貪狼廟 丑
天同旺 太陰廟 子
天府得 亥

205. 科明祿暗

『科明祿暗』格局出自『斗數骨髓賦』。全句是：『科明祿暗，位列三台。』在『定富貴貧賤十等論』中之『定貴局』也有出現。

『科明祿暗』格是指有化科星居旺在命宮，而三合宮位(命、財、官)中再有化祿或祿存居旺、廟來拱照者，稱之。

※《紫微斗數全書》註解小字謂：『假如甲生人安命在亥，值科星守在命宮，又天祿居寅，則寅與亥相合，故曰『科明祿暗』。此解釋為錯誤?為後人添加之解釋。其錯誤之處為：坐命亥宮，祿存在寅，即在田宅宮。田宅宮對人之主貴格局無關。要主貴，必在命、財、官、遷等宮有吉、貴之星，才有效。再之『寅亥六合』是八字學之用法，斗數中不適用。

206. 科權祿拱

『科權祿拱』格局出自『斗數骨髓賦』。全句是：『科權祿拱，名譽昭彰。』在『定富貴貧賤十等論』中之『定貴局』中亦有出現。

『科權祿拱』格是指化科、化權、化祿三星居旺在財帛宮、官祿宮、遷移宮一起出現者，稱之。在三合宮位及對宮才能稱為相拱照。同宮不算相拱。

例如：丁年生，空宮坐命申宮，官祿宮有天同化權居旺、太陰化祿居廟，財帛宮有『天機化科、天梁』的命格稱之。但其人遷移宮有太陽、巨門化忌相照，沖破之，亦無法名譽昭彰。有化忌同宮、相照，或三合照守，皆無法出名。

『科權祿拱』格，如果是祿存在三合、對宮照守較有機會形成。

天祿朝垣

『天祿朝垣』格局出自『斗數骨髓賦』。全句是：『天祿朝垣身榮貴顯。』

『天祿朝垣』格中，『天祿』是指祿存星。『朝垣』是指朝向紫微星。且必須在紫微星的三合、四方宮位才能朝垣。因此，祿存獨坐命宮，再有三合、四方宮位為紫微星者，稱為『天祿朝垣』格，能主貴。

例如：

例(一)祿存坐命寅宮，有陽巨相照之命格，四方宮位有紫殺。稱之。(此為『紫微在亥』命盤格式，甲年生人有之。)

例(二)祿存坐命酉宮，有紫貪相照，為正格之『天祿朝垣』格。(此為『紫微在卯』命盤格式，辛年生人有之。)

例(三)祿存坐命酉宮，對宮有陽梁相照。四方宮位有紫微。稱之。(此為『紫微在午』命盤格式，辛年生人有之。)

例(四)祿存坐命卯宮，對宮有紫貪相照，為正格之『天祿朝垣』格。(此為『紫微在酉』命盤格式，乙年生人有之。)

例(五)祿存坐命卯宮，對宮有陽梁相照，四方宮位有紫微居平。(此為『紫微在子』命盤格式，乙年生人有之。)

例(六)祿存坐命申宮，對宮有陽巨相照，四方宮位有紫殺。稱之。(此為『紫微在巳』命盤格式，庚年生人有之。)

『天祿朝垣』格之形式

例(一)

12.紫微在亥

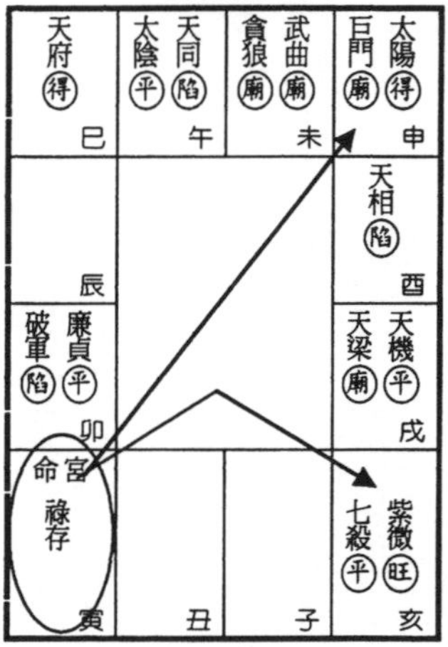

天府(得) 巳	天同(陷) 太陰(平) 午	武曲(廟) 貪狼(廟) 未	太陽(得) 巨門(廟) 申
辰			天相(陷) 酉
廉貞(平) 破軍(陷) 卯			天機(平) 天梁(廟) 戌
命宮 祿存 寅	丑	子	紫微(旺) 七殺(平) 亥

例(二)

4.紫微在卯

天相(得) 巳	天梁(廟) 午	廉貞(平) 七殺(廟) 未	申
巨門(陷) 辰			命宮 祿存 酉
紫微(旺) 貪狼(平) 卯			天同(平) 戌
天機(得) 太陰(旺) 寅	天府(廟) 丑	太陽(陷) 子	武曲(平) 破軍(平) 亥

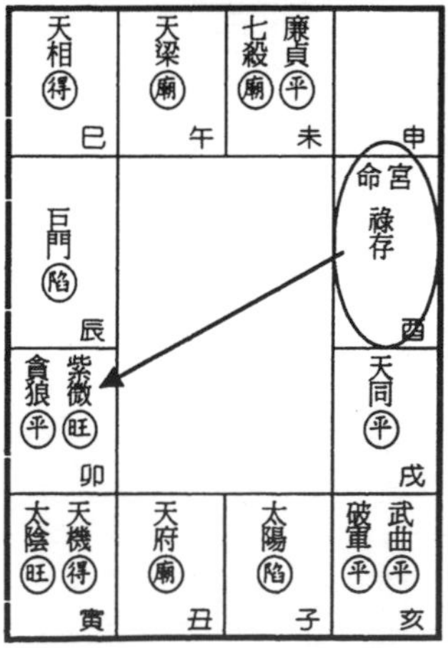

『天祿朝垣』格之形式

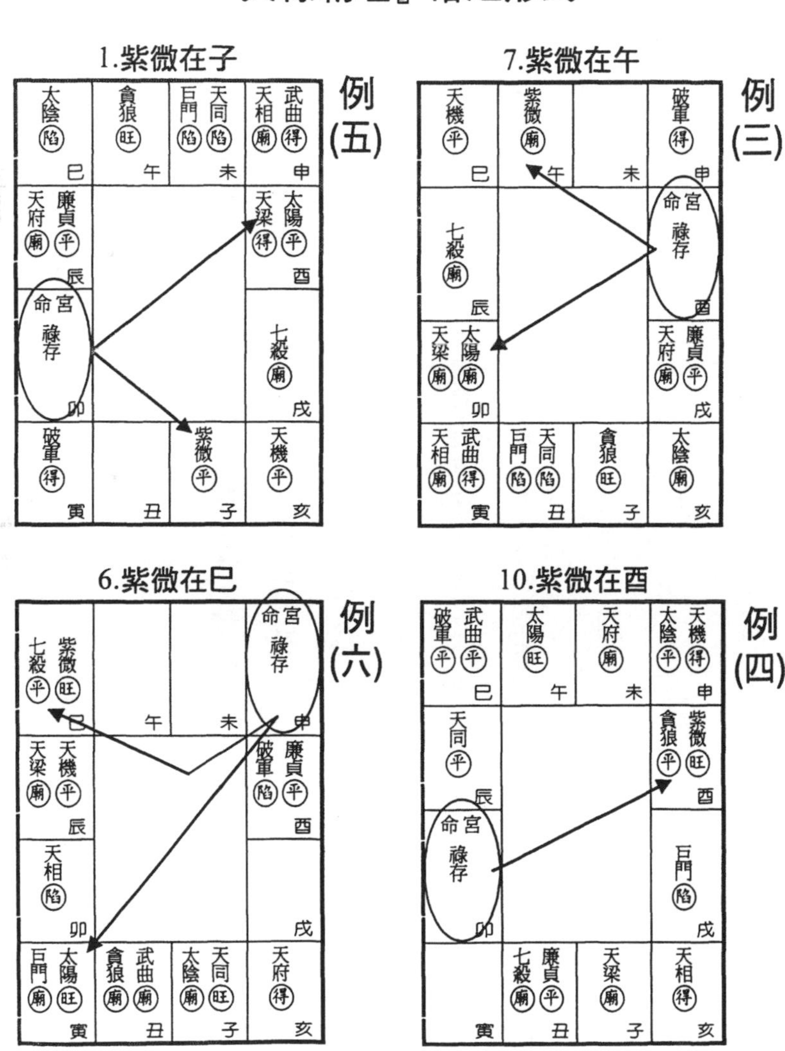
1.紫微在子
例(五)
太陰(陷) 巳
貪狼(旺) 午
巨門(陷) 天同(陷) 未
天相(廟) 武曲(得) 申
天府(廟) 廉貞(平) 辰
天梁(得) 太陽(平) 酉
命宮 祿存 卯
七殺(廟) 戌
破軍(得) 寅
丑
紫微(平) 子
天機(平) 亥
7.紫微在午
例(三)
天機(平) 巳
紫微(廟) 午
未
破軍(得) 申
七殺(廟) 辰
命宮 祿存 酉
天梁(廟) 太陽(廟) 卯
天府(廟) 廉貞(平) 戌
天相(廟) 武曲(得) 寅
巨門(陷) 天同(陷) 丑
貪狼(旺) 子
太陰(廟) 亥
6.紫微在巳
例(六)
七殺(平) 紫微(旺) 巳
午
未
命宮 祿存 申
天梁(廟) 天機(平) 辰
破軍(陷) 廉貞(平) 酉
天相(陷) 卯
戌
巨門(廟) 太陽(旺) 寅
貪狼(廟) 武曲(廟) 丑
太陰(廟) 天同(旺) 子
天府(得) 亥
10.紫微在酉
例(四)
破軍(平) 武曲(平) 巳
太陽(旺) 午
天府(廟) 未
太陰(平) 天機(得) 申
天同(平) 辰
貪狼(平) 紫微(旺) 酉
命宮 祿存 卯
巨門(陷) 戌
寅
七殺(廟) 廉貞(平) 丑
天梁(廟) 子
天相(得) 亥

208. 祿逢兩殺

『祿逢兩殺』格局出自『定富貴貧賤十等論』之『定貧賤局』。

『祿逢兩殺』格局是指祿存或化祿逢天空及地劫之格局。例如在巳、亥宮有天空、地劫同宮並坐，再有祿存或化祿同宮，則為『祿逢兩殺』。

『祿逢兩殺』同時也是『祿逢沖破』，會窮及夭壽。

例(一)戊年及丙年、午時生，有祿存在巳，也有天空、地劫在巳宮者，稱之。

例(二)壬年、子時生人，有祿存與天空、地劫同宮在亥宮者，亦為『祿逢兩殺』。

209. 科權祿合

『科權祿合』格局出自『論諸星同位垣各同所宜，分別富貴貧賤夭壽。』中之『科權祿』部份。全句是：『科權祿合富貴雙美。』

『科權祿合』格是指化科、化權、化祿及祿存在人命宮、財帛宮、官祿宮三合照守或同宮居旺者，主富貴皆有。

前面有提到：丁年生，有祿存入命宮坐申宮，官祿宮有天同化權、太陰化祿，財帛宮有天機化科、天梁之命格即是。但要小心有太陽、巨門化忌在命宮對宮相照，一生多是非不順。因此也要小心。

權祿守財

『權祿守財』格局出自『論諸星同位垣各同所宜，分別富貴貧賤夭壽。』中之『科權祿』部份。全句是：『權祿守財福之位，處世榮華。』

『權祿守財』格，是指有化權星居旺及化祿星居旺廟，俱在財帛宮或福德宮稱之。因福德宮為財之源，故也須財多才行。並且化權星為武曲化權、太陰化權者為佳。化祿星為武曲化祿、太陰化祿為佳。因財星帶權祿，才會真正有富貴之稱。才合格。如果是天機化祿，天機不主財，主聰明，縱使居廟旺，也財不多。如果是破軍化祿，必是破財才去賺錢，破的比賺得多，也會窮困，不主富貴。是故『權祿守財』格，須謹慎尋找之，較好。

211. 科權祿夾

『科權祿夾』格局出自『論諸星同位垣各同所宜，分別富貴貧賤夭壽。』之『科權祿』部份。全句是：『科權祿夾為貴格。』

『科權祿夾』格是指有化科、化權、化祿或祿存相夾命格。在前面一再強調『夾命』之無意義。因夾命必是父母宮及兄弟宮有化科、化權、化祿及祿星，只是父母和兄弟較強勢。而本人較弱及無用。且要知道化權、化祿、化科所跟隨之星為何？旺弱如何？才能定有用無用。例如：廉貪坐命巳宮者，父母宮有巨門化權居旺，父母很兇，會打罵小孩，管得凶。兄弟宮為太陰化科居陷，兄弟姐妹溫和無用。財帛宮有紫微、破軍化祿，其人一直會為想花大錢在找錢，也一直為一些債務在修復。試問此『科權祿夾』格對人有用嗎？

化祿居墓

『化祿居墓』格局出自『斗數骨髓賦』。全句是：『化祿還為好，休向墓中藏。』

『化祿居墓』格指在辰、戌、丑、未四宮之化祿星會受到限制。因辰、戌宮為魁罡，丑、未宮為月門。對吉星多多少少會有所限制的，再加上，化祿雖五行屬土，但仍須要動要透氣，才會財多。

化祿並不一定都是指『財』，有些是人緣機會和利益。例如：『**廉貞化祿**』是男女情愛與蒐藏嗜好之祿。『**天機化祿**』是為人服務所得到之快樂與稍許回報之財祿。『**天同化祿**』是享福、享受之順暢之祿。『**太陰化祿**』是感情上之紓發、女人之情誼，與銀行存款、房地產、儲蓄之祿。『**貪狼化祿**』是頻頻找好運，與人緣關係之祿。『**武曲化祿**』是爭戰，你來我往，

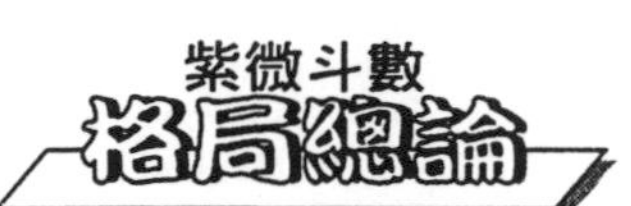

彼此討價還價，互通利益之祿。『**太陽化祿**』是和男人之情誼，工作、成就上之機會。『**巨門化祿**』是口舌是非之化解與甜言蜜語之圓滑，還有口福之祿。『**天梁化祿**』是照顧願意背負的包袱及承擔責任之祿。『**破軍化祿**』是為花錢而找錢之祿。

這些十干化祿每一種代表意義都不一樣，而且其也會和所出現在之宮位，也有意義之不同。無論如何化祿在墓宮，都會有所限制，使桃花變少，使人緣機會受到限制，會變成熟一點。這也是『化祿居墓』的真實意義。

苗而不秀

『苗而不秀』格局出自『斗數骨髓賦』。全句是：『苗而不秀，科名陷於凶神。』

『苗而不秀』格指：化科星居陷或又有羊陀、火鈴、劫空、化忌同宮者稱之。尤其在命宮、身宮，『化科』主斯文，有文化氣息，思想有邏輯感，但『化科居陷』時，則也看不見斯文、聰明度與文化氣息了。故稱『苗而不秀』。其他如『化科』與羊陀、火鈴同宮，會剋害『化科』，也會粗俗、粗暴、陰險。

『化科』與『天空、地劫』同宮，『化科』被劫空刑剋，亦會頭腦空空，聰明得不是地方。該聰明的不聰明，有小聰明又無用。真正是『苗而不秀』了。

※『苗』是小苗。『苗而不秀』是從一開始就長不好，失去秀氣，故一生也大多無望了。

『苗而不秀』的格局例如：丁年生天機化科在丑、未宮居陷的命格。**又例如：**丙年生文昌化科在寅、午、戌居陷的命格。**又例如：**丙年生有『廉貞化忌、文昌化科』的命格。**又例如：**乙年生，有『紫微化科』在子宮居平之命格。**又例如：**甲年生，『武曲化科、七殺』的命格，或『武曲化科、破軍化權』之命格。**又例如：**丁年生『天機化科、巨門化忌』的命格。**又例如：**戊年生『天機化忌、右弼化科』的命格。**又例如：**己年生，有『天梁化科、擎羊』在命宮之命格，及『天梁化科、文曲化忌』同宮之命格。**又例如：**庚年生，有『天同化科、太陰化忌』在命宮之命格。**又例如：**庚年生，『天同化科、擎羊』在酉宮之命格，**又例如：**壬年生，『武曲化忌、左輔化科』同宮之命格。**又例如：**癸年生，『太陽陷、太陰化科廟、擎羊』

在丑宮之命格。以上皆是『苗而不秀』。

其他的化科加陀羅，例如甲年生，武曲化科、貪狼、陀羅在丑宮，也是『苗而不秀』。

又例如化科加火星、鈴星，也會受刑剋，化科無用。例如『太陰化科、火星』在酉宮入命，其人存不住錢，性子急爆，做事快速，不耐煩。人也會粗俗。雖聰明但古怪，一件事沒做完，又想去做別的事了。

如此『苗而不秀』的格局很多，這就是在命理上，把人之性格和人生成功與否，富貴與否等種種機會做了很多層次的分配、歸類。如果你的命格即屬『苗而不秀』格局的話，應即早醒悟！找出化科被刑剋的原因，自己試著改善。稍加時日，也能使自己的缺點改善，而進入成功及富貴的行列。

214. 發不住財

『發不住財』格局出自『斗數骨髓賦』。全句是：『發不住財，祿主纏於弱地。』

『發不住財』格局是指化祿或祿存與天空、地劫及羊、陀同宮受刑剋者稱之。

『祿主』指的是『祿星』，就是化祿與祿存。化祿雖主星之旺弱而有旺弱。祿存十二宮皆廟。『弱地』指的是『星曜居陷』，或與羊陀等煞星同宮，稱之『弱地』。

『發不住財』之格局是因為祿星都被刑剋無財了，而窮困。稱之。又例如：在命盤上有『武曲、貪狼、擎羊、火星、天空』的格式，其人不一定會發。要看八字中有無二個以上之偏財才定。有些是逢空而發，也些則是『發不了財』的格局。

215. 科祿巡逢

『科祿巡逢』格局出自『斗數骨髓賦』。全句是：『科祿巡逢周勃欣然入相。』

『科祿巡逢』格是指化科與化祿在命、財、官、遷等宮，即三合宮位及對宮出現。

※ 周勃為秦末漢初隨劉邦起義成功，後封為『絳侯』。劉邦認為他：『厚重少文』，可以託以大事，後劉邦起義，惠帝即位，呂后掌權，諸呂作亂。周勃與丞相陳平一起平亂，劉恆即位，為漢文帝。文帝任命周勃為右丞相，請辭！陳平死後，又被任命丞相，不久又辭官回封地絳。周勃在《史記》及《漢書》中均無記載生辰，故此『科祿巡逢』格局

只是上託古人主貴之命程來做解釋。因為誰也不知道周勃是否三方及對宮有『科祿巡逢』之格。

『化科、化祿』逢到一起，主文貴。但也須化科及化祿皆居旺廟。而且此二星會隨所跟隨之主星不同，而有意義之不同。因此要注意其所代表之意義，才能解釋命理很清楚，也才不會搞錯。

216. 科命權朝

『科命權朝』格局出自『論諸星同位垣各同所宜，分別富貴貧賤夭壽。』中之『科權祿』部份。全句是：『科命權朝登庸甲第。』

『科命權朝』格，是指有化科坐命，又有化權在遷移宮來朝的命格。必須星曜全都居旺及三方無煞星相剋，才為合格。若化科、化權居平陷之位即不是。

例如：辛年生，有『文曲化科』在申宮坐命，對宮有『太陽化權、巨門』相照。即為『科命權朝』。（例一）

又例如：丙年生，有『文昌化科』在申宮坐命，對宮有『天機化權、太陰』相照的命格。（例二）

『科命權朝』格之形式

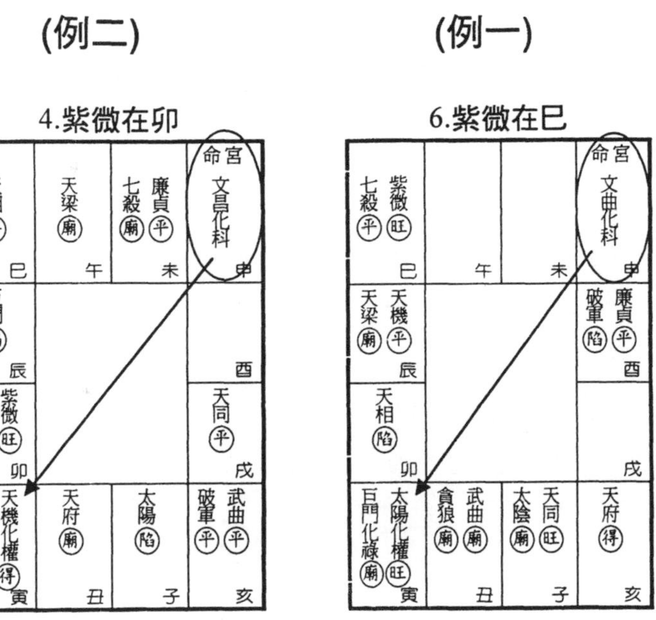
(例一)
6.紫微在巳
紫微 旺 七殺 平 巳
午
未
命宮 文曲化科 申
天機 平 天梁 廟 辰
廉貞 平 破軍 陷 酉
天相 陷 卯
戌
太陽化權 旺 巨門化祿 廟 寅
武曲 廟 貪狼 廟 丑
天同 旺 太陰 廟 子
天府 得 亥
(例二)
4.紫微在卯
天相 得 巳
天梁 廟 午
廉貞 平 七殺 廟 未
命宮 文昌化科 申
巨門 陷 辰
酉
紫微 旺 貪狼 平 卯
天同 平 戌
天機化權 得 太陰 旺 寅
天府 廟 丑
太陽 陷 子
武曲 平 破軍 平 亥

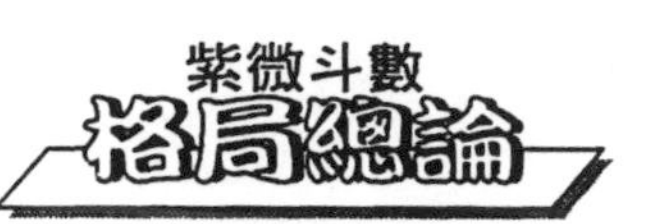

217. 權刑合殺

『權刑合殺』格局出自『羊陀二星總論』。全句是：『權刑合殺疾病官厄不免。』

『權刑合殺』格局是指化權星與擎羊(擎羊稱刑星)同宮，稱之。入命宮最凶，入其他宮位也不吉。定有疾病纏身及工作不順、災厄多的局面。

化權星依年干有十種化權，代表十種不同意義的強勢。如果再遇擎羊，則表示原有的強勢受到刑剋破壞，會偏向不好的一邊去了。例如：甲年生，『廉貞化祿、破軍化權、擎羊』在卯宮，是『權刑合殺』，必有災破之事和傷災、疾病、早夭。其人生中有家破人亡、窮困無著、性命不長之問題。又例如：乙年生，有『天機化祿、天梁化權、擎羊』在辰宮入命宮者。其人會陰險狡詐，愛多管他人之事，愛耍手段，自身也易有傷災、疾病之事。人生中工作也未必做得長，且易騙人得財。

『權刑合殺』格中，化權會使刑星擎羊的刑剋力量加強在某些部份，擎羊本身就會刑剋自身的身體和自身的財祿、成就。故此格為惡格。

218. 權科相逢

『權科相逢』格局出自『論諸星同位垣各同所宜，分別富貴貧賤夭壽。』中之『科權祿』部份。

『權科相逢』格是指有化權、化科同宮或在對宮相照的命格。『權科相逢』不一定是在命、遷二宮出現而已。也可在『夫、官』、『財、福』、『子、田』、『兄、僕』、『父、疾』等對宮出現，其人在流年上也都能得到好處。但先決條件是化權加化科必須居旺才行，也要少刑殺之星刑剋才行。

此格局與『科命權朝』格類似。

219. 權忌相逢

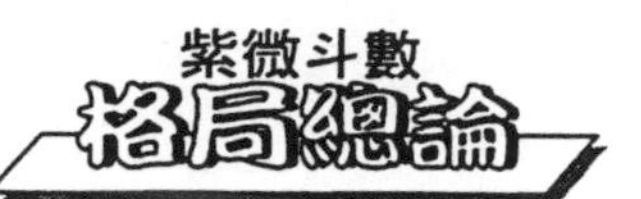

『權忌相逢』格局出自『論諸星同位垣各同所宜，分別富貴貧賤夭壽。』中之『科權祿』部份。

『權忌相逢』格局是指化權與化忌同宮或相照之格局。此格局不必一定要在命宮，在其他宮位出現，也一樣成格。『化權』通常有『加強』的意思。故『權科相逢』以雙忌論。是更加強化忌的不順。

例如：戊年生，有『天機化忌、太陰化權』在寅、申宮的人，寅年或申年逢到，必有奔波、不順、自做聰明、愛管事又遭災。十分辛苦。

※ 不過，文昌化忌和文曲化忌是屬於時系星帶化忌。其凶事和不吉，大致只有一個時辰左右的不吉。如果是『天梁化權居廟、文曲化忌居陷』

在午宮同宮的話，大致上天梁化權仍很強勢、頑固，但有文曲化忌會說錯話或說話不好聽，一生不能出名，成就不高。但傷災、血光之事會較少。

220. 祿忌相逢

『祿忌相逢』出自『論諸星同位垣各同所宜，分別富貴貧賤夭壽。』中之『科權祿』部份。

『祿忌相逢』格是指化祿和化忌同宮或在對宮相照。此格局不一定只在命宮，其他宮位出現也算成格。一般『化祿』最怕刑忌之星來刑剋。因此『祿忌相逢』就是『祿忌沖破』而祿少又有是非麻煩，為衰運、痛苦。

例如：乙年生人，命坐寅、申宮有『天機化祿、太陰化忌』坐命的人，為『祿忌相逢』。有此種格局在其人命中時，其人在出生之時，家中必有金錢糾紛或困窘之事。此後一生也會不富裕，生活清苦、頭腦不清，為窮儒色彩的人。如果有『陽梁昌祿』格還好，一生主貴，也能有因學歷及讀書從文職而生活無虞。如果不愛唸書，就會生活困苦了。

又例如：庚年生，命坐丑宮有『太陽化祿、太陰化忌』的人，對宮有陀羅相照。其人一生心情好壞落差大。特別喜歡別人寬宏對待，頭腦不聰明、內向、一生起起伏伏，工作會斷斷續續，常因感情問題難解而工作、錢財不順。一生蹉跎過日子。不過家裡會有些家產讓他能生活。

221. 科忌相逢

『科忌相逢』格局出自『論諸星同位垣各同所宜，分別富貴貧賤夭壽。』中之『科權祿』部份。

『科忌相逢』格局是指『**化科**』與『**化忌**』同宮或相照的形式。『化科』主文，又很弱，很容易被『化忌』刑剋，而無用。『化科』的意義是很有方法做什麼。當『化科』與『化忌』同宮或相照時，『化科』會幫著『化忌』做更不好、不吉的事，也以『雙忌論』。不過化科究竟是較弱，常無法朝向有氣質的方面，反而是幫著增加更多的是非、糾紛與災厄。在人命宮，也是頭腦不清，黑白難辨，愈想愈混亂的思想模式了。

例如：丙年生人，命宮是『廉貞化忌、文昌化科』在申宮的命格時，其人還是頭腦不清，雖文昌化科居旺，廉貞化忌也居廟，但是文昌化科會幫著廉貞化忌很有計算能力，很有方法的做糊塗之事，至少人生中有很大

一段時間會與不光彩有關。例(一)。

例如：壬年生人，有『武曲化忌、陀羅、左輔化科』在戌宮坐命的話，是『科忌相逢』的格局。『左輔化科』是男性平輩貴人很有方法的幫助此人更笨，更頑固，以及財運更不順、欠債、窮困，幾乎很難過得了關，很可能因為窮困而自殺而亡。例(二)。

『科忌相逢』格同宮之形式

5.紫微在辰　(例一　丙年生)

天梁(陷) 巳	七殺(旺) 午	未	命宮 廉貞化忌(廟) 文昌化科 申
紫微(得) 天相(得) 辰			酉
天機(旺) 巨門(廟) 卯			破軍(旺) 戌
貪狼(平) 寅	太陽(陷) 太陰(廟) 丑	武曲(旺) 天府(廟) 子	天同(廟) 亥

3.紫微在寅　(例二　壬年生)

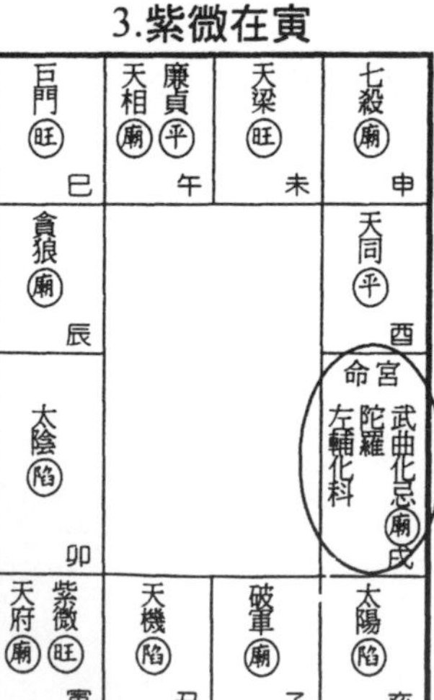

※如果『科忌相逢』的格局中，化科星與化忌星是在對宮相照的情形所形成之『科忌相逢』，則化科星對化忌星相助為害的狀況稍輕。化科星是最先幫助同宮的星曜，再幫助對宮的星曜。此『科忌』相對照的『科忌相逢』，也會是相互為因果關係的『科忌相逢』。例如：庚年生，『**天同化科**』在卯、『**太陰化忌**』在酉宮(例一)，表示因為很會享受、愛玩，因此薪水變少，感情不順，存款變少。又例如：丁年生，有『**天機化科**』在子宮，『**巨門化忌**』在午宮，則表示因為太聰明，則造成是非口舌，多不勝屬，愈聰明，愈會製造麻煩。(例二)

※**我派之庚年生人，為『天同化科、太陰化忌』，天同為福星，不會化忌，與他派不同，請讀者自己印證之。**

『科忌相逢』格對宮之形式

(例一 庚年生)

9.紫微在申

(例二 辛年生)

2.紫微在丑

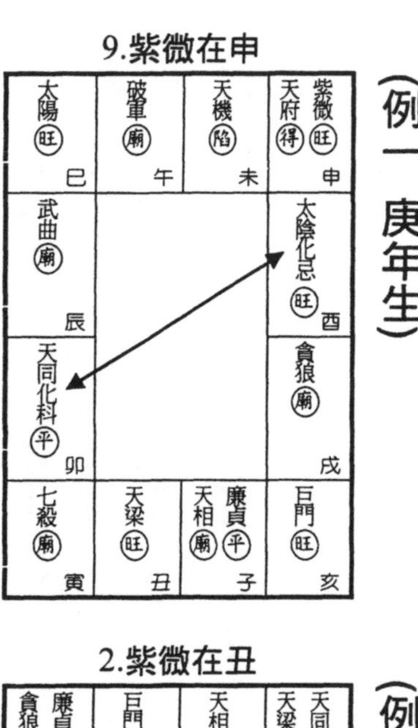

太陽 旺 巳
破軍 廟 午
天機 陷 未
紫微 旺 天府 得 申
武曲 廟 辰
太陰化忌 旺 酉
天同化科 平 卯
貪狼 廟 戌
七殺 廟 寅
天梁 旺 丑
廉貞 平 天相 廟 子
巨門 旺 亥
廉貞 陷 貪狼 陷 巳
巨門化忌 旺 午
天相 得 未
天同 旺 天梁 陷 申
太陰 陷 辰
武曲 平 七殺 旺 酉
天府 得 卯
太陽 陷 戌
寅
紫微 廟 破軍 旺 丑
天機化科 廟 子
亥

第十九章　其他命理相關格局

本章所蒐集之命理格局是一些雜局。以及一些由表面名稱上來看，並不一定能分得出是那方面問題的格局。還有一些是『命』和『運』雜駁的問題的格局。蒐集這麼多紫微斗數的格局形式，以期達到圓滿的將紫微斗數的格局整理起來，以備讀者及後人在學習紫微斗數時好有所利用與依從。

『紫微斗數』從『八字學』而來，是故運用了許多『八字學』的格局名稱。但雖是如此，『紫微斗數』中的格局必須有星曜立體的呈現，並不像『八字學』中由某一個字內中含用就可獲得。因此，『紫微斗數』的格局全有跡可循，全都可畫出星圖以展現出來。這也是讓大家好學習、好了瞭解的地方。

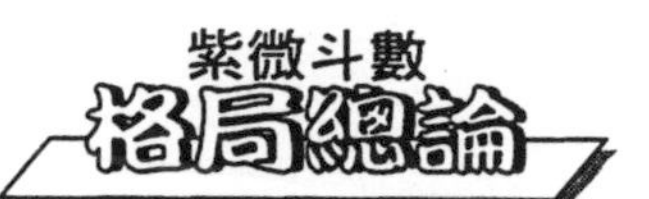

財居財位

『財居財位』格局出自『太微賦』。全句是：『財居財位遇者富奢。』

『財居財位』格是指在財帛宮中有財星之意。財星如武曲、天府、太陰、祿存、化祿等，當這些星在財、福二宮出現，都是正位。財帛宮所代表的是當下手邊可以流動之資金。福德宮所代表的是本命的『財』之多寡。例如財帛宮有天府財庫星，而福德宮有『武曲、七殺』之『因財被劫』格式的人，其人手中雖有現金或資產，但必須拼命去賺才有，而本命的財並不多，因此一生能過衣食充足的日子是他的目標與希望，因此這是天相坐命的人。

財星一定要居財、福二位又居旺，其人才會手邊有錢可花。如果財星在閒宮，例如在疾厄宮，則會生一些需要花費很大醫療費的疾病。如果在僕役宮，表示你人很勢利，喜交有錢的朋友，但你本命較窮。如果在子女宮，表示你的希望在子女身上，今生你不太有成就，也不太會打拼。中國命理上有『窮三代、富三代』之說，你剛好是『窮三代』之人。而你的子女是『富三代』之首，故要很拼命才行。但這麼說，也不一定你的子女是主富之人，但可斷定的是，你的子女一定比你過得好、財多。

財星在財帛宮中才是正格，在命宮及官祿宮、遷移宮都好，都會為錢財打拼，一生不會虛度。但也重利益，對六親重利寡恩，這也就不好了。這也是『財居財位』的人所要謹記的。

223. 貴入貴鄉

『貴入貴鄉』格局出自『太微賦』。全句是：『貴入貴鄉逢者富貴。』

『貴入貴鄉』格是指有太陽、天梁、紫微等主貴之星居旺入官祿宮時，則主其人有富貴。

官祿宮是看人生成就的宮位，以及努力打拼能力的宮位。成就高，打拼能力強的人則主貴。能有高學歷，能參加國家考試能做國家高級公務員的人，也主貴。因此，命、財、官、遷在『陽梁昌祿』格上的人，也是主貴之人。故太陽、天梁在官祿宮會名聲大好，主貴。有紫微在官祿宮，能坐上最高階主管之位，也是主貴之人。這些都是名符其實的『貴入貴鄉』了。

君子在野

『君子在野』格局出自『諸星問答論』。全句是：『君子在野，小人在位，主人奸詐假善，平生惡積。』在『定富貴貧賤十等論』中之『定貧賤局』中亦有『君子在野』格局。

『君子在野』格局是指有羊、陀、火、鈴四殺在命宮或身宮，或命宮之主星居陷之命格稱之。

『君子在野』格中『君子』是指本命。『在野』是指無正曜，卻有煞星入座。或正曜居陷，吉星卻在閒宮野地。因此命宮中的星變得凶煞不佳。此指凶命或無用之命格之美稱。

天羅地網

『天羅地網』格局出自『斗數骨髓賦』。全句是：『限至天羅地網，屈原溺水而亡。』

『天羅地網』格是指辰宮為天羅宮，戌宮為地網宮。當大運、流年、流月三重逢合至辰宮或戌宮時，稱為『天羅地網』格，其運程使人有鬱悶、有志難伸之現象。如果再加天空、地劫、化忌、羊陀在此運中，更是鬱悶又頭腦空空，而且運氣極差，再有『巨火羊』、『巨鈴羊』之格局時，易投水或上吊而亡。

226. 限逢凶曜

『限逢凶曜』格局出自『論諸星同位垣各同所宜，分別富貴貧賤夭壽。』中之『命宮』部份。全句是：『限逢凶曜柳綠桃紅而易謝。』

『限逢凶曜』格是指大運、流年為運限。在大運、流年中逢到有凶星當值的運氣。如果是擎羊居廟運，對宮有『武貪』相照的運程，仍會暴發，但暴發得小，或很快暴落，故稱『柳綠桃紅而易謝』。

某些凶星居旺當值的運限，總是起先發達，後運不佳。必有傷災多的問題。也並不是一開始就遇災厄的。一定是在某個『**三重逢合**』的時間點上而凶運交集而形成的。

步數無依

『步數無依』格局出自『定富貴貧賤十等論』之『定雜局』。

『步數無依』格局是指前一個大運或流年的運程，和後一個大運或流年的運程都不好，都是凶運、衰運，使其人四肢無力，提不起勁來奮發。有時候連著三個、四個大運、流年皆不好。其人之一生常在貧困又無法突破之狀態稱之。

『步數無依』的格局會使人一生無成就，易為乞丐或僧道之命。也容易流入社會之最低層。這是讓人十分無奈之命運。

吉凶相伴

『吉凶相伴』格局出自『定富貴貧賤十等論』中之『定雜局』。

『吉凶相伴』格局是指人的命格還不錯，命宮裡主星是吉星居旺，但所走的大運和流年是『吉凶相伴』。此格局也表示其人還是有不太順遂的人生境遇。『斗數骨髓賦』說：『命好、身好、限好，到老榮昌。命衰、身衰、限衰，終身乞丐。』就是這個意思了。命不好，限好，也能有一半榮昌。

風雲際會

『風雲際會』格出自『定富貴貧賤十等論』之『定雜局』。

『風雲際會』格是指命格中逢到主貴與主富的運氣、運程則稱之。例如：命格走『陽梁昌祿』格大運時，有升官發財的好運出現時，會稱之『風雲際會』。又例如：有『武貪格』發大財時，也能稱之『風雲際會』。此命格中有極高、極旺的運程點而稱之的。

230.

『三台之貴』格局為出自『八字學』之格局。

『三台之貴』格局原指有『卯、巳、午』及『乙、丙、丁』三字在八字地支或天干上出現而稱之。凡八字中有此三字，或三字中缺一字時，也能形成主貴現象。亦能組成完美之『陽梁昌祿』格的人，會有高知識水準及高學歷，也會因學識佳而步步高陞，做大官或大事，而成主貴之現象。

『三台』指的是宰相、府台般的高位。能做到此貴位的人不多，稱奇人有大貴之尊，宜好好努力。

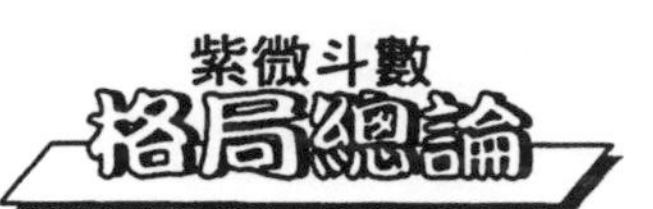

枯木逢春

『枯木逢春』格局為出自『定富貴貧賤十等論』之『定雜局』。

『枯木逢春』格是指命格不太好，但大運、流年運限極佳，使其死木復活，枯木逢春。例如有一個人是『天機陷落、陀羅』坐命未宮的人，陽男陰女順時針方向行運。陰女幼年時代較難養，青少年走『紫府』運，青年走『太陰居旺』運，中年走『貪狼居廟』運(此運有暴發運)，一連著都是好運，稱之『枯木逢春』。

『枯木逢春』格舉例

9.紫微在申

		5–14	15–24	
太陽(旺) 巳	破軍(廟) 午	命宮 天機(陷) 陀羅 未	紫微(旺) 天府(得) 申	
武曲(廟) 辰			太陰(旺) 酉	25–34
天同(平) 卯			貪狼(廟) 戌	35–44
七殺(廟) 寅	天梁(旺) 丑	廉貞(平) 天相(廟) 子	巨門(旺) 亥	45–54

大運歲數

232. 水上駕屋

『水上駕屋』格居出自『定富貴貧賤十等論』之『定雜局』。

『水上駕屋』格是指大運及流年時好時壞，後運接不上前運或是前運不佳，後運又更衰運，因此其人之人生彷佛是在水上蓋房子一般，十分不穩固，不牢靠。因此必然常處於窮困之中，很難翻身。

如果有此『水上駕屋』格局的運程，只有韜光養晦、怡情自得、深居簡從，節約過日子，一生會平順而過。

233. 衣錦還鄉

『衣錦還鄉』格局出自『定富貴貧賤十等論』之『定雜局』。

『衣錦還鄉』格局是指幼年及青少年、青年運程都不好，中年以後才發達，才有好運主富主貴，衣食充足後再檢視以前的窮運程而稱之『衣錦還鄉』。中年發運多指『武貪格』暴發運。因『武貪不發少年時』，故會中年爆發偏財運而主富。『武貪格』又在四墓宮辰、戌、丑、未形成，故亦稱四十歲後行墓運而發財發富的運程為『衣錦還鄉』，此是指運程方面的格局。

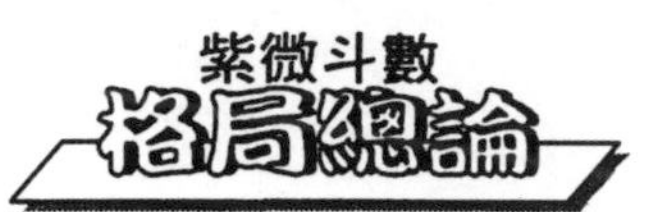

錦上添花

『錦上添花』格局出自『定富貴貧賤十等論』之『定雜局』。

『錦上添花』格是指限運(指大運)逢吉運及福運，而流年又走財星居旺，好運星居旺。貴星及蔭星居旺的運程，為吉中又吉，故為『錦上添花』格。

235. 生逢敗地

『生逢敗地』格局出自『太微賦』及『論諸星同位垣各同所宜，分別富貴貧賤夭壽。』中之『納音』部份。全句是：『生逢敗地發也虛花。』

『生逢敗地』格是指人生行運（包括大運、流年）到了凶星或星曜居陷（運衰）之宮位，即使有了暴發運發了，也如曇花一現，很快又消失了。發不久。

很多人有『武貪格』暴發運，由其命格中火多欠水的人最易暴發暴發運（俗稱偏財運）。此運又最易逢火運而暴發。

因此，這些命中火多欠水的人，就容易在生逢火土運（敗地）之時暴發，發一下財和名就沒有了。發不久，故稱發也虛花。我自己本人也有這種感受。

絕處逢生

『絕處逢生』格局出自『太微賦』。全句是：『絕處逢生，生花不敗。』

『絕處逢生』格是指寅、申、巳、亥四宮位為四絕、四生之宮位，坐命於此四宮者，即使命弱居陷不吉，也能有再翻身活命之機會。故稱之『絕處逢生』。例如：『廉貞、貪狼』坐命亥宮者，廉貞五行屬火，貪狼五行屬木，亥宮為木長生、火之絕位，故其人會得到『絕處逢生』的大好機會。凡事容易敗部復活。

※ 寅宮為火、土長生，金之絕位。

※ 申宮為水長生，木之絕位。

※ 巳宮為金長生，水之絕位。

※ 亥宮為木長生，火之絕位。

237. 玄媼三宮

『玄媼三宮』格局出自『斗數發微論』。全句是：『玄媼三宮則邪淫躭酒。』

『玄媼三宮』格是指：『玄媼』指的是天姚星。『三宮』指的是夫妻宮。有天姚星在夫妻宮時，其人好淫樂，重女色。酒色貪念至為邪淫。如果再有羊陀、火、鈴、殺、破同宮，會有心理上性變態之現象。逢天空、地劫同宮則能矯正，不邪淫了。

三重逢合

『三重逢合』格局出自『諸星問答論』。

『三重逢合』是指『大運、流年、流月』或『流年、流月、流日』，指三個時間條件重疊在同一個時間點時，稱之。例如擎羊運在大運、流年、流月都逢到的那一個月份，即稱『三重逢合』。人生中之最大暴發運、偏財運，也是要逢到『大運、流年、流月』到同一時間點時，才會爆發。人會遭災、受傷或死亡，也是在三種時間條件逢到同一個關鑑點時，才會發生。因此『三重逢合』在我們人生中常常發生，非常重要。主貴運，也是要逢到『三重逢合』的時間交叉點上，才會據有大名聲，高地位，或考試為榜首的。

239. 陰騭延年

『陰騭延年』格局出自『斗數骨髓賦』。全句是：『陰騭延年增百福，至於陷地不遭傷。』

『陰騭延年』格中『陰騭』是暗中由天所定的吉凶禍福。現今此句指由於陰德多積，而可延壽。某些本來壽元不足之人，因為心地好，暗中無意間做了很多善事，救人救命，而能多生福氣，以致於自己走到衰運或絕運，而不受到刑剋傷害，躲過災難，大難不死。

240. 天傷惡曜

『天傷惡曜』格局出自『論諸星同位垣各同所宜，分別富貴貧賤夭壽。』中之『傷使』部份。全句是：『天傷加惡曜仲尼絕糧鄧通亡。』

『天傷惡曜』格是指當運限(大運及流年)逢到天傷運時不吉，有貧乏之災。天傷永遠在僕役宮出現，天使永遠在疾厄宮出現。皆主不吉有災。

『天傷惡曜』講得是朋友不義之事，或尋朋友不著。因此孔夫子逢到『天傷運』，無朋友相救支援。天傷、天使其實是很小的星，並不足以絕糧餓飯，一定是運逢主星陷落才是。孔夫子之命格為『天梁居丑宮』，對宮(遷移宮)為天機陷落，因此常常碰到不好的事。也會碰到只有小聰明的人。他的學生也大多是只有小聰明的人，至少他是這麼看法的。因此，每遇天機陷落運時，最好在家中安坐，勿外出，更要早做防範以防有不吉及絕糧之事。

241. 妻宮天馬

『妻宮天馬』格局出自『論諸星同位垣各同所宜，分別富貴貧賤夭壽。』中之『天馬』部份。全句是：『天馬坐妻宮，富貴還當封贈。』

『妻宮天馬』格局是指夫妻宮有天馬，稱之。天馬必坐於四馬宮、四生宮，居寅、申、巳、亥四宮。故夫妻宮居於寅、申、巳、亥，又有天馬者，主其人及其妻有幫夫運，會幫忙夫婿升官發財，自當有富貴、高官之利，而妻子自己能得到封賞、官夫人之貴位。

242. 馬遇空亡

『馬遇空亡』格局出自『太微賦』。全句是：『馬遇空亡、終身奔走。』

『馬遇空亡』格指**在寅、申宮**有天馬與一個天空或地劫同宮，而另一個地劫或天空星在對宮相照。**在巳、亥宮**，天馬會與天空、地劫三星一起同宮時，其人會不知為何而忙，或東忙西忙而白忙一場，故稱終身奔走而無效。這是頭腦空空而瞎忙之故。

『馬遇空亡』格之形式

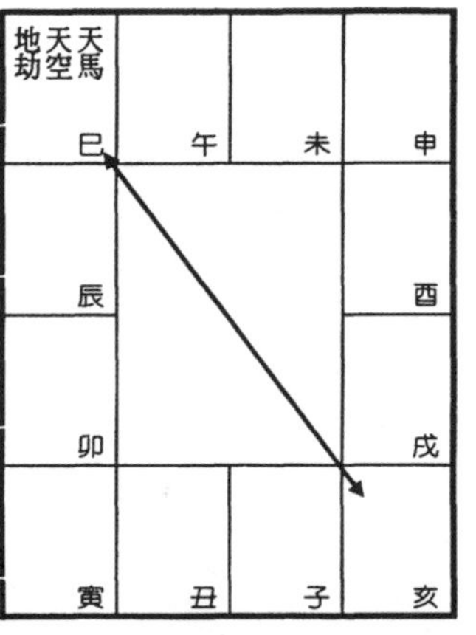

天馬
天空
地劫
巳
午
未
申
辰
酉
卯
戌
寅
丑
子
亥

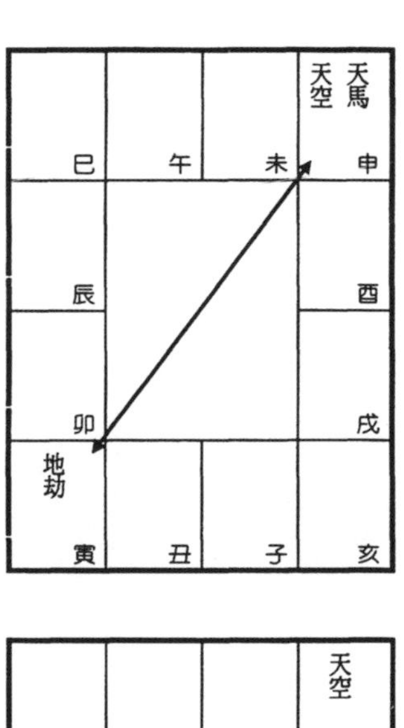

天馬
天空
巳
午
未
申
辰
酉
卯
戌
地劫
寅
丑
子
亥

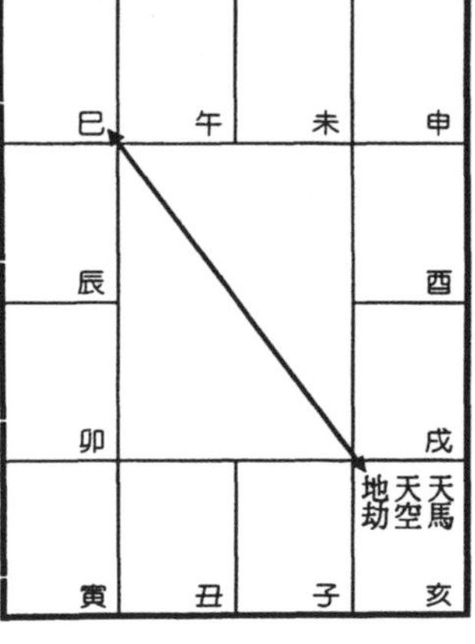

巳
午
未
申
辰
酉
卯
戌
天馬
天空
地劫
寅
丑
子
亥

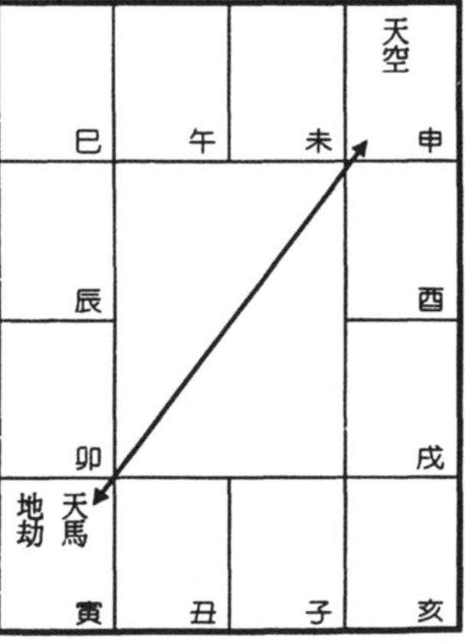

天空
巳
午
未
申
辰
酉
卯
戌
天馬
地劫
寅
丑
子
亥

命實運生

『命實運生』格局出自『斗數骨髓賦』。全句是：『命實遇堅槁田得雨，命衰限弱嫩草遭霜。』

『命實運生』格是指命格主星居旺，或吉星坐命，稱為命實。命格本身好，再加上行運也逢吉運，稱為『命實運生』。如果命格本身為主星落陷，或凶星坐命，再逢衰運、凶運，則多遇凶災凶險，一生不順、窮困，傷病不已。彷彿如嫩草遭霜打，有死亡的可能。因此要多加小心。

『命實遇堅槁田得雨』是說命宮主星旺，或吉星坐命，本命自有福氣。縱然遇到艱難的運氣，也能想出辦法趨吉，就像乾枯的田得到滋潤一般。這是自己救自己。

『命衰限弱嫩草遭霜』是說命宮主星居陷或有多個凶星，或有化忌同宮坐命，再逢到運限也不佳時，則遇災難多，很難救了。自己也救不了白己了。

244. 命逢吉曜

『命逢吉曜』格局出自『論諸星同位垣各同所宜，分別富貴貧賤夭壽。』中之『命宮』部份。全句是：『命逢吉曜松柏清秀以難凋。』

『命逢吉曜』格是指命宮中有吉星居旺，如紫微、太陽、太陰、武曲、天同、天梁等居旺，再加以行運限(大運及流年)皆旺，其人自當生活舒適，生活輕鬆，有升官發財、考試中舉，生活的很有意義，像松柏長青一般，不會凋謝，而且其人面貌清秀，好運不斷。

245. 命無正曜

『命無正曜』格局出自『論諸星同位垣各同所宜，分別富貴貧賤夭壽。』中之『命宮』部份。全句是：『命無正曜二姓延生。』

『命無正曜』格局是指命宮無主星的命格而言。『命格無主星』又是指命格中無『十二個命盤格式』中之主星而言。在『十二個命盤格式』中，每個命盤格式裡空宮部份，如果坐命在此皆是『命無正曜』。縱然是擎羊坐命、陀羅坐命、火星坐命、鈴星坐命、劫空坐命、文昌或文曲坐命、魁鉞坐命、天馬坐命以及空宮坐命皆是『命無正曜』格的人。

『命無正曜』格的命格。倒不一定是『二姓延生』的人。只有左輔、右弼坐命及祿存、擎羊、陀羅坐命或命中再有特殊格局的人，會是『二姓延生』的人。

※『二姓延生』是指過房、送給別人做人養子、入贅，或是庶母所生，或是隨母改嫁，隨繼父姓氏之人。

246. 命弱身強

『命弱身強』格局出自『論諸星同位垣各同所宜，分別富貴貧賤夭壽。』中之『身宮』部份。全句是：『命弱身強財源不聚。』

『命弱身強』格局是指：命宮中之主星居陷或帶煞星，而身宮落強宮或身宮的主星居旺強壯者，會不聚財，或財留不住。

例如：有一位仁兄命宮為天空坐卯宮，對宮有機巨相照，為命弱。但身宮為官祿宮為『太陽居得地、太陰化權居陷、地劫』。算是身強。一生財源不聚，欠債數千萬元，牽連親戚朋友。如果親友間有人會知命的，便不該借他錢，勸其人早日清醒，以防害人。此種人最後終必是以死了債，對不起所有的人。

身吉命凶

『身吉命凶』格局出自『論諸星同位垣各同所宜，分別富貴貧賤夭壽。』中之『身宮』部份。全句是：『身吉命凶亦為美論。』

『身吉命凶』格是指身宮是吉星入宮，而命宮有主星陷落或煞星值宮，此命格因身宮有吉星，其人本命還不壞，天生之財福也還有，雖命宮不佳，一種是窮困，但本命仍有財，故窮極時則有貴人救助。另一種是命凶，有傷剋，多傷災，或刑剋親人。身吉，則能受傷災時，不致斃命，大難不死。刑剋親人時，其人會知道躲避，會移居他處，不與親人朝夕相處，以減少刑剋。因此身宮是人內心深處元神的處所，若有吉星，則內心深處之感情尚溫和，有人性，願意體諒別人。本性善。身凶者，多為奴僕之命，內心也邪惡。

248. 運逢大耗

『運逢大耗』格局出自『斗數骨髓賦』。全句是：『鄧通餓死運逢大耗之鄉。』

『運逢大耗』格是指大運、流年、流月皆逢大耗運程，而有窮困缺糧之災。大耗在斗數中是極小之星，是農業時代用來斷定收田租、收不收得到的星曜，而且還要逢三、四個星一起，才能斷定。單是一個大耗星不足以斷定缺糧或耗財。故此格局是有待考察的。

※ 鄧通為西漢蜀郡人，原為船伕，曾為漢文帝吸啜瘡膿，而為漢文帝重用，將蜀郡的一座銅山賜給他，並准許他鑄造『鄧通錢』，以流通天下。使他富甲一方。但漢景帝即位，沒收其全部財產。最後餓死雅安。正符合相士為其看相斷言鄧通會因貧窮餓死之預言。鄧通是走到窮極之運而失去所有而餓死，並不見得是『大耗』運程所致。如果吉星強運有大耗同宮，是感覺不到大耗的存在的。

善福空位

『善福空位』格局出自『太微賦』。全句是：『善福居空位，天竺生涯。』

『善福空位』格局是指福德宮為空宮，容易做僧道之人。過佛道宗教生活。其實福德宮有凶星，羊、陀、空、劫者皆易有天竺生涯、親近佛道。並不一定是福德宮居空宮而有之現象。福德宮為空宮，表示其人無福，常頭腦空空，愛發呆，意志力不集中，常閃神，精神恍惚，自然運氣也不算好，常喜歡接近宗教以定神。用唸經的方式來集中精神。

250. 水上泡漚

『水上泡漚』格局出自『太微賦』。全句是：『童子限如水上泡漚。』

『水上泡漚』格專指小孩、嬰兒命弱不易養，第一個限運就不好，故命運如水上之泡沫，容易消亡。古時嬰兒、幼兒較難養，醫藥不發達之故。嬰幼兒要看幾歲起運。起運後才開始走運。起運前會隨母親或撫養餵奶之人之運氣。如果母親身體不佳，運又弱，嬰幼兒容易得病亡。如果母親、奶媽身體強壯，所帶養之嬰幼兒也容易強壯，得到好運。

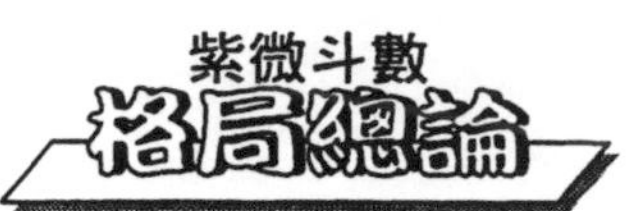

251. 風中殘燭

『風中殘燭』格局出自『太微賦』。全句是：『老人限似風中殘燭。』

『風中殘燭』格是指人入老年之運限，健康又不佳，運程又不好時，會像殘燭在風中搖晃，搖搖欲墜，幾乎要滅亡。此格指老年逢凶運、衰運者稱之。

252. 三夾命凶六夾吉

『三夾命凶六夾吉』格局出自『論諸星同位垣各同所宜，分別富貴貧賤夭壽。』中之『命宮』部份。全句即是：『三夾命凶六夾吉』。

『三夾命凶六夾吉』格局是指：『三夾』為『羊陀、火鈴、劫空』。『六夾』為『紫府、左右、昌曲、魁鉞、權科祿及日月』等的格局。

整句的解釋是：如果命宮有『羊陀、火鈴、劫空』者為主凶。而命宮有『紫微、天府、左輔、右弼、文昌、文曲、天魁、天鉞、化權、化科、化祿，以及太陽、太陰，全部都要居旺者為吉命。否則有吉亦有凶星在命宮，也易有吉凶參半的人生。

253. 三夾身凶六夾吉

『三夾身凶六夾吉』格局出自『論諸星同位垣各同所宜，分別富貴貧賤夭壽。』中之『身宮』部份。

『三夾身凶六夾吉』格指身宮中有『羊陀、火鈴、劫空』為凶，主其人早夭、不善終，或為奴僕、僧道之命。如果身宮中有『紫府、左右、昌曲、魁鉞、權祿科、日月等星居旺，則主大吉利，有貴命且長壽，有富貴。

命裡逢空

『命裡逢空』格局出自『斗數骨髓賦』。全句是：『命裡逢空不飄流即主疾苦。』

『命裡逢空』格是指命宮中無主星，又有天空獨坐的命格。此命格主東奔西走，以及健康問題不佳，有疾在身，或有暗疾。

此種格局由國父孫中山先生印證也十分確實。國父孫中山先生即是天空獨坐酉宮，為『萬里無雲』格的人，但一生為革命奔走，四處飄流，在日本駐足，在倫敦蒙難，後以肝病病逝。這也證明了『命裡逢空』格局的人，真的是一場空了。

255. 孤貧有壽

『孤貧有壽』格局出自『斗數骨髓賦』。全句是：『孤貧多有壽，富貴即夭亡。』

『孤貧有壽』格是指：命宮主星居陷，或有羊、駝、火、鈴、劫、空同宮，或為空宮坐命，本命弱，而且財帛宮、官祿宮也不強，但行吉運，有暴發運，定主橫發不久，而且運發過後即容易夭亡。此命格因本身財不多，宜減祿延壽為佳。某些財也不能發，發了就會夭命的。例如紫微斗數命盤上有暴發運(偏財運)帶化忌，原來是不發的，但八字上有兩、三個偏財運又一定會發。如此命格常一暴發就有災，性命不保。宜『孤貧有壽』。

256. 官符夾殺

『官符夾殺』格局出自『太微賦』。全句是：『官符夾刑殺於遷移，離鄉遭配。』

『官符夾殺』格是指在大運不佳，又在流年中，有官符帶著羊陀、火鈴、殺破等星在流年遷移宮中，流年逢此：必有被貶職判刑，及遭受處分，發配邊疆苦寒之地的狀況。

官符星其實很小，只有一個官符星其實並無很大的力量影響人的運氣，一定是和大的甲級星同宮作亂，或有數個小星一起才能影響人的運氣。是故會使人離鄉遭配的應該是刑殺之星而已，而不見得是官符星，不過，有官符星在流年之中，仍要小心打官司或是非糾紛的問題。

金鎖鐵蛇關

『金鎖鐵蛇關』格局出自《斗數全書》中『論安命金鎖鐵蛇關』。內容是：『從戌上起子年，順數行年月逆推，日又順數時逆轉，小兒壽夭可先知。』

『金鎖鐵蛇關』格局是指古時候小嬰兒難養活，常發生病痛，因此擔心嬰幼兒的存活，故古法算命上有此判斷嬰幼兒存活的論命方法。

『金鎖鐵蛇關』的論命方法是：先從戌上開始算子年，順時針方向算嬰幼兒的本生年，再從此所數到之宮位上起月，逆時針方向數至小兒本生月，所數到之宮位上再起日，順時針方向數到小嬰兒生日，從生日上再逆時針方向數生時，最後的結果，如遇到丑、未宮，其病為有救，如碰到辰、戌宮則會死亡。

此『金鎖鐵蛇關』只是一個預測的方法，並不見得一定準確。現今醫學發達，應多求助醫療。此格局應該無多大用途了。僅供大家參考。

258. 竹蘿三限

『竹蘿三限』格局出自《斗數全書》中：『定男女竹蘿三限』。

『竹蘿三限』格局是指在命盤中三合宮位和四方宮位中，逢到天空、地劫、七殺、破軍、巨門等星。倘若大運、小限皆在三方四正之中，有三合、四方相互凶星照守，作為死限來斷定。

『地劫、天空』都是逆時針方向排定的，只有在三合宮位和四方宮位相照的才算。七殺、破軍本就是『殺、破、狼』格局上的二位角色。倘若劫空之一與貪狼同宮，劫空二星中的另一顆星也必須和七殺或破軍同宮才會形成。倘若加入巨門星，巨門星多半會在四方宮位中形成相照的局面。因此竹蘿三限只是指一個特定的時間點，在三合、四方宮位皆有煞星聚集時，大運、小限遇到做極凶論。

一般來說，『羊陀迭併』、『羊陀夾忌』、『七殺迭併』、『廉殺羊』、『廉殺陀』、『巨火羊』、『耗逢惡曜』，三重逢合，較會有性命之憂。

斷橋截路

『斷橋截路』格局出自『重補斗數彀率』。全句是：『斷橋截路大小難行。』

『斷橋截路』格是指在大運、小限(今以流年較準)中，逢到天空、地劫、截空、旬空(空亡)等運程時，運程不佳，萬事皆空，會如人行路，在路途中遇到斷橋，或路被截斷一般，無法通過。會有困頓之時，因此要早做準備與打算，不要事到臨頭遇災後，再來後悔。

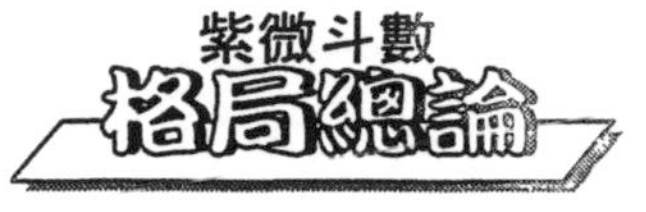

260. 因財被劫

『因財被劫』格局出自『論諸星同位垣各同所宜，分別富貴貧賤夭壽。』中之『武曲』部份。全句是：『武曲羊陀兼火宿喪命因財』。

『因財被劫』格是一個非常重要之格局，主要是談財星被煞星如羊、陀、火、鈴、劫、空、化忌，以及七殺、破軍等所沖破而劫財，使財變少變空，而窮困之格局。

『因財被劫』格局內容很廣泛。『武曲、七殺』或『武曲、破軍』同宮皆為『因財被劫』。武曲加擎羊、陀羅、天空、地劫、火星、鈴星、化忌等星也是『因財被劫』。

又例如：天府(財庫星)加羊、陀、火、鈴、劫、空，或文昌化忌、文曲化忌等也是『因財被劫』。

太陰為薪水之財，遇羊、陀、火、鈴、劫、空，也會『因財被劫』。化祿或祿存遇劫空、其他的化忌星、火、鈴等，也會『因財被劫』。凡有『因財被劫』之格局，皆會主窮困、災禍。如果刑剋凶的，『因財被劫』的格局中有化忌、羊陀、劫空等許多星的人，要小心運氣『三重逢合』時，有性命之憂。

261. 刑官

『刑官』格局出自『太微賦』。全句是：『刑殺會廉貞於官祿、枷杻同流。』

『刑官』格局實是指官星加刑星、煞星，會有事業不順利，有官司刑罰或因工作一生受辱不得意之格局。

現今的『刑官』格局有三種狀況：①是官祿宮有羊、陀、火、鈴、劫、空、化忌同入宮，為『刑官』。②官祿宮有官星陷落或財星陷落亦稱之『刑官』格局。③在命格中，包括命、財、官、遷四個主要宮位中有『紫微、太陽、廉貞、天梁』等的官星，再有羊、陀、火、鈴、劫、空、化忌，與這些官星同宮者，稱之。例如：『紫微、擎羊』、『紫微、破軍、擎羊』、『紫微、天相、擎羊』、『紫微、天相、陀羅』、『紫微、天府、陀羅』、『紫微、

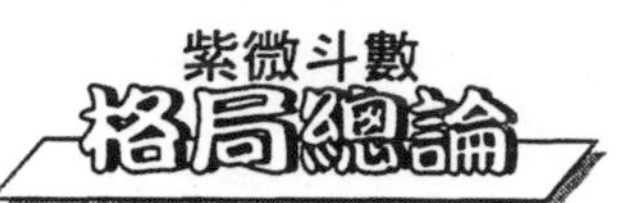

七殺、陀羅』、『紫微、七殺、天空、地劫』、『紫微、天府、天空』、『紫微、天府、地劫』。又例如：『太陽、擎羊』、『太陽、陀羅』、『太陽、火星』、『太陽、鈴星』、『太陽、天空、地劫』在巳、亥宮以及『太陽化忌』在命、財、官、遷等宮。又例如：『廉貞、陀羅』、『廉貞、七殺、擎羊』、『廉貞、七殺、陀羅』、『廉貞、天府、擎羊』、『廉貞、天府、陀羅』、『廉貞、貪狼、陀羅』、『廉貞、貪狼、天空、地劫』。又例如：『天梁、擎羊』、『天梁、陀羅』、『天梁、火星』、『天梁、鈴星』、『天梁、天空』、『天梁、地劫』、『天梁、天空、地劫』、『天梁、文曲化忌』、『天梁、文昌化忌』。

以上等星曜組合皆為『刑官』格局。『刑官』格局其中以官星和羊、陀化忌同宮的組合最凶、刑剋最重。會失去工作、遭官非、刑罰，或受傷殘障。其次是和『劫空』雙星同宮的刑剋也會什麼事也做不成，為無用之人。

『刑官』中較輕的格局是『官星和火、鈴同宮』的狀況。例如『紫微、火星』、『紫微、鈴星』、『太陽、火星』、『太陽、鈴星』、『廉貞、火星』、『廉貞、鈴星』、『天梁、火星』、『天梁、鈴星』。如此『官星和一個火星或鈴星同宮』的狀況，只是表示時有時無，有時熱鬧，但一下子又冷場了，故工作會一陣子在做，一陣子會休息沒工作。

當官星和一個天空同宮或和一個地劫同宮時之『刑官』格局，也會使其人意志力不集中，偶而出現清高、不認真工作之現象。只要用心在工作上，全付注意力集中，即可破解不順利之事業運。

通常有『刑官』格局在人之命格中時，皆表示其人的工作力不強，或有清高、不重錢財之思想，因此打拼能力、奮發力不足，一生也難有大發展，也出不了名，多數為無用之人，或低下之老百姓命格。

片火焚天馬重羊逐

『片火焚天馬重羊逐』格，出自『增補太微賦』。全句就是：『片火焚天馬重羊逐。』

『片火焚天馬重羊逐』格是指在命局中只有『火星、擎羊』二星在午宮或未宮出現的狀況，稱之。此格局很凶。此格局只要在命盤上出現，並不一定在命宮才算。大運、流年逢到，必有災亡、傷病之事發生。

『**火星、擎羊**』**在午宮**，必有『天同、太陰』在對宮相照，此為丙、戊年所生之人。丙年生人，對宮有『天同化祿、太陰』相照(例一)。戊年生人，對宮有『天同、太陰化權』相照。雖然如此，財和權都會被刑剋到。馬年之『火星、擎羊』三重逢合，必有大災而亡之憂(例二)。

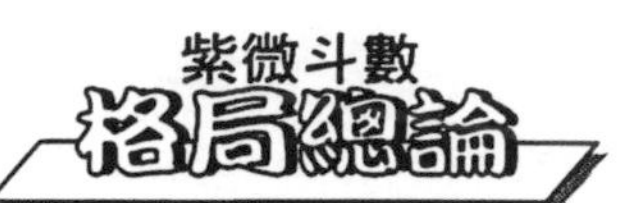

『火星、擎羊』在未宮，是丁年及己年生人有六種狀形式：

丁年生，『火星、擎羊』在未宮，對宮有『武曲、貪狼』相照。(例三)

丁年生，『火星、擎羊』在未宮，對宮有『太陽陷、太陰化祿』相照。(例四)

丁年生，『火星、擎羊』在未宮，對宮有『天同化權、巨門化忌』相照。(例五)

己年生，『火星、擎羊』在未宮，對宮有『武曲化祿、貪狼化權』相照。(例六)

己年生，『火星、擎羊』在未宮，對宮有『太陽陷、太陰廟』相照。(例七)

己年生，『火星、擎羊』在未宮，對宮有『天同、巨門』相照。(例八)

以上格局中凡是有化祿、化權或財星居旺相照的還是有財。但『權忌相逢』相照的，會更加災禍之發生與嚴重性。相照之星居陷的如『同巨』相照，更增是非傷災、病亡。

『片火焚天馬重羊逐』格之形式

例(一)丙年生

6.紫微在巳

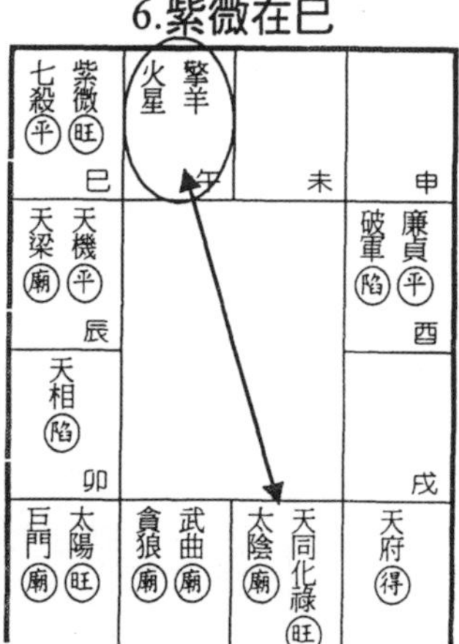

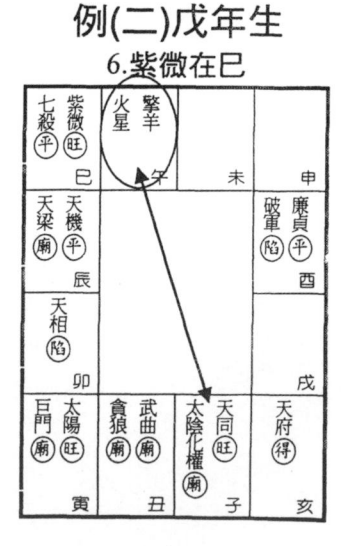

例(二)戊年生

6.紫微在巳

紫微(旺) 七殺(平) 巳	擎羊 火星 午	未	申
天機(平) 天梁(廟) 辰			廉貞(平) 破軍(陷) 酉
天相(陷) 卯			戌
太陽(旺) 巨門(廟) 寅	武曲(廟) 貪狼(廟) 丑	天同(旺) 太陰化權(廟) 子	天府(得) 亥

例(三)丁年生

6.紫微在巳

紫微(旺) 七殺(平) 巳	午	擎羊 火星 未	申
天機(平) 天梁(廟) 辰			廉貞(平) 破軍(陷) 酉
天相(陷) 卯			戌
太陽(旺) 巨門(廟) 寅	武曲(廟) 貪狼(廟) 丑	天同(旺) 太陰(廟) 子	天府(得) 亥

例(四)丁年生

5.紫微在辰

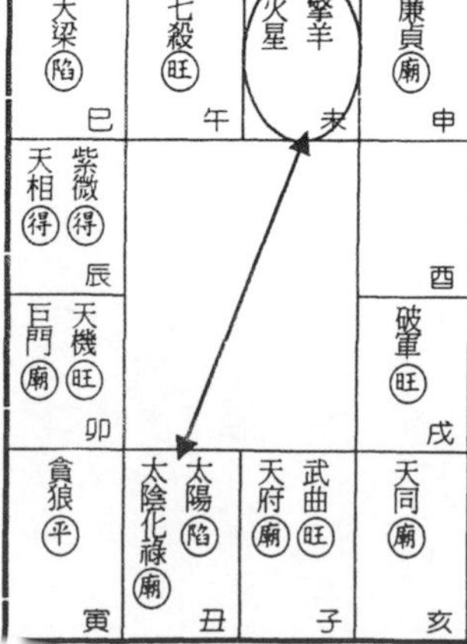

『片火焚天馬重羊逐』格之形式

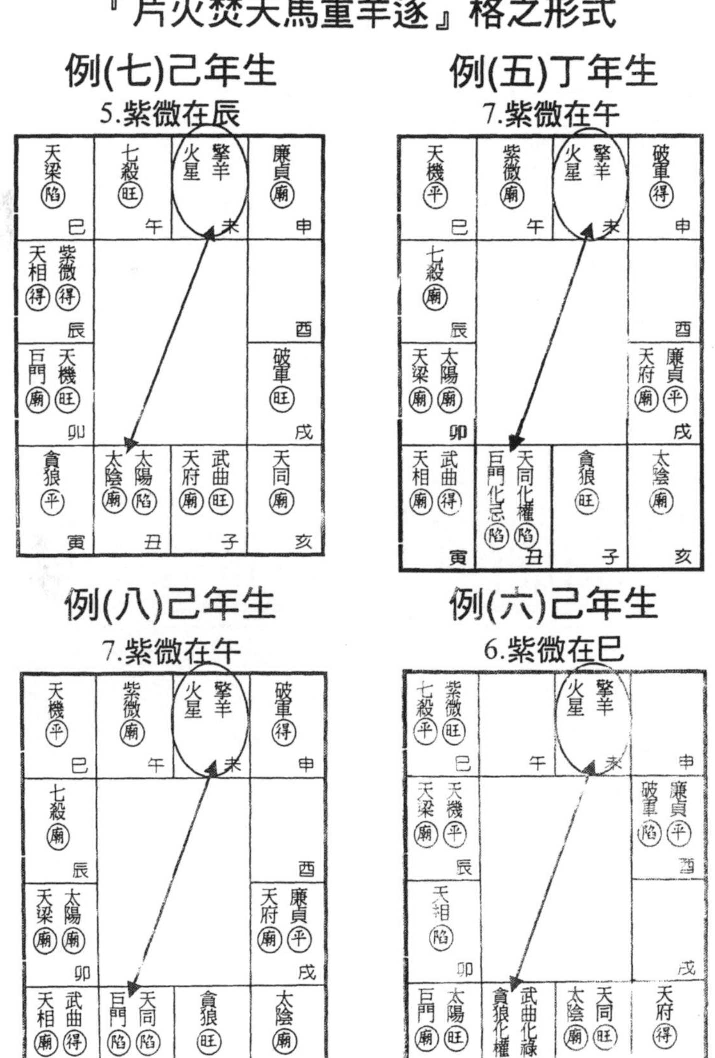

看人過招300回

法雲居士⊙著

怎麼看人？看人準不準？關係著您決策事情的成敗！『看人術』在我們日常生活中應用甚廣，舉凡人見面時的第一印象，都屬『看人術』的範疇。紫微命盤中的命宮主星，都會在人的面貌、身形上顯現出來。法雲居士教你一眼看破對方個性的弱點，充份掌握『知己知彼』的主控權！看人過招 300 回！招招皆『贏』！『順』！『旺』！

紫微斗數精華篇

法雲居士⊙著

學了紫微斗數卻依然看不懂格局，不瞭解星曜代表的意義，不知道命程形局的走向，人生的高峰時期在何時？何時是發財增旺運的好時機？考試、升職的機運在何時？何時才會交到知心的好朋友？一生到底能享多少福？成就有多高？不管問題是你自己的，還是朋友的，你都在這本書中找得到答案！

法雲居士將紫微斗數的精華從實用的角度，來解答你的迷惑，及解釋專有名詞，讓你紫微斗數的功力大增，並對每個命局瞭若指掌，如數家珍！

驚爆偏財運

法雲居士⊙著

『偏財運』就是『暴發運』！

世界上許多領袖級的人物、諾貝爾獎金得主、以及各大企業集團的總裁、領導級的政治人物，都具有『暴發運格』。

『暴發運格』會改變歷史，會創造歷史！『暴發運格』也可以創造億萬富翁，是宇宙間至高無上的旺運！

在你的生命中，到底有沒有這種契機？你到底屬不屬於那全世界三分之一的好運人士？

且聽法雲居士向您解說『暴發運格』、『偏財運格』的種種事蹟與內含，把握住自己生命中的爆發點，創造歷史的人，可能就是你！

法雲居士⊙著

在人生時好時壞的命運課題中，您最想改變的是什麼運氣？是財運？是官運？是考運？是傷災？還是人災呢？

在每一個人的命運中都有一些特定的時日，可以把人生的富貴運途推向更高的境界，這就是每個人生命的『轉折點』！能把握『生命轉折點』的人，就是真正能『改運』成功的人！

法雲居士利用紫微命理的精髓，教你掌握『時間』上的玄機來改運，並傳授你一些小祕方來補運，改運 DIY！將會使你的人生充滿無數的旺運奇蹟！

法雲居士⊙著

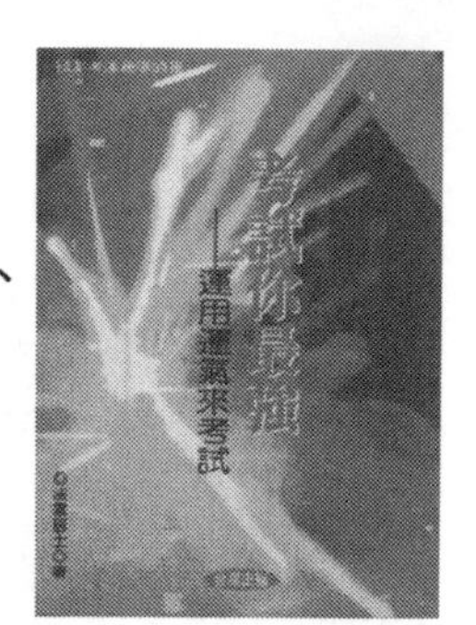

讓老天爺站在你這邊幫忙你考試

老天爺給你一天中的好時間、給你主貴的『陽梁昌祿』格、給你暴發的好運、給你許許多多零碎的、小的旺運來幫忙你 K 書、考試，但你仍需運用命理的生活智慧來幫你選邊站，老天爺才會站在你這邊！

如何運用運氣來考試

運氣是由許多小的時間點移動的過程所形成的，運用及抓住好的時間點，就能駕馭運氣、讀書、K 書就不難了，也更能呼風喚雨，任何考試都讓您手到擒來，考試運強強滾！考試你最強！

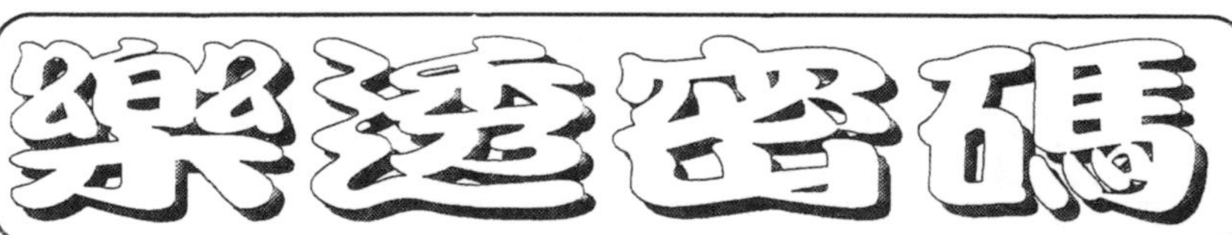

法雲居士⊙著

偏財運的暴發能量 = 人的質量 × 時間^2（本命帶財）

會中樂透彩的人，必有其特質，
其中包括了『生命財數』與『生命數字』。
能中樂透彩的人必有暴發運，
而世界上有三分之一的人擁有暴發運。
因此能中樂透彩之人，必有其數字金鑰及生命密碼。如何運用這個密碼和金鑰匙打開生命中的最高旺運機會，
又將在何時掌握到這個生命的最高峰，
這本『樂透密碼』，
將會為您解開『通往幸運之門的答案』！

如何尋找磁場相合的人

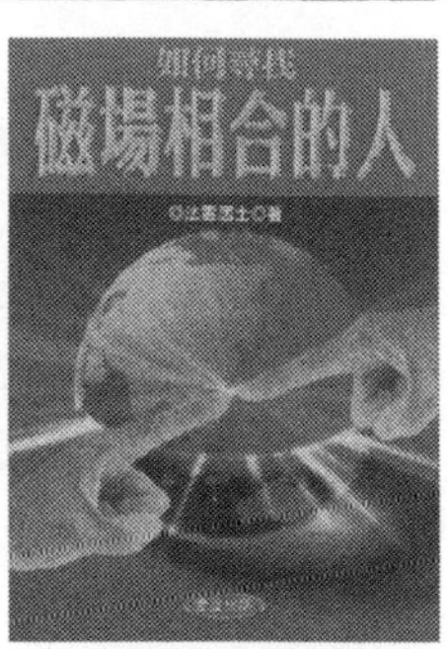

每個人一出世，便擁有了自己的磁場。

好的磁場就是孕育成功人士、領導人、有能力的人，以及能造福人群的人的孕育搖籃；同時也是享福、享富貴的天然樂園。

壞的磁場就是多遇傷災、破耗、人生困境、貧窮、死亡，以及災難無法躲過的磁場環境。

人為什麼有災難、不順利、貧窮、或遭遇惡徒侵害導致不能善終的死亡？這完全都是磁場的問題。

法雲居士用紫微命理的方式，讓您認清自己周圍的磁場環境，也幫您找到能協助您、輔助您脫離困境、以及通往成功之路的磁場相合之人。讓您建立一個能享受福財與安樂的快樂天堂。

用顏色改變運氣

法雲居士⊙著

顏色中含有運氣，運氣中也帶有顏色！

中國有一套富有哲理系統的用色方法和色彩學。更可以利用顏色來改變磁場的能量，使之變化來達成改變運氣的方法。這套方法就是五行之色的運用法。

現今我們對這一套學問感到高深莫測，但實則已存在我們人類四周有數千年歷史了。

法雲居士以歷來論命的經驗和實例，為你介紹用顏色改變運氣的方法和效率，讓你輕輕鬆鬆的為自己增加運氣和改運。

紫微成功交友術

法雲居士⊙著

成功的人都有成功的好朋友！失敗的人也都有運程晦暗的朋友！好朋友能幫助你在人生中『大躍進』！壞朋友只能為你『扯後腿』。

流年朋友運能幫你提升交朋友的層次，進入成功者的行列！每一個人想掌握交到益友、欣逢貴人的契機！『時間』就是一個不容忽視的關鍵！

『紫微成功交友術』，就是一本讓每個人都能掌握時間交到益友的一本書。同時也是讓你改變人生層次的一本書。更讓你此生不虛此行！

如何創造事業運

法雲居士⊙著

人生中有千百條的道路，但只有一條，是最最適合您的，也無風浪，也無坎坷，可以順暢行走的道路，那就是事業運！

有些人一開始就找對了門徑，因此很早、很年輕的便達到了目的地，成為事業成功的菁英份子。有些人卻一直在茫然中摸索，進進退退，虛度了光陰。

屬於每個人的人生道路不一樣，屬於每個人的事業運也不一樣！要如何判斷自己是否走對了路？

一生的志業是否可以達成？地位和財富能否得到？在何時可得到？每個人一生的成就，在紫微命盤中都有顯示，法雲居士以紫微命理的方式幫助您檢驗人生，找出順暢的路途，完成創造事業運的偉大工程！

法雲居士⊙著

從歷史的經驗裡，告訴我們命格的好壞和生辰的時間有密切關係，命格的高低又和誕生環境有密切關係，這就是自古至今，做官的、政界首腦人物、精明富有的老闆，永享富貴及高知識文化，而平民百姓永遠在清苦的生活中與低文化的水平裡輪迴的原因。

人生辰的時間，決定命格的形成。

命格又決定人一生的成敗、運途與成就。

每一個人在受孕及出生的那一剎那已然決定了一生。很多父母疼愛子女，想給他一切世間最美好的東西，但是為什麼不給他一個『好命』呢？

『幫子女找一個好生辰』就是父母能為子女所做，而很多人卻沒有做的事，有智慧的父母們！驚醒吧！

請不要讓孩子一開始就輸在命運的起跑點上！

法雲居士⊙著

(上冊)選取喜用神的方法與步驟。

(中冊)日元甲、乙、丙、丁選取喜用神的重點與舉例說明。

(下冊)日元戊、己、庚、辛、壬、癸選取喜用神的重點與舉例說明。

每一個人不管命好、命壞，都會有一個用神與忌神。喜用神是人生活在地球上磁場的方位。喜用神也是所有命理知識的基礎。

及早成功、生活舒適的人，都是生活在喜用神方位的人。運蹇不順、夭折的人，都是進入忌神死門方位的人。門向、桌向、床向、財方、吉方、忌方，全來自於喜用神的方位。用神和忌神是相對的兩極。一個趨吉，一個是敗地、死門。兩者都是人類生命中最重要的部份。

你算過無數的命，但是不知道喜用神，還是枉然。

法雲居士特別用簡易明瞭的方式教你選取喜用神的方法，並且幫助你找出自己大運的方向。

3分鐘會算命

法雲居士⊙著

簡單、輕鬆、好上手！
三分鐘會算命。

讓你簡簡單單、輕輕鬆鬆，
一手掌握自己的命運！

誰說紫微斗數要精準，就一定複雜難學？

即問、即翻、即查的瞬間功能，
一本在手，助您隨時掌握幸運時刻，
趨吉避凶，一翻搞定。算命批命自己來，
命運急救不打烊，隨時有問題就隨時查。

《三分鐘會算命》就是您的命理經紀，專門為了您的打拼人生全程護航！

紫微屋相學

法雲居士⊙著

人有面相，房屋就有『屋相』。
人有命運，房屋也有命運。
具有好命運的房子，也必然具有
好風水與好『屋相』。

房子、住屋是人外在環境的一部份，
人必須先要住得好、住得舒適，為自己建造
好的磁場環境，才會為你帶來好運和財運。
因此你住了什麼樣的房子，和為自己塑造了
什麼樣的環境，很重要！

這本『紫微屋相學』不但告訴你如何選擇吉屋風水的事，更告訴你如何運用屋相的運氣來為自己增運、補運！

如何觀命、解命
如何審命、改命
如何轉命、立命

法雲居士⊙著

古時候的人用『批命』，是決斷、批判一個人一生的成就、功過和悔吝。

現代人用『觀命』、『解命』，是要從一個人的命理格局中找出可發揮的潛能，來幫助他走更長遠的路及更順利的路。

從觀命到解命的過程中需要運用很多的人生智慧，但是我們可以用不斷的學習，就能豁然開朗的瞭解命運。

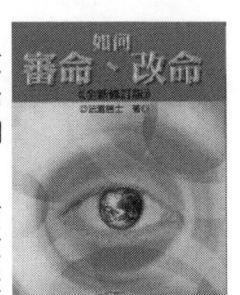

一般人從觀命開始，把命看懂了之後，就想改命了。命要怎麼改？很多人的看法不一。改命最重要的，便是要知道命格中受刑傷的是哪個部份的命運？再針對刑剋的問題來改。

觀命、審命是人生瞭解命運的第一步。知命、改命、達命，才是人生最至妙的結果。

這是三冊一套的第三本書，由觀命、審命，繼而立命。由解命、改命，繼而轉運，這其間的過程像連環鎖鏈一般，是缺一個環節而不能連貫的。

常常我們會對人生懷疑，常想：要是那一年我做的決定不是那樣，人生是否會改觀了呢？您為什麼不會做別的決定呢？這當然有原因，而原因就在此書中！

八字王——八字算命速成寶典

法雲居士⊙著

人的八字很奇妙！『年、月、日、時』明明是一個時間標的，但卻暗自包含了人生的富貴貧賤在其中。

八字學是一種環境科學，懂了八字學，你便能把自己放在最佳的環境位置之上而富貴享福。

八字學也是一種氣象學，學會了八字，你不但上知天文、下知地理，不但能知天象，還能得知運氣的氣象，而比別人更快速的掌握好運。

每一個人的出生之八字，都代表一個特殊的意義，好像訴說一個特別的故事，你的八字代表什麼特殊意義呢？在這本『八字王』的書之中，你會有意想不到的、又有趣的答案！

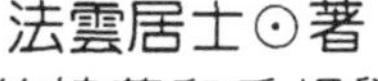

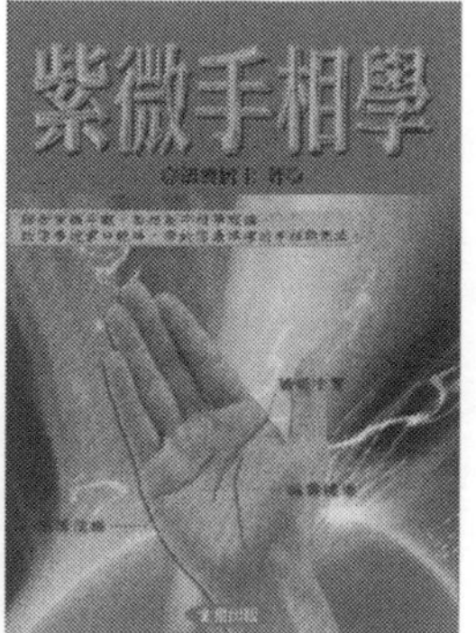

這本書是結合紫微斗數的精華和手相學的精華，而相互輝映的一本書。

手相學和人的面相有關。紫微斗數中每種命格也都有其相同特徵的面相。因此某些特別命格的人，就會具有類似的手相了。當紫微命格中的那一宮不好，或特吉，你的手相上也會特別顯示出來這些特徵。

法雲居士依據對紫微斗數的深刻研究，將人手相上的特徵和命格上的變化，一一歸納、統計而寫成此書，提供大家參考與印證！

如何推算大運、流年、流月

上、下冊

法雲居士⊙著

全世界的人在年暮歲末的時候，都有一個願望。都希望有一個水晶球，好看到未來一年中跟自己有關的運氣。是好運？還是壞運？

這本『如何推算大運、流年、流月』下冊書中，法雲居士利用紫微科學命理教您自己來推算大運、流年、流月，並且將精準度推向流時、流分，讓您把握每一個時間點的小細節，來掌握成功的命運。

古時候的人把每一個時辰分為上四刻與下四刻，現今科學進步，時間更形精密，法雲居士教您用新的科學命理方法，把握每一分每一秒。在每一個時間關鍵點上，您都會看到您自己的運氣在展現成功脈動的生命。

法雲居士利用紫微科學命理教你自己學會推算大運、流年、流月，並且包括流日、流時等每一個時間點的細節，讓你擁有自己的水晶球，來洞悉、觀看自己的未來。從精準的預測，繼而掌握每一個時間關鍵點。

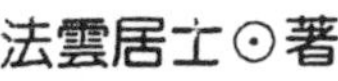

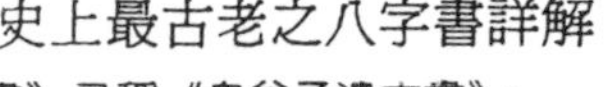

李虛中命書詳析

法雲居士⊙著

史上最古老之八字書詳解

《李虛中命書》又稱《鬼谷子遺文書》，
在清《四庫全書．子部》有收錄，並做案語。此書是中國史上最早一本有系統的八字命理書，也成為後來『子平八字』術改變而成的發展基石。

此書中對干支的對應關係、對六十甲子的祿、貴、官、刑有非常詳細的討論，以及納音五行對本命生、旺、死、絕的影響，皆是命格主貴、主富的關鍵要點。

子平術對其也諸多承襲其用法。
因此，欲窮通『八字』深奧義理者，必先熟讀此書中五行納音及干支間之理論觀念。因此這本『李虛中命書』也是習八字之敲門磚。

法雲居士將此書用白話文逐句詳解其意，並將附錄之四庫編纂者所加之案語一併解釋，卑能使讀者更加領會其中深奧之意。

簡易實用靈卦、易學

法雲居士⊙著

卜卦是一個概率問題，也十分科學的，當人在對某一件事情執著的時候，又想預知後果因此就須要用卜卦來一探究竟。
任何事物都無法脫離時間和空間而存在。
紫微和八字的算運氣法則，是先有時間再算空間，看是在什麼樣的時間點走到什麼樣的空間去！
卜卦多半是一時興起而卜卦的，
因此大多數的時間和空間都是未知數，
再加上物質運動的變化，隨機而動的卜卦才會更靈驗！

卜卦必須要懂得易經六十四卦的內容與代表意義。
法雲老師用簡單易懂的方法教你手卦、米卦、金錢卦、梅花易數的算法，讓你翻翻書就立刻知道想要知道的結果！

對你有影響的

法雲居士⊙著

在每一人的生命歷程中，都會有能掌握一些事情的力量，對某些事情能圓融處理的力量。又有某些事情是使你頭痛，或阻礙你、磕絆你的痛腳。這些問題全來自出生年份所形成的化權、化祿、化科、化忌的四化的影響。『權、祿、科』是對人有利的，能促進人生進步、和諧、是能創造富貴的格局。『權、祿、科』的配置好壞就是能決定人生加分、減分的重要關鍵所在。

星曜特質系列包括：『羊陀火鈴』、『十干化忌』、『殺、破、狼』上下冊、『權、祿、科』、『天空地劫』、『昌曲左右』、『紫、廉、武』、『府相同梁』上下冊、『日月機巨』、『身宮和命主、身主』。

此套書是法雲居士對學習紫微斗數者常忽略或弄不清星曜特質，常對自己的命格有過高的期望或過於看輕的解釋，這兩種現象都是不好的算命方式。因此以這套書來提供大家參考與印證。

對你有影響的

法雲居士⊙著

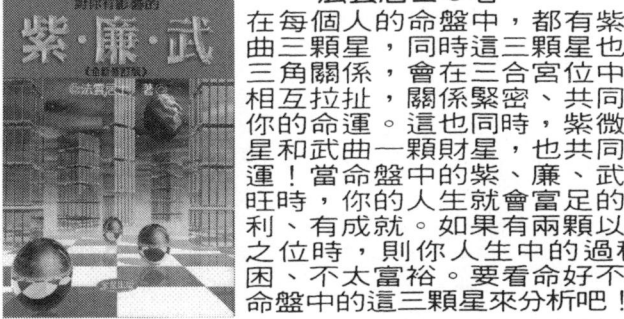

在每個人的命盤中，都有紫微、廉貞、武曲三顆星，同時這三顆星也具有堅強的鐵三角關係，會在三合宮位中三合鼎立著，相互拉扯，關係緊密、共同組織、架構了你的命運。這也同時，紫微、廉貞兩顆官星和武曲一顆財星，也共同主宰了你的命運！當命盤中的紫、廉、武有兩顆以上居旺時，你的人生就會富足的多，也事業順利、有成就。如果有兩顆以上都居平、陷之位時，則你人生中的過程多艱辛、窮困、不太富裕。要看命好不好？就先從你命盤中的這三顆星來分析吧！

這部套書是法雲居士對於學習紫微斗數者常忽略或弄不清星曜特質，常對自己的命格不是有過高的期望，就是有過於看低自己命格的解釋，這兩種現象都是不好的算命方式。因此，以這套書來提供大家參考與印證。

對你有影響的

上、下冊

法雲居士⊙著

每一個人的命盤中都有七殺、破軍、貪狼三顆星，在每一個人的命盤格中也都有『殺、破、狼』格局，『殺、破、狼』是人生打拼奮鬥的力量，同時也是人生運氣循環起伏的一種規律性的波動。在你命格中『殺、破、狼』格局的好壞，會決定你人生的成就，也會決定你人生的順利度。

『殺、破、狼』格局既是人生活動的軌跡，也是命運上下起伏的規律性波動。

但在人生的感情世界中更是一種親疏憂喜的現象。它的變化是既能創造屬於你的新世界，也能毀滅屬於你的美好世界，對人影響至深至遠。因此在人生中要如何把握『殺、破、狼』的特性，就是我們這一生最重要的功課了。

對你有影響的

十干化忌

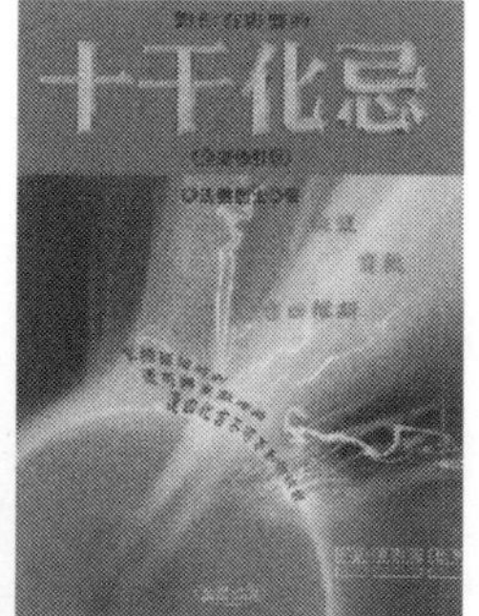

法雲居士⊙著

『權祿科忌』是一種對人生的規格與約制，十種年干形成十種不同的、對人命的規格化，以出生年份所形成的四化，其實就已規格化了人生富貴與成就高低的格局。『權祿科』是決定人生加分的重要關鍵，『化忌』是決定人生減分的重要關鍵，加分與減分相互消長，形成了人世間各個不同的人生格局。『化忌』也會是你人生命運的痛腳及力猶未逮之處。

星曜特質系列包括：『殺、破、狼』上下冊、『羊陀火鈴』、『十干化忌』、『權、祿、科』、『天空地劫』、『昌曲左右』、『紫、廉、武』、『府相同梁』上下冊、『日月機巨』、『身宮和命主、身主』。

此套書是法雲居士對學習紫微斗數者常忽略或弄不清星曜特質，常對自己的命格有過高的期望或過於看輕的解釋，這兩種現象都是不好的算命方式。因此以這套書來提供大家參考與印證。

紫微格局看理財

法雲居士⊙著

『理財』就是管理錢財，必需愈管愈多！因此，理財就是賺錢！每個人出生到這世界上來，就是來賺錢的，也是來玩藏寶遊戲的。每個人都有一張藏寶圖，那就是您的紫微命盤！一生的財祿福壽全在裡面了。同時，這也是您的人生軌跡。玩不好藏寶遊戲的人，也就是不瞭解自己人生價值的人，是會出局，白來這個世界一趟的。因此您必須全神貫注的來玩這場尋寶遊戲。『紫微格局看理財』是法雲居士用精湛的命理推算方式，引領您去尋找自己的寶藏，找到自己的財路。並且也教您一些技法去改變人生，使自己更會賺錢理財！

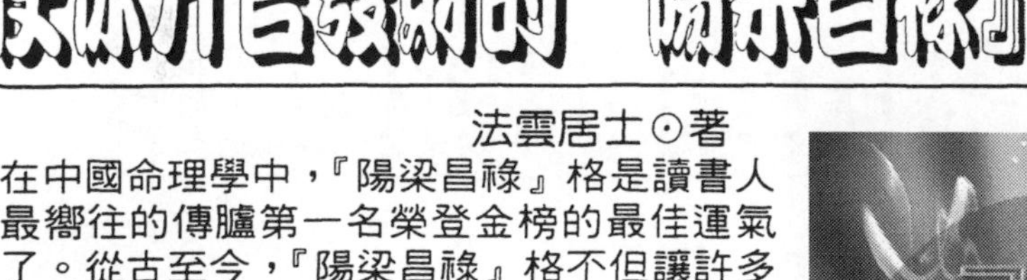

使你升官發財的『陽梁昌祿』格

法雲居士⊙著

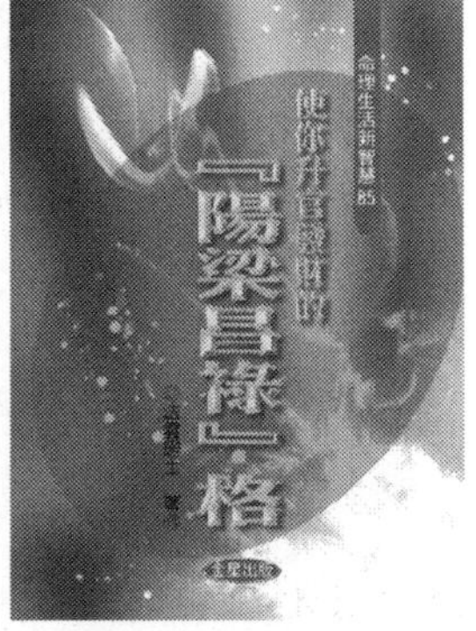

在中國命理學中，『陽梁昌祿』格是讀書人最嚮往的傳臚第一名榮登金榜的最佳運氣了。從古至今，『陽梁昌祿』格不但讓許多善於讀書的人得到地位、高官、大權在握，位極人臣。現今當前的世紀中也有許多大老闆大企業家、大企業之總裁全都是具有『陽梁昌祿』格的人，因此要說『陽梁昌祿』格會使人升官發財是一點也不假的事實了。但是光有『陽梁昌祿』格卻錯過大好機會而不愛唸書的人也大有其人！要如何利用此種旺運來達到人生增高的成就，這也是一門學問值得好好研究的了。聽法雲居士為你解說『陽梁昌祿』格的旺運成就方法，同時也檢驗自己的『陽梁昌祿』格有無破格或格局完美度，以便幫自己早早立下人生成大功立大業的壯志。

好運隨你飆

法雲居士⊙著

經濟不景氣要會算運氣、算命運！
在亂世要命強、命硬才能繼續生存！
算命到底在算什麼？算命就是算『時間』！ 也就是算『因時間點移動、變化後，人在應對周遭人、事、物的情緒，會產生什麼變化？以及總體狀況所產生之結果』。『好運隨你飆』這本書就是專門討論『運氣』和『時間點』上所形成的關鍵問題的一本書。 法雲居士用紫微斗數的命理方式教您解讀人生中幾個重要運氣的存在關鍵，以及時間點交叉、重疊時能形成好運氣的方法。

紫微幫你找工作

法雲居士⊙著

『男怕入錯行，女怕嫁錯郎』。

現在的人都怕入錯行。您目前的職業是否真是適合您的行業？入了這一行，為何不賺錢？您要到何時才會有令自己滿意的收入？

法雲居士用紫微命理幫您找出發財、升官之路，並且告訴您何時是您事業上的高峰期，要怎麼才會找到自己有興趣的工作？要怎麼才能讓工作一帆風順、青雲直上，沒有波折？

『紫微幫你找工作』就是這麼一本處處為您著想，為您打算，幫助您思考的一本書。

法雲居士⊙著

這是一本教您如何得知『命中財富』，
來企劃自己命運的書！

有人含金鑰匙出生，

有人終身平淡無奇，

老天爺真的是那麼不公平嗎？

您的命理有多少財？

讓這本書來告訴您！

這是一本教您在極短的時間內，
就能快速學到排出紫微斗數的方法，
並且告訴您命盤中的含意。

您很想學『紫微斗數』嗎？

您怕學不好『紫微斗數』嗎？

這本書將喚起您深藏已久的自信心，

為規劃人生跨出基本的第一步！

你的財要怎麼賺

法雲居士⊙著

這是一本教您如何看到自己財路的書。

人活在世界上就是來求財的！財能養命，也會支配所有人的人生起伏和經歷。心裡窮困的人，是看不到財路的。你的財要怎麼賺？人生的路要怎麼走？完全在於自己的人生架構和領會之中，法雲居士利用紫微命理為您解開了這個人類命運的方程式，劈荊斬棘，為您顯現出您面前的財路。

你的財要怎麼賺？盡在其中！

紫微星曜專論

法雲居士⊙著

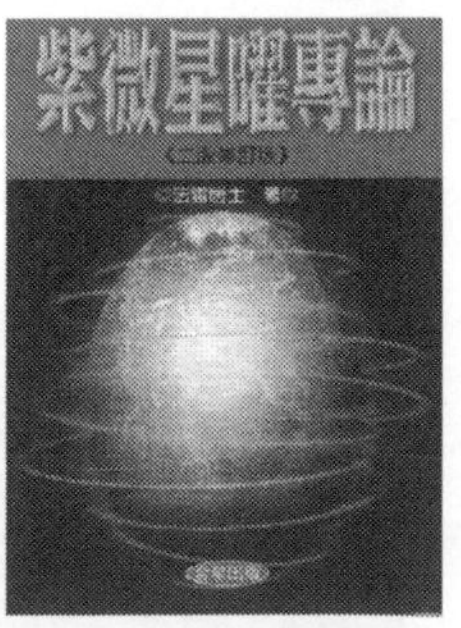

此書為法雲居士重要著作之一，主要論述紫微斗數中的科學觀點，在大宇宙中，天文科學的星和紫微斗數中的星曜實則只是中西名稱不一樣，全數皆為真實存在的事實。

在紫微命理中的星曜，各自代表不同的意義，在不同的宮位也有不同的意義，旺弱不同也有不同的意義。在此書中讀者可從法雲居士清晰的規劃與解釋中，對每一顆紫微斗數中的星曜有清楚確切的瞭解，因此而能對命理有更深一層的認識和判斷。

此書為法雲居士教授紫微斗數之講義資料，更可為誓願學習紫微命理者之最佳教科書。

如何算出你的偏財運

法雲居士⊙著

這是一本讓您清楚掌握人生運程高潮的書，
讓您輕而易舉的獲得令人欽羨的事業和財富。
您有沒有偏財運？偏財運會改變您的一生！
您在何時會有偏財運？如何幫助引爆偏財運？
偏財運的禁忌？以上種種的問題，
在此書中您將會清楚地獲得解答。

法雲居士集二十年之研究經驗，利用科學
命理的方法，教您準確地算出自己偏財運的
爆發時、日。若是您曾經爆發過好運，
或是一直都沒有好運的人，要贏！要成功！
一定要看這本書！為自己再創一個奇蹟！

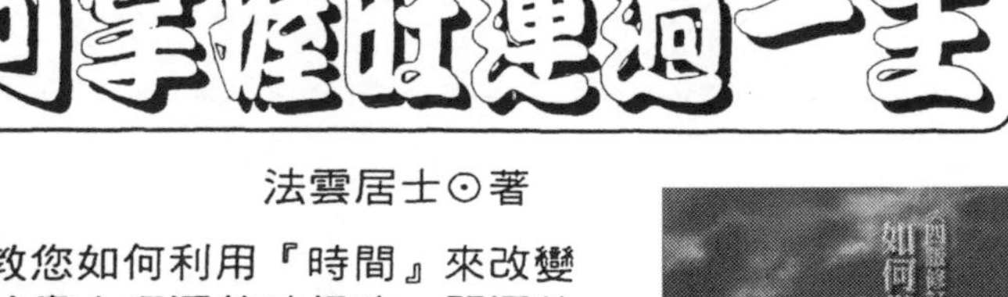

法雲居士⊙著

這是一本教您如何利用『時間』來改變
自己命運的書！旺運的時候攻，弱運的
時候守，人生就是一場攻防戰。這場仗
要如何去打？
為什麼拿破崙在滑鐵盧之役會失敗？
為什麼盟軍登陸奧曼第會成功？
這些都是『時間』這個因素的關係！
在您的命盤裡有哪些居旺的星？
它們在您的生命中扮演著什麼樣的角色？

它們代表的是什麼樣的時間？在您瞭解這些隱藏的契機之
後，您就能掌握成功，登上人生高峰！

簡易大六壬神課詳析

法雲居士 ◎ 著

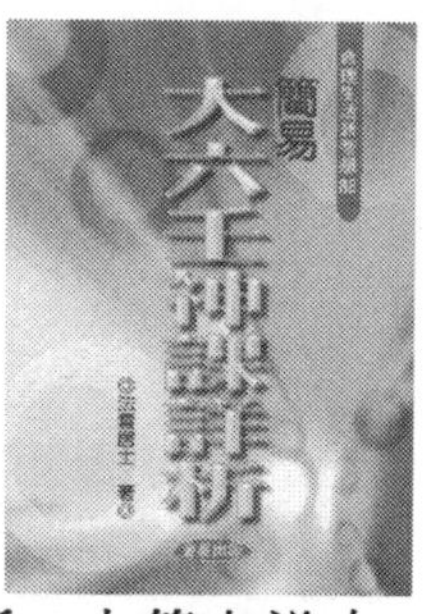

『六壬學』之占斷法是歷史上最古老的占卜法。其年代可上推至春秋時代。『六壬』與『易』有相似之處，都是以陰陽消長來明存亡之道的卜術。學會了之後很容易讓人著迷。它也是把四柱推命再繼續用五行生剋及陰陽等方式再變化課斷，以所乘之神及所臨之地，而定吉凶。

新的二十一世紀災難連連，天災人禍不斷，卜筮之道中以『六壬』最靈驗，但大多喜學命卜者害怕其手續煩雜，不好入門，特此出版此本簡易篇以解好學者疑義。並能使之上手，能對吉凶之神機有倏然所悟！

紫微命理子女教育篇

法雲居士 ◎ 著

《紫微命理子女教育篇》是根據命理的結構來探討小孩接受教化輔導的接受度，以及從命理觀點來談父母與子女間的親子關係的親密度。

通常，和父母長輩關係親密的人，是較能接受教育成功的有爲之士。
每個人的性格會影響其命運，因材施教，也是該人命運的走向，故而子女教育篇實是由子女的命格已先預測了子女將來的成就了。

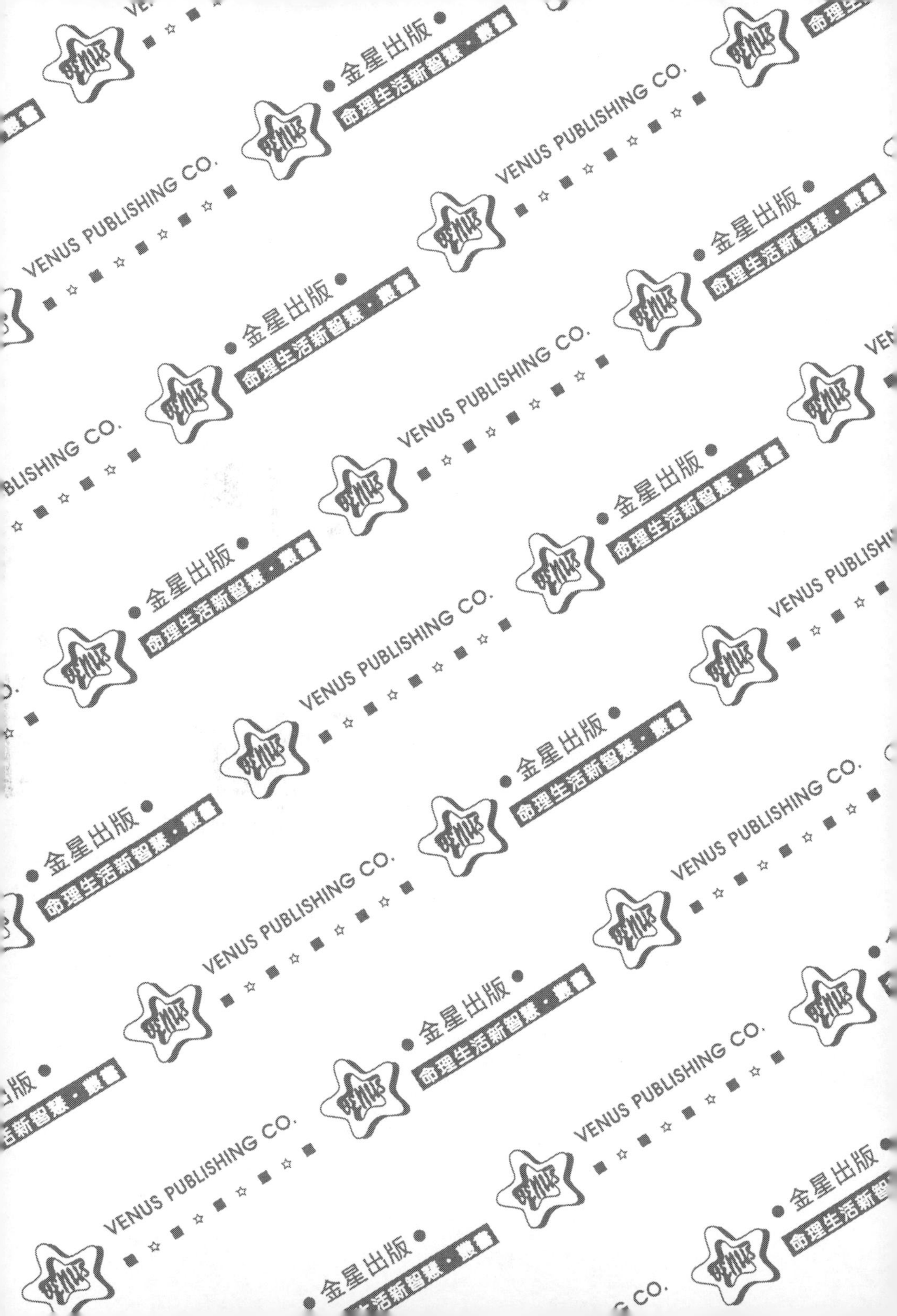
VENUS PUBLISHING CO.
金星出版
命理生活新智慧·叢書

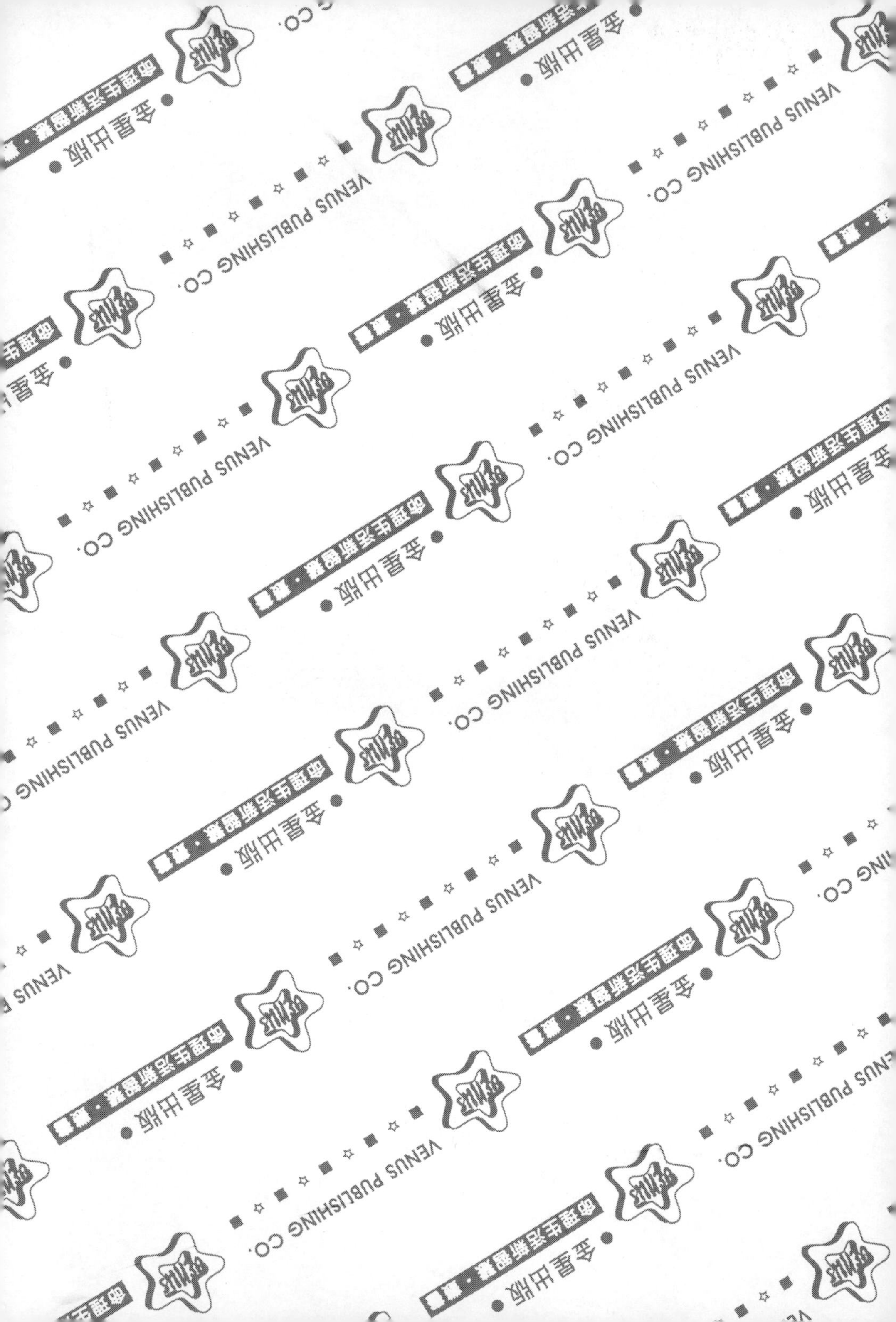